Psicanálise, Ciência e Discurso

Tania Coelho dos Santos
Rosa Guedes Lopes

Psicanálise, Ciência e Discurso

Rio de Janeiro
2013

cia de Freud

Autores

Tania Coelho dos Santos
Rosa Guedes Lopes

Revisão

Sandra Regina Felgueiras

Capa

Carolina Ferman

Editoração eletrônica

Abreu's System

Rio de Janeiro, 2013

CIP-BRASIL. CATALOGAÇÃO NA PUBLICAÇÃO
SINDICATO NACIONAL DOS EDITORES DE LIVROS, RJ

S239p

Lopes, Rosa Guedes. Santos, Tania Coelho dos,
Psicanálise, ciências e discurso / Tania Coelho dos Santos,
Rosa Guedes Lopes. - 1. ed. – Rio de Janeiro : Cia. de Freud, 2013.
371 p. ; 21 cm.

Inclui bibliografia
ISBN 9788577241118

1. Psicanálise I. Lopes, Rosa Guedes. II. Título.

13-01080 CDD: 150.195
CDU: 159.964.2

Endereço para Correspondência
Rua Barão de Sertório, 48 - casa
Tel.: (21) 2273-9357 • (21) 2293-5863
Rio Comprido - Rio de Janeiro
E-mail: ciadefreud@gmail.com

Sumário

Uma invenção que não cessou de se renovar

Freud inventou a psicanálise oferecendo sua escuta ao silêncio do sintoma histérico. A análise dos sonhos lhe permitiu descobrir que um dos significados do sintoma é a representação de uma fantasia de conteúdo sexual. A regra fundamental do tratamento analítico nos convida a dizer tudo que venha à cabeça. Ficou estabelecida assim uma nova modalidade de laço social na cultura ocidental que despertou em cada um de nós a pergunta sobre o desejo inconsciente. Este laço paradoxal lança luz sobre a realidade sexual do inconsciente, ao passo que o dispositivo analítico interdita qualquer ato sexual propriamente dito. No lugar da relação amorosa comum a psicanálise convida a um modo de amor inédito: a transferência analítica. O encontro com um analista suscita por meio da transferência a pergunta: o que você quer?

Na fundação da psicanálise, estava em jogo a questão sobre o desejo do próprio Freud. Primeiro analista e primeiro analisando também. Lacan demonstrou por meio da filosofia do *Cogito*, que devemos a René Descartes, a tese de que o advento do sujeito da ciência moderna revela a divisão entre o saber e a verdade. Penso, logo sou. O ser do sujeito não é uma realidade imediata e sensível. Ele é uma dedução do pensamento. Com a hipótese do inconsciente, Freud revelou que o sujeito não é idêntico à consciência de si. Lacan formalizou este corte esclarecendo que "sou, onde não penso" e "penso, onde não sou".

Lacan nos introduz a esta dialética entre o ser e o pensamento, interpretando o conhecido "Sonho da injeção de Irma" como o momento da revelação do desejo do fundador da psicanálise:

> Sou aquele que quer ser perdoado por ter ousado começar a sarar estes doentes, que até agora não se queria compreender e que se proibia a si mesmo de sarar. Sou aquele que quer ser perdoado por isto. Sou aquele que não quer ser culpado por isto, pois se é sempre culpado quando se transgride um limite até então imposto à atividade humana. Quero não ser isto. Em lugar de mim há todos os outros. Sou aí apenas o representante deste vasto, vago movimento que é a busca da verdade onde, eu, me apago. Não sou mais nada. Minha ambição foi maior do que eu. A seringa estava suja, sem dúvida. E justamente na medida em que a desejei demais, em que participei desta ação, em que quis ser, eu, o criador, não sou o criador. O criador é alguém que fala em mim, para além de mim (Lacan, 1954-55, p. 216-217).

Ao relatar o segredo de seu próprio sonho ao mundo, Freud teria nos mostrado que não estava sozinho em sua relação ao sonho e à interpretação. Uma comunidade virtual de analistas é convocada a reconhecer o desejo inconsciente na palavra *trimetilamina*. Esta palavra desprovida de sentido revela que o sujeito não é o eu. O sujeito é acéfalo e, por esta razão, o desejo nos surpreende por seu caráter aparentemente delirante ou diabólico.

De acordo com Coelho dos Santos (2005a), "todo saber depende, para ser reconhecido, de uma comunidade de fundamentos, de uma crença fundadora, da identificação ao significante de um desejo". Este livro não foge a esse constrangimento estrutural. Nosso objeto de investigação é o desejo do analista, categoria introduzida por Jacques Lacan. Categoria que pretende elucidar o laço entre a invenção da psicanálise e o desejo de seu fundador. Não há como abordar o desejo daquele que exerce o ofício de psicanalista sem falar da estrutura do sujeito sobre o qual a psicanálise opera. A definição do sujeito enquanto *Ichspaltung* distingue o campo da psicanálise e o da psicologia. Esse sujeito é excêntrico às representações imaginárias do eu.

O campo da psicanálise deve sua emergência ao advento ciência moderna. De acordo com Lacan: "Dizer que o sujeito sobre quem operamos é o sujeito da ciência, pode passar por um paradoxo" (1998, p. 873). O *Cogito* cartesiano realiza no campo da filosofia a mesma operação que deu origem ao conhecimento científico. Suspende metodicamente todas as certezas, em busca de alguma coisa da qual não possa duvidar. No entanto, encontra somente a própria dúvida, deduzindo dela a existência do sujeito que duvida. O passo freudiano foi o de demonstrar que, lá onde o sujeito duvida, o psicanalista tem certeza de que está na presença do sujeito, isto é, do desejo inconsciente. O sujeito do inconsciente (desejo) e o sujeito da ciência (dúvida) mantêm entre si uma relação de equivalência topológica.

Para introduzir este livro, o primeiro capítulo interroga a inserção da psicanálise no campo da ciência. Um dos eixos principais dessa questão é a da relação do sujeito com a verdade. O advento da ciência moderna abalou a visão de mundo medieval fundada no sentido religioso. Até então, o campo do saber não se separava do campo da verdade, isto é, do mito, do sentido, da experiência. A ilusão, a revelação, a intuição e todas as demais formas imaginárias de conhecimento deixaram de ser consideradas como instrumentos confiáveis de obtenção de saber. Com a ciência nasce um saber formalizado acerca de um objeto que é geométrico, articulado por meio de relações lógicas e da aplicação da matemática ao campo do pensamento.

A ciência não é para Freud um ideal e sim a própria condição de possibilidade do pensamento psicanalítico. A originalidade de Freud no campo da ciência consiste, paradoxalmente, em demonstrar que o homem não pode não se iludir. A verdade não pode ser completamente expulsa do campo do saber. O desejo de um saber objetivo, esvaziado de toda crença, é uma ilusão que alimentam alguns cientistas.

Lacan, como já evidenciamos por meio do axioma do sujeito, toma a existência da ciência como um ponto de partida. Caberia à psicanálise recolher e tratar as consequências sintomáticas do advento da ciência, isto é, o retorno do recalcado. Para Lacan, trata-se de reintroduzir na consideração científica o Nome-do-Pai, verdade rechaçada. Ao sujeito da ciência – sujeito sem qualidades, privado do sentido, esvaziado da crença em Deus – a psicanálise destina-se a devolver sua verdade como causa, pois esse sujeito moderno se pretende racional, livre, igualitário e universal. Nada mais quer saber sobre a particularidade de sua dependência do Outro, nem acerca do significante mestre que causa seu desejo, o divide e o determina.

Recorremos ao conceito de obstáculo epistemológico, de Bachelard, como o operador que permite demonstrar que o retorno do recalcado comparece na constituição do conhecimento científico. Procuramos demonstrar que a inclusão do saber da psicanálise no campo da ciência serve, muitas vezes, como uma ferramenta para manter a denegação da realidade psíquica.

O percurso teórico desse primeiro capítulo nos autoriza a pensar os efeitos de perda da realidade atrelados ao corte epistemológico entre o mundo antigo e o moderno. O advento da ciência esvazia o mundo de sentido e engendra o universo infinito. O advento do sujeito retira o homem do lugar de centro da criação e deixa vazio o lugar da causa de si. Entretanto, é preciso esclarecer que, apesar dessa homogeneidade estrutural, a ciência e a psicanálise tratam o vazio de sentido de modos distintos. A ciência trata a falta de sentido – isto é, a perda da crença em Deus como garantia do saber verdadeiro – substituindo o Texto Sagrado pelo Livro da Natureza escrito com caracteres matemáticos.

A ciência despe o significante de todas as significações herdadas da tradição. A psicanálise trata dos efeitos da perda de realidade: o sintoma neurótico, o sonho, o lapso, o delírio psicótico. Essas formações do inconsciente ou essas formas de retorno do recalcado demonstram que o sujeito do inconsciente não é recalcável. A perda da realidade no campo do sujeito não é jamais uma perda perdida. Alguma coisa resta, retorna e demonstra que o sentido da verdade não é redutível ao vazio do real.

No segundo capítulo, retomamos o axioma lacaniano do sujeito ciência para mostrar que a psicanálise opera sobre ele, reintroduzindo o Nome-do-Pai. O Nome-do-Pai é o conceito com o qual Lacan formaliza o complexo de Édipo freudiano. Destacamos a novidade trazida por esse conceito e pela maneira lacaniana de pensar a operação analítica sobre o sujeito da ciência. A problematização das relações entre o significante e o gozo é a tradução lacaniana da questão não resolvida por Freud: como tratar a exigência incurável da pulsão?

Afirmar que o conceito de Nome-do-Pai formaliza a função do pai no Complexo de Édipo freudiano implica em afirmar que Lacan é fiel ao projeto de incluir a psicanálise na visão de mundo, na *Weltanschäuung* da ciência. Guiado pelo espírito científico, Freud privilegia a insistência do real. A determinação da estrutura se verifica no campo da repetição. A sexualidade infantil, as protofantasias, os complexos de Édipo e de castração são estruturas que supõem que se pode abordar a universalidade da constituição do sujeito a despeito das diferenças individuais. O desejo do analista, desejo de extrair a singularidade do modo como cada um usufruiu de seu corpo e da determinação pelo inconsciente, só pode ser alcançado se supomos a universalidade do sujeito da ciência.

A discussão entre Lacan e Freud sobre o problema do gozo ocupa uma grande parte deste livro. Ele é atravessado pelas diversas questões que orientaram a pesquisa e procura apontar os obstáculos que o conceito lacaniano de Nome-do-

-Pai permitiu transpor, pois o complexo paterno tem um papel nuclear na constituição do sujeito neurótico ou psicótico.

A *Ichspaltung* (divisão do eu) constitutiva do sujeito do inconsciente decorre do encontro com a castração, definida como ausência de pênis na mulher. Assim, os mitos sobre o papel do pai como agente da ameaça de castração são fantasias acerca da origem da lei que reclama a renúncia ao primeiro objeto de amor, a mãe. A fantasia edipiana é uma verdade, isto é, tem estrutura de ficção, e a verdade é uma defesa contra o real, vazio de sentido da pulsão.

Essa abordagem do Complexo de Édipo é fruto da releitura lacaniana da obra de Freud, orientada pelo estruturalismo antropológico e linguístico, que lhe permitiu repensar o campo da psicanálise ao redor da primazia do registro simbólico sobre o imaginário e o real. Assim, Lacan pôde destacar a diferença entre mito e estrutura, desdobrando a função do pai no complexo. Passamos a distinguir o pai da realidade familiar e o pai simbólico como uma função estrutural.

O problema desta descontinuidade do conceito de Nome-do-Pai em relação ao pai freudiano foi também esclarecido graças a duas ferramentas conceituais: os três períodos do ensino de Lacan e os seis paradigmas do conceito de gozo, ambos formalizados por Jacques-Alain Miller (1999, 2002). Sem eles, seria impossível dar conta dos reviramentos teóricos que Lacan imprime no que diz respeito às relações do significante com o gozo ao longo de seu ensino e que são acompanhados de perto por mudanças na função do Nome-do-Pai na constituição subjetiva. A introdução dos registros simbólico, imaginário e real – para distinguir mito e estrutura – permite situar mais claramente o real do gozo pulsional. Pudemos abordar enfim o tema espinhoso do desejo do analista. Que desejo é esse, se o analista não opera a partir de seu inconsciente? É um desejo absoluto, desencarnado, impessoal? Sabemos que não é a mesma coisa que a contratransferência. Coelho dos Santos propõe uma definição: o desejo do analista não é sem a contratransferência

Durante o primeiro ensino, a formalização do Nome--do-Pai o reduz à função paterna no complexo edipiano, a uma operação metafórica: o pai nomeia o desejo obscuro da mãe, separando o sujeito que aí estava indiferenciado dela. O sujeito que se produz como efeito da metáfora paterna é um sujeito universal, esvaziado de suas qualidades. É um sujeito inserido no discurso da civilização ocidental. Todo homem, declarado livre e igual, é um sujeito universal, um sujeito inventado pela ciência do direito. A função paterna não pode eliminar da subjetividade as marcas do desejo da mãe. Ela deixa um resto ineliminável, o desejo inconsciente.

Novamente, trata-se do paradoxo da relação entre o sujeito da ciência e o sujeito do inconsciente. Universalizado pelo desejo paterno, o sujeito da ciência apresenta-se dividido. Seus sintomas manifestam a presença desse outro desejo inesquecível. No dispositivo analítico, trata-se de tomar o sintoma como uma pergunta sobre esse obscuro desejo do Outro: qual é o objeto que poderia satisfazê-lo? Quem sou eu? O que o Outro quer de mim? Trata-se também do ponto de emergência da angústia como sinal do sujeito em vias de advir. Se há um desejo inconsciente, desejo do Outro, é porque alguma coisa falta. Isto que falta ao Outro faltará também ao sujeito. Esse lugar vazio que se instala entre o sujeito e o Outro é o real. Não sabemos o que queremos. Isto nos faz sofrer, mas também nos faz sonhar.

O campo do Outro é o campo da fala e da linguagem: o inconsciente é estruturado como a linguagem. É o discurso do Outro, tecido graças ao tesouro dos significantes. Neste campo não se constitui um saber fechado. Com o advento do sujeito da ciência, isso não seria mesmo possível. O inconsciente, campo habitado pelo desejo do Outro, é equivalente ao universo infinito da ciência.

Na passagem do primeiro ao segundo tempo do ensino de Lacan, verificamos um declínio da concepção exageradamente universalizada da metáfora paterna. Seria mais apropriado falar em metáforas paternas: pluralização dos Nomes-do-Pai. Também o objeto causa do desejo já não é definido apenas como *das Ding*, a Coisa, o objeto incestuoso. Podemos falar de uma tendência a pensar o desejo mais além do Édipo e da castração.

O conceito de objeto *a* inspira-se na concepção freudiana do objeto parcial próprio à sexualidade perversa e polimorfa. É um conceito forjado para circunscrever os restos da indiferenciação do sujeito no desejo da mãe. Ele vem para mostrar que o advento do sujeito – graças aos efeitos da metáfora paterna – pode até libertá-lo da Coisa, objeto do desejo edipiano, mas não pode livrá-lo das espécies da Coisa, do assédio dos objetos contingentes da pulsão parcial. Este é o início de uma virada muito importante no ensino de Lacan.

Pensar o sujeito universalizado, efeito da metáfora paterna, é também pensá-lo como essencialmente mortificado. Livre da Coisa, ele fica reduzido a ser sujeito do significante: mas um sujeito seria somente o que um significante representa para outro significante? Com a introdução do objeto *a*, foi possível abordar o resto de gozo incrustado no sintoma e no fantasma.

O passo seguinte foi abandonar a ideia de que o significante expulsa o gozo para constituir o sujeito universal que é efeito da metáfora paterna. O significante é causa do gozo. A teoria dos discursos afirma a existência de uma relação primitiva entre o significante e o gozo: o objeto *a* não é um resto, é uma suplência – lucro, mais-de-gozar – produzida pelo significante.

Esse capítulo dois acompanha o progresso do conceito de Nome-do-Pai apenas durante o primeiro e o segundo ensinos de Lacan. Ter o *Seminário 17* como limite desta pesquisa nos permitiu mostrar como se dá a passagem da primazia do conceito de Outro à primazia do objeto *a*, o que localiza o campo da interpretação analítica em relação ao campo do gozo. Apresentamos uma interpretação do que significa reintroduzir o Nome-do-Pai na consideração científica. Mostramos que é a significação sexual (S_1-S_2) que constitui primeiramente o sujeito como sujeito do desejo. Depois, foi preciso mostrar que a posição original de objeto ocupada pelo sujeito em relação ao gozo do Outro não desaparece, resta o objeto *a*. Finalmente, que o sujeito barrado e o objeto *a* são a garantia da dessimetria entre os sexos e as gerações. Essa dessimetria é o que mantém viva a subversão freudiana.

O sujeito da ciência, diferentemente do objeto da ciência, não pode ser jamais completamente esvaziado de suas qualidades. Essa é a bússola que orienta o desejo do analista no campo da interpretação psicanalítica. O desejo do analista é o desejo que Freud nos transmitiu enquanto fundador da psicanálise.

Finalmente, o terceiro capítulo dedica-se a pensar o passo de Lacan: do desejo ao discurso do analista. É orientado pelos axiomas lacanianos formulados no texto "A ciência e a verdade". A psicanálise opera sobre o sujeito da ciência, reintroduzindo o Nome-do-Pai na consideração científica, e o desejo do analista é o motor desta operação. Pensar o desejo do analista graças a esta articulação nos permitiu demonstrar que essa noção – que surgiu pela primeira vez em "A direção do tratamento e os princípios do seu poder" – é coerente com a formalização do discurso do analista.

Para chegar a essa conclusão, é preciso localizar este termo, o desejo do analista, dentro do debate com os analistas pós-freudianos, em 1958: "[...] que se formule uma ética que integre as conquistas freudianas sobre o desejo: para colocar em seu vértice a questão do desejo do analista" (Lacan, 1998, p. 621). Em segundo lugar, é preciso aproximá-la do paradoxo freudiano – em "A questão de uma *Weltanshäuung*" – de que a psicanálise faz parte da visão de mundo científica, justamente por questionar a crença de alguns cientistas numa razão neutra e universal.

A psicanálise ensina o homem a ser mais humilde. A reconhecer seu desamparo como a causa de suas crenças religiosas num Deus Pai. O desejo do analista se reduz a introduzir na consideração científica o Nome-do-Pai? Pensamos que não. O matema do discurso do analista permite apreender a diferença entre o desejo do analista e a religião, a histeria e a universidade. O desejo do analista é inserido assim numa série dos discursos que se sucederam tanto lógica quanto historicamente.

A reinserção do Nome-do-Pai na consideração científica é a inserção, portanto, da dimensão do inconsciente no lugar que foi ocupado pela religião– e o desejo do analista tem uma relação fundamental com essa responsabilidade. Para que isso seja possível, é preciso que o analista alcance "em seu horizonte a subjetividade de sua época" (Lacan, 1998, p. 322) e que, além disso, saiba orientar-se nela. O discurso do analista é proposto como bússola e medida desta orientação. O desejo do analista é o de conceder ao objeto *a* o lugar de agente – lugar do significante-mestre –, restituído ao sujeito um saber sobre a verdade que causa seu desejo.

Coelho dos Santos (2002a, p. 82) adverte que o trabalho de pesquisa em teoria psicanalítica não é sem relações com os significantes-mestres, com o sintoma de quem escreve, nem tampouco pode ser desvinculado do seu percurso analítico. Em tempos de declínio dos ideais coletivos não é uma tarefa fácil encontrar o tom que torne a leitura de uma pesquisa interessante para o leitor, mas nos esforçamos bastante para alcançá-lo. Vocês nos dirão se conseguimos.

Capítulo I

A equação lacaniana dos sujeitos da ciência e da psicanálise

Nosso ponto de partida é o axioma lacaniano: "Dizer que o sujeito sobre quem operamos em psicanálise só pode ser o sujeito da ciência, talvez passe por um paradoxo" (1998, p. 873). Para Lacan, teria sido impensável a descoberta do inconsciente por Freud, bem como a prática da psicanálise, antes do advento da ciência moderna, no século XVII. Se o sujeito oriundo do advento da ciência moderna é homólogo ao sujeito da psicanálise, pretendemos mostrar que ele é também o obstáculo que a prática analítica pretende retificar.

Pode parecer ao leitor um paradoxo dizer que a ciência produz um sujeito – pois esta é uma perspectiva inédita no campo do saber – e que este é obstáculo à própria ciência. No entanto, esta articulação é passível de ser logicamente demonstrada a partir do trabalho de Jean-Claude Milner (1996) sobre a equação lacaniana dos sujeitos e da noção de obstáculo epistemológico estudada por Gaston Bachelard. Localizar o sujeito da ciência como o obstáculo sobre o qual incide a prática psicanalítica esclarece o objetivo dessa prática que Lacan formaliza em outra fórmula: "a psicanálise é essencialmente o que reintroduz na consideração científica o Nome-do-Pai" (1998, p. 889).

Segundo Milner, a primeira fórmula de Lacan efetua uma equivalência entre o sujeito da ciência moderna e o sujeito da psicanálise através de três afirmações:

- a psicanálise opera sobre um sujeito;
- há um sujeito da ciência;
- os dois sujeitos constituem apenas um.

Essas afirmações põem em jogo a existência de um *axioma do sujeito* fundado sob a ótica da razão: "há algum sujeito, distinto de toda forma de individualidade empírica" (Milner, 1996, p. 28).

O trabalho de Milner demonstra como o campo da psicanálise se separa de toda forma de psicologia, pois o sujeito para a psicanálise se distingue radicalmente de qualquer forma psicológica. Milner credita totalmente a Jacques Lacan a responsabilidade pela afirmação de que a psicanálise é uma operação sobre um sujeito, o que permite caracterizá-la como uma práxis. No entanto, de acordo com o próprio Lacan no *Seminário 11*, afirmar a psicanálise como práxis não a diferencia propriamente da ciência. Afinal, o que é uma práxis senão um termo amplo que designa "uma ação realizada pelo homem [...] que o põe em condição de tratar o real pelo simbólico"? (Lacan, 1964, p. 14).

A ciência se caracteriza por tratar o real pelo simbólico. Ao matematizar o real, ela o produz como uma construção da razão. Portanto, considerá-la como uma práxis não permite precisar até onde o imaginário pode ainda estar presente nesse tratamento. Tampouco é possível precisar se a especificidade da ciência é a definição de um objeto próprio, ou se é no nível de um campo delimitado que se pode caracterizar o cientista moderno. Se o tratamento do real pelo simbólico não basta para diferenciar a psicanálise e a ciência, menos ainda se poderá distinguir o campo e a práxis com base na noção de experiência. Segundo Lacan (1964), essa noção não bastaria para definir a ciência, mas se adequaria bem à experiência mística.

Pensar a psicanálise como práxis distinta da ciência nos exige situá-la numa relação de exterioridade topologicamente definida. É este o ponto que vamos avançar. A hipótese da existência de um sujeito da ciência depende da escolha que Lacan fez de uma definição particular do que seja ciência. A expressão "sujeito *da* ciência" é o nome do sujeito cujo modo de constituição é determinado pelo advento da ciência enquanto ciência moderna.

A exegese de Milner do texto de Lacan sobre a ciência e a verdade mostra que a expressão sujeito *da* ciência é uma interpretação completamente comprometida com a particularidade do advento de uma ciência: a moderna. Esse advento, segundo Koyré (1991), caracteriza-se por um corte[1] que pro-

---

[1] O termo "corte" advém de *corte epistemológico*, um conceito fundamental no interior da epistemologia de Bachelard, pois designa as rupturas ou as mudanças súbitas que ocorrem na história da ciência, de modo a explicar por que "o passado de uma ciência atual não se confunde com essa mesma ciência no seu passado" (Canguilhem, 1977, p. 15). Bachelard defende "a tese da descontinuidade epistemológica do progresso científico" (Id., Ibid., p. 20). Essa tese se organiza ao redor do novo espírito científico, do obstáculo e do corte epistemológico. Isso quer dizer que o progresso da ciência precisa ser avaliado a partir das suas rupturas e não pela sucessão dos fatos. É preciso, então, situar o ponto de ruptura entre o antigo e o

picia a passagem do Cosmo fechado e ordenado hierarquicamente a um universo infinito e homogêneo. Essa passagem se dá por meio de uma ruptura com a episteme antiga e assim surge a ciência moderna.

A equação proposta por Lacan entre o sujeito da ciência e o da psicanálise pretende que eles constituem apenas um. Ela depende de que a hipótese do sujeito da ciência, da qual Lacan lançou mão, não seja uma hipótese vazia. Ela precisa ser consistente para fundar logicamente a extração de uma determinada maneira de constituição subjetiva diferente de toda individualidade empírica.

Segundo Koyré, o mundo antigo é concebido como um Cosmo fechado, ordenado hierarquicamente e harmônico. Nele, toda desordem deve ser compensada, o que foi deslocado deve retornar ao seu "lugar natural". Essa concepção será abandonada depois do advento da ciência moderna e substituída pela concepção do universo: "um conjunto aberto e indefinidamente extenso do Ser" (Koyré, 1991, p. 182). O passo dado pela ciência moderna trouxe também uma atitude inquisitiva e inquieta em relação à natureza, pois o homem foi também deslocado do lugar central que ocupava no Cosmo: o de objetivo final da criação do mundo.

A dúvida metódica cartesiana foi, no campo da filosofia, o instrumento de questionamento das certezas do homem. As antigas perguntas sobre a origem do homem e sobre o propósito de sua existência passam a exigir respostas inéditas. São

---

novo para que se possa mostrar por que, "sob o nome habitual, perpetuado por inércia linguística, se encontra um objeto diferente" (Id., Ibid., p. 25). A perspectiva cronológica, ao contrário, se caracteriza pela sucessão manifesta de enunciados mais ou menos sistematizados cuja perspectiva é continuísta.

formuladas, inclusive, de um modo inteiramente novo. Qual o lugar que o homem pode ocupar no mundo moderno? Qual é o limite de seu corpo? Que identidade[2] assumir ao se diferenciar do real orientado pelo discurso da tradição? Estas interrogações abrem espaço à criação de novos sentidos. Resta esclarecer por que elas fazem do sujeito da ciência um obstáculo à própria ciência. São questões sobre o sentido do real que não se reduzem às fórmulas científicas. Elas evidenciam que a ciência não pode tornar a filosofia desnecessária.

Este ponto será retomado adiante. Antes de prosseguir é preciso repensar a diferença entre a perspectiva freudiana e a lacaniana sobre a relação entre a psicanálise e a ciência. Queremos colocar em discussão a proposta de Milner (1966) sobre

---

[2] Segundo Bauman (2005), "a idéia de 'identidade' não foi 'naturalmente' gestada e incubada na experiência humana, não emergiu dessa experiência como um 'fato da vida' autoevidente. Essa idéia foi *forçada* a entrar na *Lebenswelt* (mundo, vida) de homens e mulheres modernos – e chegou a uma *ficção*. [...]. *A idéia de 'identidade' nasceu da crise do pensamento* e do esforço que esta desencadeou no sentido de transpor a brecha entre o 'deve' e o 'é' e erguer a realidade ao nível dos padrões estabelecidos pela idéia – recriar a realidade à semelhança da idéia. § A identidade só poderia ingressar na *Lebenswelt* como uma tarefa [...] ainda não realizada, incompleta, um estímulo, um dever e um ímpeto à ação. E o nascente Estado moderno fez o necessário para tornar esse dever obrigatório a todas as pessoas que se encontravam no interior de sua soberania territorial. Nascida como ficção, a identidade precisava de muita coerção e convencimento para se consolidar e se concretizar numa realidade [...] e a história do nascimento e da maturação do Estado moderno foi permeada por ambos. § A ficção da 'natividade do nascimento' desempenhou o papel principal entre as fórmulas empregadas pelo Estado moderno para legitimar a exigência de subordinação incondicional de seus indivíduos [...]. O Estado buscava a obediência de seus indivíduos representando-se como a concretização do futuro da nação e a garantia de sua continuidade. Por outro lado, uma nação sem Estado estaria destinada a ser insegura sobre o seu passado, incerta sobre o seu presente e duvidosa de seu futuro, e assim fadada a uma existência precária" (2005, p. 26-29, grifos do autor).

este tema, com a qual não estamos completamente satisfeitas. Se a equação dos sujeitos subordina a existência do sujeito da psicanálise à existência do sujeito da ciência e diz que ambos são apenas um, que topologia explicitaria o paradoxo em jogo nesta articulação?

PSICANÁLISE E CIÊNCIA

De acordo com Milner (1996), a ligação de Freud com a ciência é da ordem de um "cientificismo". Lacan, em "A ciência e a verdade", homenageia o cientificismo freudiano, enfatizando seu valor positivo:

> Dizemos ao contrário do que se inventa sobre o suposto rompimento de Freud com o cientificismo de sua época, que foi esse mesmo cientificismo – se quisermos apontá-lo em sua fidelidade aos ideais de um Brücke, por sua vez transmitidos pelo pacto através do qual um Helmholtz e um Du Bois-Reymond se haviam comprometido a introduzir a fisiologia e as funções do pensamento, consideradas como incluídas neles, nos termos matematicamente determinados da termodinâmica, quase chegaram a seu acabamento em sua época – que conduziu Freud, como nos demonstram seus escritos, a abrir a via que para sempre levará seu nome (Lacan, 1998, p. 871).

O que está de acordo com a posição de Freud (1933 [1932]) sobre a psicanálise como psicologia do inconsciente:

ela deve aceitar uma *Weltanschauung* (visão de mundo) científica. Milner conclui que ele consente no ideal da ciência. Freud, segundo nosso ponto de vista, acreditava que tanto o ideal da ciência como o ideal da religião supõem uma unidade explicativa do universo. Diferentemente do ideal da religião, entretanto, o ideal da ciência tem o estatuto de um "projeto", cuja realização é sempre relegada ao futuro. Isto é o mesmo que afirmar que o ideal da ciência não se apresenta nunca como uma ciência ideal alcançada, realizada, acabada. O ideal da ciência é uma ciência ideal como objetivo a não se alcançar jamais.

A única fonte de conhecimento que funda a ciência é a elaboração intelectual do que é cuidadosamente escolhido para ser investigado. Além disso, a ciência despreza todo o saber originado da revelação, da intuição e da adivinhação. Freud contrapõe a ciência à religião. No entanto, contesta a objeção radical que a ciência faz à ilusão em nome do ideal de sujeito completamente racional. Portanto, diferentemente do que defende Milner (1966, p. 28-31), o fato de consentir no ideal da ciência não é a mesma coisa que colocar a ciência como ideal da psicanálise. Esta atitude consistiria na eliminação da ilusão e do resultado das exigências emocionais como fontes de conhecimento. Freud contrapõe à ilusão cientificista que é impossível erradicar a necessidade humana de iludir-se. Ela é estrutural[3], sua fonte é a realidade psíquica que tem origem no desamparo originário.

---

[3] Para Coelho dos Santos (2001), a ilusão é criada em consequência da defasagem imposta pela linguagem e pela cultura em relação à própria origem do homem. O homem não é contemporâneo de si mesmo. A defasagem daí decorrente leva-o a tomar o caminho enganoso da imagem do outro como ideal.

Freud propõe assim que a psicanálise tem uma função que é, paradoxalmente, científica no campo da ciência. A psicanálise aumenta a abrangência da pesquisa científica, inserindo nela o *mental* – "sem tal psicologia[4], a ciência estaria muito incompleta" (1933 [1932], p. 194). Ao propor a inclusão do mental no domínio da pesquisa científica, Freud alarga a concepção do que seja o campo da ciência. A especificidade do que ele inclui – isto é, seu objeto – é aquilo que comparece fazendo obstáculo ao desenvolvimento da própria ciência: as ilusões, as fantasias inconscientes, as formações do inconsciente, as exigências pulsionais, enfim, tudo o que ele reuniu sob o nome de realidade psíquica.

Desprezar "as reivindicações do intelecto humano e as necessidades da mente do homem" torna a *Weltanschäuung* científica muito pobre e sem esperança. Freud esclarece as razões pelas quais é impossível retirar totalmente a ilusão do campo do conhecimento. Também as mais altas expressões da mente humana – como a arte e a ciência – são realizações de impulsos plenos de desejo e compõem as *Weltanschäuungen* que se situam "entre os desejos ideais dos seres humanos". A ilusão e as exigências éticas, base das religiões, têm papel estrutural na atividade mental humana porque se originam no sentimento de desamparo infantil, que não pode ser completamente eliminado da vida adulta. Do desejo infantil de contar com o pai protetor restam traços mnêmicos que, na vida

---

[4] Em sua conferência "A questão de uma *Weltanschäuung*", Freud descreve a psicanálise "na qualidade de ciência especializada, ramo da psicologia – psicologia profunda, ou psicologia do inconsciente [...]" (1933 [1932], p. 194).

adulta, se tornam o suporte da crença em Deus e da certeza do seu amor.

Na infância, o amor à família era o resultado da obediência às restrições aos desejos incestuosos pelos pais e irmãos. Na vida adulta, estas restrições precisam ser estendidas também à sociedade. A religião propicia o reencontro do homem com a figura de um pai protetor, onipotente e idealizado quanto ao seu poder e à sua sabedoria. Trata-se, diz Freud, de uma "expressão psíquica" adquirida na infância, que não desaparece jamais da nossa vida mental. Dizer que a ilusão tem papel estrutural na atividade mental humana é afirmar que a elaboração intelectual – única fonte de conhecimento que funda a ciência – assenta-se sobre uma mentira originária. *Proton pseudos*, primeira mentira histérica que oculta a impossibilidade de reencontrar o objeto da primeira experiência de satisfação.

Freud mostrou em seu manuscrito "Projeto para uma psicologia científica" (1895) que a divergência entre o objeto que se busca e aquele que se encontra no campo da percepção nos obriga a efetuar o teste de realidade, responsável pelo surgimento do pensamento. Portanto, o ato de pensar depende da divergência entre o objeto na memória, na realidade psíquica, e o objeto que se apresenta no campo da percepção. A descoberta de que os sonhos são atos mentais ou pensamentos carregados de desejo permitiu a Freud estender o domínio do pensamento à esfera inconsciente. Há uma homologia entre a estrutura do pensamento veiculado no sonho e a do pensamento intelectual: "Fecha-se os olhos e alucina-se; torna-se a abri-los e pensa-se com palavras" (Freud, 1895, p. 447).

No que se refere à crença na unidade explicativa do universo, a ciência e a religião têm alguma coisa em comum. A adesão de Freud a uma *Weltanschäuung* científica (e não religiosa) deve-se à convicção de que a ciência permitiria ao homem examinar a verdade da realidade psíquica à luz do saber advindo da realidade externa. O pensamento científico – mais além das paixões individuais – interroga o campo da percepção e procura expandi-lo através da invenção de equipamentos mais precisos que os órgãos sensoriais.

Coelho dos Santos (2001) esclarece que o objetivo da psicanálise freudiana seria instrumentar os homens para que pudessem admitir a existência da *realidade psíquica*, esta *outra dimensão da realidade* da qual a ciência nada quer saber. Esta dimensão diz respeito à sujeição dos homens às exigências morais que se apresentam como modos de agir, pensar e sentir herdados de experiências dos antepassados. Esta herança é transmitida por intermédio da tradição e dos ideais construídos pelas estruturas de linguagem, pela fala e pelos discursos de uma dada civilização.

Aderir ao ideal da ciência implica em acreditar que esta modalidade de saber supera as ilusões da religião, do misticismo, da superstição, do preconceito e da repetição movida pelas exigências impessoais da moral. Freud aposta no ideal do progresso orientado pelo espírito científico.

Em 1920, entretanto, o fracasso de um certo número de tratamentos psicanalíticos vai levá-lo a conceber uma força pulsional mais poderosa que a vontade de se curar e ser feliz. A teoria de que existiria um princípio mais além do princípio do prazer – nomeado como pulsão de morte – anuncia a descrença nos poderes da razão. O ser humano não é razoável.

Apega-se ao seu sintoma, é inacessível, repete compulsivamente os mesmos eventos desastrosos e parece não querer se curar. A evidência de que a pulsão se comporta como uma pulsão de morte questiona a crença de que o destino do homem seja aderir ao saber científico.

- O indivíduo não se confunde com a consciência;
- A realidade psíquica é um obstáculo ao ideal da ciência.

Considerar a realidade psíquica implica limitar a crença na racionalidade humana, na liberdade de consciência e na autodeterminação quando situadas como ideais a alcançar. Portanto, embora seja correto afirmar, como faz Milner (1996, p. 28-31), que Freud adere ao ideal da ciência, consideramos necessário esclarecer que Freud concebe a realidade psíquica como um obstáculo a que o espírito humano alcance a almejada *Weltanschäuung* científica. A psicanálise, apesar desta constatação, não aspira produzir uma nova *Weltanschäuung*. Aceitar o ideal da ciência é apostar em um saber ideal a atingir. Preferir a racionalidade científica a toda forma de pensamento comum é dizer que a ciência eleva o pensamento humano acima de todas as exigências emocionais, diferentemente da religião e da filosofia. Por esta razão, a aspiração de Freud não é a de reificar a teoria psicanalítica nem a de usá-la como sistema de crenças.

Diferentemente de Freud, Lacan não se ocupa de justificar o porquê da existência ou não da ciência. Relativamente à práxis da psicanálise, ele não situa a ciência como ponto ideal, assintótico, regulador da busca por um objeto inalcançável que, por isso mesmo, se torna imperativa. Sua teoria da ciência incide sobre outro ponto. Lacan se interessa pelos efeitos subjetivos da ciência tomada como ideal. Lacan é freudiano. Também para ele a psicanálise não situa seu objeto como ideal a alcançar.

Partindo da economia pulsional freudiana, Lacan (1964) toma por base um circuito cuja pulsação é temporal. A ligação da pulsão ao objeto se faz dialeticamente – como encontro e como perda ou como alienação e como separação. O objeto adquire, então, papel libidinal, pulsional, não servindo como ideal. Deste ponto de vista, o discurso analítico se organiza a partir de uma perda de sentido, de um encontro fracassado com o objeto, de uma falha no campo do saber. A prática psicanalítica não pode oferecer a ninguém o conhecimento de si e sim a redução do sujeito à repetição do incessante movimento de encontro e perda do objeto da satisfação pulsional. Esta é a razão pela qual o reconhecimento do inconsciente tem como consequência o desvelamento do estatuto do sujeito: seu estado de fenda (*Spaltung*).

A psicanálise parte do real racional que a ciência inventou, para recolher os efeitos de desconhecimento da verdade subjetiva da realidade psíquica. À medida que a ciência avança, os sintomas do sujeito testemunham que sua verdade se tornou inconsciente. De acordo com Lacan (1998, p. 869), trata-se de "uma mutação decisiva que, por intermédio da física, fundou A ciência no sentido moderno, sentido que se postula como absoluto". Ela foi responsável por uma mudança radical de estilo no tempo de seu progresso. Lacan acentua que sua imisção em nosso mundo foi galopante e provocou reações em cadeia que culminaram na modificação de nossa posição de sujeito – a ciência continua a reforçá-la. Por quê?

Porque a ciência moderna nasce do questionamento da tradição, de um corte com ela, rejeitando qualquer possibilidade de um saber sobre a origem. Isso se deve ao fato de que "a invenção da ciência tende a instalar-se como uma nova tradição, promovendo o esquecimento do arbitrário, do acaso, do começo, da novidade da origem" (Coelho dos Santos, 2005a). O que a ciência expulsa, isto é, o que ela coloca fora do seu discurso – a sexualidade edípica, o infantil, o problema do reencontro com o objeto, a castração –, retorna de forma sintomática ao sujeito da ciência, como obstáculo epistemológico à própria ciência.

O saber da ciência é necessariamente incompleto. Ele cresce por meio de cortes internos sucessivos e não procede por meio da síntese nem da acumulação. O saber da psicanálise, mais além da incompletude da ciência, aponta para um impossível de dizer, impossível de saber. A psicanálise visa à redução da subjetividade a um ponto que não se encontra "fora" do discurso, pois está nele articulado entre os movimentos de abertura e fechamento do inconsciente. O que se obtém na psicanálise como saber é sempre interior ao próprio discurso do sujeito, não sendo possível buscá-lo em outro lugar.

A importância de discutir as relações da psicanálise com a ciência moderna se deve ao fato de que a ciência se encontra implicada, em exterioridade-interna, no discurso analítico. O discurso analítico incide sobre um dos efeitos do advento dessa ciência, isto é, o sujeito da ciência. O sujeito da ciência é, decididamente, o mesmo sobre o qual a psicanálise opera. Não é o saber da psicanálise que é científico. O sujeito sobre o qual ela opera é que é o sujeito da ciência.

A formulação de Lacan que equaciona os sujeitos da ciência e da psicanálise é dependente das correlações históricas nomeadas como "advento da modernidade", embora não seja fundada por essas mesmas correlações. Milner (1996) observa que a equação lacaniana dos sujeitos é suportada por uma teoria lacaniana da ciência, que deve explicitar a razão pela qual a ciência é essencial para a existência da psicanálise.

O ADVENTO DA CIÊNCIA MODERNA

Koyré (1991) situa a ciência moderna como um evento oriundo de uma operação de corte entre o mundo moderno e os mundos antigo e medieval. Para ele, a ciência moderna se configura como sistema de pensamento cujo surgimento dependeu da evolução do próprio pensamento científico. Seguiremos, resumidamente, os passos indicados por Koyré para estabelecer as bases das operações que deram lugar ao novo pensamento – caracterizado por romper com os elementos que permitiram o seu surgimento. Acreditamos que este é um requisito necessário à compreensão do sujeito da ciência moderna como novo modo de constituição subjetiva, distinto de qualquer individualidade empírica.

Segundo esse autor, os primórdios da idade moderna dependem dos pensadores que viveram na Renascença. Suas ideias contêm os elementos que compuseram a revolução responsável pelo agonizar da Idade Média, e que são os seguintes:

- No lugar do teocentrismo medieval, o ponto de vista humano;

- No lugar dos problemas metafísicos e religiosos, o problema moral;
- No lugar do problema da salvação, o ponto de vista da ação.

Petrarca, Nicolau de Cusa, Cesalpino e Maquiavel mostram os diferentes aspectos tomados no caminho dessa revolução que marca, lenta e profundamente, o fim do espírito da Idade Média. Maquiavel ignora todos os problemas que representam a Idade Média – Deus, salvação, justiça, o fundamento divino do poder e a relação entre o mundo dos vivos e o além. No lugar disso, ele se detém no Estado como única realidade, no poder como único fato e em saber como afirmar e conservar o poder no Estado como único problema a resolver. Maquiavel põe em funcionamento uma nova lógica e um método: dar primazia à razão em detrimento de todos os outros aspectos organizados pela religião. Por isso, Koyré (1991) o situa como representante da morte e do ultrapassamento da Idade Média.

Koyré considera o surgimento do cristianismo como um elemento importante na passagem do mundo antigo ao moderno[5] porque ele se caracteriza pela redução da plurali-

[5] Não desconhecemos que, segundo Milner (1996), os teoremas de Koyré particularizam os de Kojève. Sem nos aprofundar nessa direção, vamos nos limitar a listá-los: 1) há um corte entre o mundo antigo e o universo moderno e, 2) esse corte provém de um outro, maior e que o antecede, operado pelo cristianismo. Segundo Dumont (2000), a doutrina da igualdade dos homens perante Deus, característica do cristianismo, é responsável por introduzir no mundo a noção de indivíduo. O corte operado pela modernidade aprofunda essa noção. Generalizando-a e laicizando-a, homogeneíza o campo social, produzindo, sobre a esfera psíquica, efeitos de afrouxamento nas identificações. Sobre a relação entre os teoremas de Kojève e de Koyré e suas consequências sobre o individualismo moderno, verificar Dumont (2006), Milner (1996) e também a tese de doutoramento de Antunes (2002).

dade dos deuses gregos a um único Deus, concebido como "*criador*, concepção muito difícil, ou até mesmo impossível de ser assimilada pela filosofia". Na Idade Média, a releitura da filosofia grega à luz do cristianismo torna-se um fator de grande relevância para o advento da modernidade. Diante do que a religião ensina, o filósofo medieval deve justificar sua atividade filosófica e, diante da filosofia, deve justificar a existência da religião. A filosofia medieval se coloca no interior de uma religião revelada.

Esse é o sistema fechado de pensamento que Koyré descreve para caracterizar o espírito da Idade Média. Deste modo, ao abordar o problema do Ser e de sua essência, o filósofo "reencontra em seu Deus Criador o Deus-Bem de Platão, o Deus-Pensamento de Aristóteles e o Deus-Uno de Plotino". As obras de Platão e Aristóteles, iluminadas pelo cristianismo, tornam-se doutrinas ou atitudes metafísicas e morais (Koyré, 1991, p. 26-27).

Neste ponto, pensamos que é necessário dar um passo em direção à Idade Média para situar, a partir de Koyré (1953, 1991), de modo um pouco mais consistente, o sistema fechado de pensamento criado como consequência da influência do pensamento cristão na filosofia grega.

O PLATONISMO MEDIEVAL

Koyré (1991) caracteriza o platonismo medieval pelos seguintes traços: a primazia da alma, a doutrina das ideias, o iluminismo que suporta e reforça o inatismo de Platão, o mundo sensível concebido como um pálido reflexo da realidade das ideias, o apriorismo e o matematismo. O Deus de Platão, o próprio Bem transcendente, responsável por construir o Universo para o Bem, é homologado ao Deus das religiões da Bíblia, eterno e imutável. Sua noção de alma é valorizada em oposição ao mundo. Conhecê-la é encontrar a felicidade, a verdade: Deus, aquele que a habita. O desejo platônico é assimilado como idêntico ao medieval: conhecer Deus. A alma humana, por sua vez, revela-se imagem de Deus, semelhante a Deus, que comanda o corpo sem depender dele para existir, para conhecer e se conhecer a si mesma. No entanto, ser imagem ou semelhança de Deus não é igualar-se a Ele, razão pela qual o conhecimento que se pode obter não é absoluto.

A certeza da alma para si e o conhecimento direto da alma por ela mesma são traços medievais (e platônicos) muito importantes. Conhecê-la é conhecer a Deus. Assim, "se é em torno da alma enquanto imagem divina que se organiza a concepção epistemológica e metafísica do platonismo medieval, esta concepção estará presente em todos os movimentos do pensamento" (Koyré, 1991, p. 30-34). Este deverá voltar-se para seu estudo se quiser conhecer a verdade no lugar de ocupar-se dos objetos do mundo sensível. Por esta via, provar a existência de Deus se configura como problema central da metafísica medieval. Estas provas se baseiam nos princípios de causalidade e finalidade. Através de Platão, as provas se apoiam nos graus de perfeição, em razão dos quais se conclui pela perfeição suprema e infinita – modo de concepção do Deus finito – medida e fonte da perfeição parcial e infinita da alma humana.

O ARISTOTELISMO MEDIEVAL

Aristóteles é retomado num mundo em que havia e só podia haver um único Deus. O aristotelismo medieval se distingue do pensamento aristotélico como tal. Mais do que uma filosofia, o saber de Aristóteles é tomado como ciência e não como atitude religiosa. Por isso, difunde-se nas universidades e não tanto entre o público leigo. Cristianizado por Santo Tomás, tornou-se o fundamento do ensino do Ocidente, interessando-se pelo estudo do mundo (e não pelo da alma) e da natureza criada por Deus, mas pertencente à criatura e não mais a Deus (Koyré, 1991).

O mundo – móvel, mutante, submetido ao devir e ao tempo – se opõe à Natureza e também a Deus. A Natureza se mantém a mesma: um conjunto hierarquizado e bem ordenado de naturezas, conjunto estável e firme com existência própria, possuída *por si própria*. Deus, por sua vez, se caracteriza por ser imutável e supratemporal. O homem é concebido como um animal racional e mortal e não como uma alma imortal encerrada em um corpo mortal, concepção platônica que, para o aristotélico medieval, rompe a unidade do ser humano. Não sendo estranho e nem superior ao mundo, o homem é visto como uma natureza entre outras *no* mundo. A noção de natureza é central. Abrangendo corpo e alma, estabelece a unidade de ambos. Portanto, enquanto ato do próprio homem, o pensamento engaja sua natureza (corpo e alma) e faz do domínio do sensível o domínio próprio do conhecimento. Em Aristóteles é impossível pensar a ciência sem o ponto de partida na percepção sensível.

Sentir e elaborar, recordar e imaginar são os meios que libertam o homem da presença efetiva da coisa percebida. A faculdade da abstração, ou seja, a capacidade de pensar sem a presença da coisa, é o grau superior da atividade do pensamento que permite ao homem fazer ciência, distinguindo-o dos outros animais. No entanto, é importante frisar que, mesmo estando muito longe da sensação, o pensamento abstrato da ciência aristotélica não rompe com ela. Isto se configuraria como um problema: não seria possível aceitar a existência de qualquer contradição entre a experiência e o pensamento abstrato.

O pensamento aristotélico é inimaginável fora do percurso que leva do efeito à causa, do ato ao agente. Só assim se consegue chegar a Deus, provar e demonstrar Sua existência e, então, adquirir a noção de Deus. As provas da existência de Deus situam-no como causa primeira e fim último dos seres. Elas se fundamentam na impossibilidade de um prolongamento indefinido de uma série causal, isto é, de uma série ordenada, concebida como estática. Isto quer dizer que os efeitos não podem ser remontados infinitamente às causas. É preciso parar em algum ponto e estabelecer uma causa que, sendo ela própria não causada, não se constitui mais como efeito. Encontrar em algum ponto uma causa última, um fim em si, requer uma operação de pensamento. Deus é a causa de todas essas provas. A série dos seres contingentes não pode se prolongar indefinidamente, ela requer um ponto de detenção. Deve estancar-se em um ser não contingente. Deus assegura a ordem cósmica do pensamento filosófico medieval. É o responsável por torná-la uma estrutura finita e hierárquica.

Quanto ao pensamento científico, a física de Aristóteles se baseia numa concepção de realidade física cujos traços principais são a crença na existência de naturezas qualitativamente definidas e a crença na existência de um Cosmo, isto é, de princípios de ordem que obrigam os seres reais a formarem um todo hierarquicamente ordenado.

> Um todo, ordem cósmica, harmonia: tais conceitos implicam que, no Universo, as coisas são (ou devem ser) distribuídas e dispostas numa certa ordem determinada; que sua localização não é indiferente [...]; que pelo contrário, qualquer coisa tem, segundo sua natureza um "lugar" determinado no Universo, em certo sentido, o seu lugar próprio. Um lugar para cada coisa e cada coisa no seu lugar: o conceito de "lugar natural" exprime essa exigência da física aristotélica (Koyré, 1991, p. 158).

A concepção de lugar natural requer que a ordem seja estática. Assim, qualquer movimento encontra resistência e só pode ser feito por violência. Se isso ocorresse, o corpo deslocado procuraria retornar ao "seu" lugar. O movimento é sinônimo de desordem cósmica; ou é efeito direto da violência ou esforço de retorno, de recuperação da ordem e do equilíbrio perdidos. Se tudo tem seu lugar, é nele que cada coisa deve permanecer. Por isso, o estado natural de repouso de uma coisa no seu lugar não requer explicações. Sua natureza o justifica. O movimento, por sua vez, tem dois tipos de explicação: ou ele é natural e cessa espontaneamente tão logo o objetivo seja alcançado, ou é violento e, nesse caso, não pode ser duradouro sob pena de destruir a hierarquia e a ordem cósmicas. Estas são as razões pelas quais, na física aristotélica, o movimento é um estado transitório em essência.

No entanto, não é isso que se encontra se o movimento for tomado literalmente. Se todo movimento resulta de outro, anterior, ele implica uma série infinita de movimentos precedentes. Assim, "a estrutura ontológica do Ser material o impede de atingir o estado de perfeição que implica a noção de repouso absoluto [...]. Por outro lado, o movimento não é [...] um *estado*; é um processo, um fluxo, um *vir a ser*, no qual e pelo qual as coisas se constituem, se atualizam e se realizam" (Koyré, 1991, p. 159, grifos do autor). É preciso lembrar que, num "Universo finito, o único movimento uniforme que pode persistir é o movimento circular" (Id., Ibid., p. 175, n. 28).

Entre Platão e Aristóteles a linha divisória é clara: o primeiro reivindica uma posição superior para as matemáticas, atribuindo-lhes um valor real e uma posição definitiva no campo da física; já o segundo toma as matemáticas como ciências abstratas, portanto de valor inferior à física e à metafísica, que tratam do ser real. Além disso, os aristotélicos também sustentam que a única base necessária à física é a experiência, devendo a física edificar-se sobre a percepção. A incompreensão das matemáticas por Aristóteles é, segundo Koyré, reveladora de um aspecto muito mais grave: a negação do infinito em favor de uma síntese.

Por acreditar que o Livro da Natureza foi escrito em caracteres geométricos (matemáticos) Galileu associa-se a Platão. Prova que o movimento é governado por números. Assim, refuta e ultrapassa o argumento aristotélico. Destrói sua síntese. Substitui o mundo real da experiência cotidiana por um mundo geométrico e explica o real pelo impossível.

Ao definir o real pelo impossível, Koyré enfatiza sua tese acerca da existência de um corte entre o espírito do mundo antigo e o do mundo moderno. Segundo esse autor, a mentalidade do espírito renascente pode ser resumida na fórmula "tudo é possível" (Koyré, 1991, p. 48). Tomar o real como impossível implica em poder deduzir que, "se tudo é possível, é que nada é verdade. E se nada é seguro, só o erro é certo" (Koyré, 1986, p. 25). Nessa perspectiva, a fundação do mundo moderno coloca, de início, um problema: se tudo é possível e se nada é verdade, então, não existe mais verdade? Se existe a verdade, quem a garante?

GALILEU E A REVOLUÇÃO CIENTÍFICA

A evolução científica se dá à margem do "espírito renascente" e da Renascença propriamente dita, marcados pelo ideal de retórica e por uma produção literária interessada na demonologia e pelos livros de magia. Segundo Koyré (1991) tal efervescência explica-se assim: a credulidade generalizada e a crença na magia seriam efeitos da destruição da física, da metafísica e da ontologia aristotélica. Se, do ponto de vista filosófico e científico, essa síntese é considerada a grande inimiga da Renascença, sua destruição é o maior feito dessa mesma época. No entanto, a destruição da física, da metafísica e da ontologia aristotélicas também teve como efeito deixar a Renascença sem critérios para decidir sobre a verdade ou a falsidade das informações que o sujeito percebe. Por isso, ela foi conduzida a uma ontologia mágica, conhecida como "o naturalismo" da Renascença. A ontologia mágica se situa entre a ontologia divina e a ontologia cartesiana.

De acordo com Koyré, essa ontologia mágica pode ser compreendida a partir da seguinte tese: a credulidade sem limites é o efeito subjetivo da perda de Deus como eixo forte que suportava a ordem cósmica finita e hierarquizada. Ao afirmar que a ontologia divina é substituída por uma ontologia mágica, Koyré (1991) corrobora a tese freudiana de que é impossível que o homem viva fora do registro da crença porque a ilusão é estrutural e ineliminável. Portanto, sob o mesmo termo "ontologia" floresce um mesmo significado – a crença. A crença da Renascença está estruturada de um modo completamente descontínuo em relação à crença em Deus característica da Idade Média. Sem Deus como eixo simbólico forte que defina o que é certo, o que é errado e o que é absurdo, a crença é recuperada imaginariamente. Por isso prolifera de modo mágico.

Para o autor, a saída da Renascença se dá efetivamente com Galileu. Ele difere de tudo que a caracterizou: é antimágico, não se alegra com a variedade das coisas, mas com sua variação, e é animado pela ideia de reduzir o real ao geométrico. Ao identificar o espaço físico com o da geometria euclidiana[6],

[6] Euclides de Alexandria (360 a.C. – 295 a.C.) foi o criador da geometria euclidiana, que foi modelo do saber na antiguidade clássica e no pensamento matemático medieval e renascentista. Ela se caracteriza pelo espaço imutável, simétrico e geométrico.

Galileu ultrapassa Kepler[7]. Essa identificação permite-lhe precisar o conceito de movimento retilíneo uniforme, base da dinâmica clássica.

Galileu foi o primeiro a acreditar que tudo o que existe no mundo se submete à forma geométrica, ou seja, à matematização. Essa crença leva ao abandono da percepção dos sentidos como fonte privilegiada de conhecimento e à declaração de que o conhecimento intelectual é o único meio de apreender a essência do real (Koyré, 1991). Galileu funda uma nova tradição que, segundo Milner (1996), Descartes aprofundou: a de despojar os objetos de todas as qualidades através do empirismo e da matematização. O empirismo de que se trata aqui se distingue de toda e qualquer experiência. É importante lembrar que o campo da experiência, entendida pela ciência moderna como experiência sensível, é ultrapassado pelo da experimentação. O *experimentum* se constitui por uma pergunta feita à natureza na linguagem geométrica e matemática. É preciso saber formular a pergunta e também decifrar e compreender a resposta, o que significa aplicar ao *experimentum* as leis estritas da medida e da interpretação matemáticas.

Até Galileu, o mundo real era o que se oferecia aos sentidos. Com ele e a partir dele, "presenciamos uma ruptura entre o mundo percebido pelos sentidos e o mundo real, ou seja,

---

[7] Johannes Kepler (1571-1630), astrônomo alemão que formulou as três leis fundamentais da mecânica celeste, conhecidas como leis de Kepler. A primeira é a Lei das órbitas elípticas: todos os planetas se movem segundo órbitas elípticas com o Sol num dos pontos focais. A segunda é a Lei das áreas: à medida que o planeta descreve a sua órbita, o seu vetor posicional relativamente ao Sol percorre áreas iguais em intervalos de tempo iguais. A terceira estabelece uma relação entre os tempos periódicos em que os planetas completam as suas órbitas em torno do Sol e as suas distâncias médias ao Sol.

o mundo da ciência. Esse mundo real é a própria geometria materializada, a geometria realizada" (Koyré, 1991, p. 55). A ciência moderna, tal como é conhecida, ergue-se sobre a base da física galileana e de sua interpretação cartesiana.

A "TRADIÇÃO" MODERNA

Giddens (1997) considera que o uso do termo *tradição* se liga à memória e à "noção formular de verdade". Envolve rituais, possui guardiães (pessoas que as tradições seculares consideram relacionadas ao sagrado) e tem uma força de união que combina conteúdo moral e emocional. Memória e tradição dizem respeito à organização do passado relativamente ao presente. Essa característica faz da tradição um meio de identidade definido como "criação da constância através do tempo, a verdadeira união do passado com um futuro antecipado" (Giddens, 1997, p. 100). A tradição permite ancorar a confiança necessária à *continuidade da identidade* e é o mecanismo orientador de outras relações de confiança.

Orientamo-nos pela tese de Koyré (1953) de que há um corte entre o mundo antigo e o moderno. Portanto, à primeira vista, pode parecer um paradoxo falar em "tradição" moderna, uma vez que, para Giddens (1997, p. 113), "a modernidade destrói a tradição". No entanto, como ele mesmo ressalta, essa destruição foi um processo complexo, caracterizado pelo abandono progressivo dos contextos locais e pelo crescente distanciamento no tempo e no espaço – uma "desincorporação". Se, por um lado, as primeiras instituições modernas dependiam das tradições preexistentes, por outro, *criavam* algumas novas.

Giddens serve-se de Hobsbawn para mostrar que a "tradição inventada" reivindica um *contato factício* com o passado e usa materiais antigos para fins modernos, ou seja, para legitimar os sistemas de poder emergentes. A autenticidade da *tradição inventada* é um fato criado, enquanto que a da *tradição* "depende da conexão da prática ritual com a verdade formular" (Giddens, 1997, p. 116).

Ao usar a expressão "tradição moderna" queremos enfatizar o aspecto inventivo, fundador de novas tradições e responsável por aprofundar o recalcamento do laço do sujeito com o aspecto infundado e oracular da origem, cuja consequência é o apagamento da sua relação com o arbitrário, com o acaso, com o começo, enfim, com a novidade da origem.

Lembremos que o *cogito* cartesiano dá testemunho do que a ciência moderna requer: a geometrização analítica do pensamento, responsável por despi-lo de todas as suas qualidades sensíveis. Trata-se de operar sobre um real supostamente puro, transformado em pura fórmula, cujo sentido resume-se à mínima articulação entre letras ou números. A natureza é estruturada de modo racional.

Descartes formulou os princípios da nova ciência (o pensamento sem qualidades) e da nova cosmologia (o universo infinito e sem hierarquia). Deste modo, anunciou uma revolução intelectual, cuja consequência toma a forma de uma revolução científica. Ele consegue afirmar a certeza da razão promovendo um giro a partir do ceticismo recebido como herança do Renascimento: no lugar de sofrer a dúvida, exerce-a metodicamente. Seu gesto é de ruptura e de esvaziamento. Ao fazer tábula rasa dos saberes da tradição, de toda forma de autoridade, e até do próprio mundo sensível, torna negativos todos os sentidos daí originados. Servindo-se da dúvida hiperbólica como método, Descartes destrói a *base* de todas as provas tradicionais, ou seja, o Cosmo hierarquizado. Do mesmo modo, destrói a *estrutura* lógica dessas provas, ou seja, a impossibilidade da construção de uma série infinita (Koyré, 1986).

Ao destruir o eixo ao redor do qual, até então, todo saber se constituía como verdadeiro – a hierarquia e a finitude, a autoridade da Igreja e a realidade do Estado –, Descartes apaga os pontos de referência que mantinham fixa a unidade das significações relativas ao Cosmo. O gesto de Descartes nasce do desejo de libertar a razão de qualquer tradição ou percepção sensível para construir o sistema verdadeiro das ciências e do Universo. Nasce do sonho de alcançar a verdade através da razão desembaraçada de toda qualidade sensível.

Para Descartes, a dúvida é o único modo de saber do que se libertar. Ela libera a razão das ideias obscuras e confusas oriundas da tradição e dos sentidos. Ao exercer livremente a dúvida, no lugar de sofrê-la à maneira dos céticos, Descartes dominou-a e fez dela critério operatório para distinguir o verdadeiro do falso e para repor no seu lugar as ideias que formarão o universo do espírito. As únicas ideias claras e verdadeiras, as que não apresentam razões para continuar duvidando, são as ideias matemáticas, por isso o método cartesiano é ordenado essencialmente a partir da matemática.

Qual é a essência ou o espírito do raciocínio matemático? Independentemente dos seus objetos particulares de estudo – seja uma equação algébrica ou uma construção geométrica –, o matemático procura sempre estabelecer relações ou proporções precisas entre esses objetos, religá-los por séries de relações ordenadas. A essência do pensamento matemático é a invenção de relações e de uma ordem entre as relações[8]. É este pensamento que funda a tradição moderna. A razão é sinônima de proporção ou relação, que, por si mesmas, estabelecem uma ordem e se desenvolvem em série (Koyré, 1986).

O campo do sentido – que era universalizado, fixado pelas provas tradicionais – pluraliza-se por meio da particularidade de cada objeto que a linguagem matemática consegue recortar ao ser utilizada como instrumento por um sujeito. Através dela se pode traduzir qualquer relação numérica em relação espacial e vice-versa. Do mesmo modo, ela inventa o sujeito disjunto de sua história ou de qualquer tipo de tradição, privando-o do sentido gozado a partir das mesmas. A linguagem matemática afirma a existência, mediante sua relação direta com o pensamento tomado como verdade da qual não se pode duvidar. Ao generalizar o fato da existência à indubitável certeza do ato de pensar, Descartes a dissocia de tudo o que não seja racional. Assim, opera uma disjunção entre a existência e seus possíveis atributos. Tal disjunção se configura como ideal para a ciência moderna.

Concordamos com Milner quando ele afirma que o sujeito da ciência deve se distinguir das "marcas qualitativas da individualidade empírica, seja ela psíquica ou somática". Do mesmo modo, as propriedades qualitativas de uma alma tampouco lhe servirão, pois ele "não é mortal nem imortal, puro nem impuro, justo nem injusto, pecador nem santo, condenado nem salvo". Além disso, as propriedades formais, tanto

---

[8] Criam-se, assim, os "contatos factícios" mencionados por Giddens (Giddens, A.; Beck, U. & Lash, S., 1997, p. 116).

tempo pensadas como constitutivas da subjetividade enquanto tal, também não o definem. O sujeito da ciência "não tem Si, nem reflexividade, nem consciência" (Milner, 1986, p. 33).

Para Milner, a realização da geometria em Galileu, seguida da aplicação do método cartesiano orientado pela dúvida e ordenado pela matemática, teve como consequência a produção de objetos desprovidos das qualidades sensíveis. Nossa tese é a seguinte: entendemos que se trata da eliminação da relação entre o real e a realidade. Esta relação, no mundo antigo, era garantida pela tradição, pela palavra proveniente da voz de Deus, autoridade que, por ser infundada, era considerada como a causa de si mesma e detinha todo o poder de nomear o real, assegurando sua instalação como realidade compartilhada pelos homens.

Descartes introduziu uma falta no campo do saber. Por meio de sua dúvida hiperbólica, tentou prescindir da garantia oriunda da voz de Deus, referente único da verdade. Sem essa garantia, o sujeito fica despossuído das razões que explicam o mundo e também de sua própria existência. Todo o saber é reduzido a proposições matemáticas das quais derivam objetos sem qualidades. O próprio sujeito é reduzido a uma equação e se torna um sujeito sem qualidades. Pensamos que produzir o sujeito sem qualidades – no lugar da falta instaurada pela ausência de Deus – é fazer, ao mesmo tempo, um tratamento da falta. O sujeito é um modo de recuperá-la, um modo completamente novo, que a sutura e a mantém aberta.

Para Lacan (1954-55), houve uma mudança radical de perspectiva na passagem da realidade empiricamente constituída à extração do real por meio da geometrização do pensamento e pela aplicação da dúvida metódica. No lugar de partir da tradição, da experiência sensível, da intuição, da religião, ou seja, do plano imaginário, a ciência moderna parte do plano simbólico em sua função criadora.

Se, para Bachelard (1938, p. 7), o caminho da evolução do espírito científico deve se movimentar "do geométrico mais ou menos visual para a abstração completa", então o ideal da ciência tem em seu ponto de partida uma perda: a Coisa não pode ser toda ela representada no campo da percepção. O objeto, a Coisa, apreendido no campo do símbolo, desaparece enquanto tal. Torna-se um significante. Torna-se *uma* criação decorrente da linguagem matemática utilizada como instrumento por um sujeito. É uma invenção do cientista. É ele – e não mais Deus – o responsável pela introdução de um nome que equaciona o real e a realidade, uma vez que se tornaram disjuntos.

Lacan se insere nessa tradição quando afirma que existe significante no real e que é a partir dele que o mundo da experiência é construído. Isso quer dizer que não há experiência que não seja enquadrada pelo significante. O significante está na natureza. Se não for ele o objeto de nossa procura, lá na natureza, não encontraremos mais nada (Lacan, 1955-56). Responder à disjunção entre a percepção e o pensamento pela via da criação simbólica da realidade a partir do impossível do real (*Wirklichkeit*) marca a mudança de perspectiva em jogo nessa passagem.

O SUJEITO DA CIÊNCIA MODERNA É O SUJEITO SEM QUALIDADES

A posição subjetiva dos indivíduos na Renascença, o *estado de espírito* renascentista, caracterizava-se pelo ceticismo

(Koyré, 1986). Descartes se separa dos céticos de sua época ao positivar a dúvida. Faz dela um exercício, rompendo com a posição anterior. Essa escolha inédita permite que ele se instale na posição de quem a exerce e, com esse exercício, mantém-na sob seu domínio. A resposta de Descartes ao mal-estar de sua época o opõe a Aristóteles e aos céticos. O sujeito da ciência se funda nesta atitude nova, inédita. Ele se extrai como agente – como significante em sua função criadora de novas tradições – no mesmo momento em que a descrença em Deus e no saber da tradição antiga poderia tê-lo aniquilado. A criação vence o desencantamento com o mundo e com Deus, vivido na Renascença. Essa novidade funda o homem moderno em bases racionais. Sob os auspícios da razão, ele se crê completamente liberado da posição anterior de submissão às significações existentes.

A dúvida metódica é o operador do trabalho de redução que inaugura a ciência moderna e a posição subjetiva que lhe corresponde, o sujeito sem qualidades. Através dessa operação, é excluído do campo do saber todo o conhecimento que não resista ao tribunal da razão. Os saberes são negados até o ponto em que seja possível alcançar uma certeza. Descartes leva esse exercício até o seu limite para reencontrar a clareza da verdade reduzida à evidência intelectual. Ao fazê-lo, situa-se como significante, único, significante novo, isto é, não articulado na cadeia da tradição antiga com a qual rompeu, pois é o fundador de uma nova tradição.

Koyré ressalta que se desfazer das ideias, destruir em si todas as crenças é também se libertar delas. A operação cartesiana reduz o campo das *Weltanschäuungen* tradicionais e religiosas a apenas uma. A *Weltanschäuung* científica almeja "reencontrar a pureza nativa de nossa razão, chegar à certeza da verdade" (Koyré, 1986, p. 49) a partir do ideal de liberdade em relação a todo tipo de tradição e a qualquer experiência sensível.

> [...] é por uma decisão livre, é por um ato de liberdade que a filosofia cartesiana começa. É por o homem ser livre que pode dizer *não* à tendência natural que o leva a crer no que vê e ouve; que pode recusar-se a seguir a impressão poderosa do sensível; arrancar-se ao domínio do seu corpo, dos seus hábitos, da sua natureza, numa palavra [...]. § Porque é unicamente por sermos livres que podemos, libertando-nos do erro, atingir – livremente – a clareza suprema do espírito inteiramente restituído a si mesmo (Koyré, 1986, p. 83-84).

Do ponto de vista meramente intelectual, a consciência de si é em si mesma um tratamento para a falta que Descartes introduziu no mundo com a sua dúvida metódica. Esse tratamento implicou suspender todas as convicções, questionar todas as verdades para alcançar o ponto do qual não se pode duvidar – *Penso, logo sou*. Enquanto um existente unificado ao ato de pensar, Descartes produziu um eu fundado na razão. Esse eu tem como projeto ser o homem expropriado de seus atributos, despossuído de seu "humanismo", geometrizado, matematizado, tornado letra. Seu ideal é o de ser algo que vale por si, pela sua "boa forma". É o meio pelo qual o pensamento moderno inaugura:

- a *liberdade*, na medida em que pensa poder desprezar qualquer determinação ao advir como consciência de si;
- a *autonomia*, uma vez que cada objeto construído é sempre novo e surge como invenção a partir da operatividade da linguagem;
- e a *igualdade* em relação aos outros existentes, pois enquanto letra torna-se possível substituir uma por outra ou cada existente por outro.

O cartesianismo se caracteriza pela passagem da certeza do pensamento à certeza da existência.

> A certeza do *eu sou*, a clareza do *eu penso* resistem a todos os esforços da dúvida. [...] O juízo *eu sou* é verdadeiro sempre que eu o pronuncie; todas as vezes, igualmente, que eu faça um juízo, qualquer que seja; todas as vezes que eu duvide ou me engane. Porque ele se encontra implicado, ou melhor, envolvido em todos os meus juízos, em todos os meus pensamentos, em todos os meus atos ou estados de consciência. O pensamento implica o ser: o *eu sou* é a consequência imediata do *eu penso* (Koyré, 1986, p. 85).

Embora tenha tido como objetivo banir todas as ilusões para alcançar a certeza, o *cogito* tropeça em uma questão racional: quem garante que a existência se sustenta no pensamento?

A existência, como fato de razão diretamente vinculada ao pensamento, se suporta na garantia divina. Ao provar a existência de Deus por sua perfeição e infinitude, Descartes suplanta o gênio maligno. Desse modo, não dá tempo para que o pensamento seja novamente afetado pela dúvida pondo a existência em risco. Se Descartes não pode duvidar de que pensa porque todo "eu penso" é homólogo a "penso Deus", o pensamento torna-se, efetivamente, garantia da existência. O ato de pensar conclui-se na consciência de si, independentemente do que se pense porque a consciência de si implica a consciência de Deus (Koyré, 1986).

Queremos frisar, no entanto, que não é isso que Lacan destaca no *cogito*. Seu cartesianismo, como assinala Milner (1996), é bem mais radical. No lugar de passar imediatamente do pensamento qualificado à existência, Lacan prefere deixá-la entre aspas[9], suspensa à insistência do pensamento sem qualidades, isto é, à operatividade da dúvida. Suspensa, portanto, ao vazio proveniente da completa ausência de representação do ser afetado pela perda de seus balizamentos. Desse modo, Lacan acentua a inexistência da relação entre os significantes e situa o sujeito como puro ato de pensar, pura enunciação. A disjunção que se instala entre o *eu penso* e o *eu sou* é efetivamente o que dá lugar ao pensamento sem qualidades. Contrariamente a Descartes, Lacan localiza a certeza no ato de pensar e não na existência do ser pensante que poderia decorrer daí. Assim, revela a potência criadora contida no gesto daquele filósofo.

A escolha de Descartes é pela conclusão lógica da existência como consequência do ato de pensar, antes que ela se

---

[9] Trata-se de uma referência de Milner (1996, p. 34) à forma entre aspas como Lacan grafa a segunda cláusula do *cogito* cartesiano – *Penso: "logo existo"* – no texto "A ciência e a verdade" (1998, p. 879).

transforme novamente em dúvida. É esse o tratamento que ele dá à falta da voz de Deus no mundo organizando todos os sentidos. A conclusão da existência como efeito do ato de pensar é garantida pelas provas da existência de Deus. Com elas, Descartes sutura o deslizamento infinito da dúvida em uma certeza: Deus não engana. Passar do pensamento à existência é introduzir o pensamento qualificado. Segundo Lacan (1954-55), esse gesto se configura para o sujeito como captura mortífera, uma vez que o aliena na suposição de haver um significante que o represente – a consciência de si. O eu, diferentemente do sujeito da ciência, não é um sujeito sem qualidades. É um objeto em particular na experiência do sujeito, com o qual ele se identifica. O eu é um outro, uma imagem no espelho, que ele toma como equivalente a si próprio.

A escolha de Lacan, por sua vez, evidencia a homologia entre o automatismo de repetição, instalado pela negação da qualidade através da dúvida, e a instalação da máquina simbólica. Essa homologia permite nomear o sujeito como um pensar sem qualidades. Ao esvaziamento do pensamento corresponde o advento do sujeito como sujeito sem qualidades. O *sujeito da ciência*, ou *da razão*, são os nomes que Lacan emprega para designar esta posição subjetiva ideal, asséptica, sem predicação, oriunda da radical separação entre o eu penso e o eu sou, e não o sujeito mortificado pelo significante.

"A máquina é a estrutura como desvinculada da atividade do sujeito. O mundo simbólico é o mundo da máquina" (Lacan, 1954-55, p. 66). É o mundo funcionando como pura injunção formal, automática, sem nenhuma consideração pelo saber da tradição ou pela contingência do encontro da linguagem com um corpo. Esta é a base do individualismo[10] como ideologia moderna: a crença na consciência de si como ponto de origem da subjetividade, recalcando a dívida do significante com a tradição, ou seja, recalcando o supereu.

A remissão de um significante a outro tem como consequência que o significante não consiga significar-se a si mesmo. A máquina simbólica, assim como a dúvida, dispara um processo contínuo de esvaziamento de todos os sentidos. Esse processo atualiza e presentifica o momento do corte com a autoridade e com a tradição, evidenciando mais além do gosto pela razão a instauração de outro tipo de gosto, o gosto pelo encontro com o vazio. O corte introduz no mundo esse vazio que promove a possibilidade da criação. A máquina simbólica comemora sempre o novo.

Ao operar por meio da dúvida, Descartes abriu o pensamento ao infinito. No entanto, a dúvida é, simultaneamente, um gênio maligno. Sem um ponto de garantia que dê peso aos significantes fornecendo-lhes sentido, ela não tem fim, é metonímica. Por isso se faz necessário provar a existência de Deus. Essa prova visa garantir que as ideias claras e simples que o eu pode conceber sejam sempre verdadeiras. Se todas as ideias ou noções que existem em nós vêm de Deus, então pode haver uma concordância entre o ser e a ideia concebida.

A física cartesiana depende de uma metafísica. Deus cria a ideia e o ser e ajusta uma ao outro. Assim, nossas ideias são verdadeiras. Elas fundamentam juízos de existência e permitem passar da ideia ao objeto, revelando o real como ele

---

[10] Dumont (2000, p. 21) é a referência que nos autoriza a "designar pela palavra 'individualismo' a configuração ideológica moderna".

é, como Deus o criou. Descartes estanca a dúvida metódica provando a existência de Deus justo no ponto onde a certeza do *eu penso – eu sou* emerge como passível de ser corroída. Ele constrói um sistema pelo qual o homem se liberta da dúvida e da incerteza. Diferentemente de Freud que concebeu a divisão do sujeito como constitutiva da subjetividade e de Lacan que mostrou que o eu é uma unidade alienada na identificação com o outro e, portanto, imaginária.

Quando Lacan retoma a dúvida metódica como sinônima da instalação da ordem simbólica, ele também celebra a morte da autoridade e da tradição. Todavia, apoiando-se na psicanálise freudiana, destaca um tipo de consequência que em nada se assemelha à formulada por Descartes. Segundo Lacan, a máquina simbólica estabelece o movimento pulsional para além do eu. Deste modo, Lacan estabelece uma homologia entre a estrutura da pulsão e a estrutura significante. No lugar do sujeito amalgamado à consciência de si, encontramos a fenda através da qual o circuito pulsional relança o reencontro com o fracasso do funcionamento do pensamento que aposta num existente "em si".

É porque não existe relação entre o significante e o significado que aquilo que num momento é significante disto pode, no instante seguinte, passar a ser significante daquilo. A entrada do significante no mundo é uma emergência, algo da ordem do Espírito Santo[11]. Depois do surgimento da linguagem, já não será mais possível saber quando começou e nem como; menos ainda como era antes do seu surgimento.

---

[11] Metáfora utilizada por Lacan no *Seminário 4* (1956-57, p. 47) para tratar da questão da origem da linguagem.

O sujeito da ciência é o sujeito da enunciação, aquele que funda a ciência a partir da interrogação da tradição. O inconsciente freudiano sustenta a incidência do ato constituinte do sujeito e também o apagamento desse ato quando "inunda o sujeito com suas manifestações" (Lacan, 1998, p. 869), atestando que, ali onde o sujeito falta como significante, ele se apresenta como objeto. Portanto, impossibilitado de pensar a si mesmo. Nesse sentido, constituir-se como objeto é o tratamento dado pelo sujeito à falta estrutural. O inconsciente testemunha a divisão subjetiva, dimensão pela qual a ciência não se interessa.

Essa dimensão da verdade, na qual falta a enunciação, embaraça a ciência, mas interessa à psicanálise, que se encarrega de recolhê-la. Lacan (1998, p. 884) afirma que a ciência não tem memória e que, uma vez constituída, esquece os caminhos pelos quais nasceu, esquece uma dimensão da verdade, faz tábula rasa de seus antecedentes. Para evitar que esta frase se torne apenas mais um aforisma, para esclarecê-la é preciso recorrer à constituição da memória, tal como Freud a concebeu no "Projeto para uma psicologia científica" (1895).

Para Freud (1895), a memória e os processos de pensamento dependem da não coincidência entre os investimentos pulsionais. Dependem, portanto, das relações de diferença. Ora, no ponto em que a ciência origina-se de si mesma, ela é um significante puro, um significante fundador, ponto de partida de uma série nova ainda a ser formada. O significante puro não tem passado, não tem memória. Esta última se constituirá em função das cadeias de pensamento que se formarão a partir de suas primeiras inscrições e não em função das cadeias tradicionais em relação às quais a ciência é corte e que, ao serem questionadas, lhe deram lugar.

Se, por um lado, a linguagem antecede tudo o que é da ordem do humano, por outro trata-se aqui de um uso inédito do sistema simbólico. Esse ineditismo depende da potência criadora do significante enquanto autoridade arbitrária, dimensão "esquecida", ou melhor, incluída e apagada no funcionamento da máquina simbólica. O que caracteriza a criação é ser um ato sem fundamento do qual o próprio sujeito não se distingue. É por essa razão que a ciência tende a se instalar como nova tradição, cuja consequência é a promoção do esquecimento desse momento arbitrário. Por isso mesmo, o sujeito da ciência, sujeito sem qualidades, reduz-se a um pensar que não se pensa a si mesmo, que não se identifica a um "em si", tampouco à reflexividade ou à consciência, porque se reduz ao ato infundado da criação. Neste momento, o sujeito é idêntico à própria origem, é pura contingência, um *isso pensa*.

Essa posição pode ser mantida, em caráter permanente, por um sujeito vivo? Desde Freud sabemos que: quando o aparelho psíquico funciona para além do princípio do prazer, ele não se preocupa com a vida, apenas com a satisfação pulsional absoluta que visa a descarga de todas as tensões. Mais além do princípio do prazer, a pulsão é pulsão de morte e ignora os propósitos da vida. Se, como afirmamos anteriormente, a operação que engendrou a ciência moderna não se configurou como uma operação sem resto, é importante saber como esse "resto", nomeado aqui como "gosto pelo encontro com o fracasso" ou "pura contingência", comparece no discurso do cientista. Este último não é um sujeito sem qualidades, sujeito ideal, mas um sujeito dividido entre saber e verdade.

Gaston Bachelard, em *A formação do espírito científico* (1938), criou o conceito de "obstáculo epistemológico" para tratar justamente daquilo dificulta ao sujeito da ciência alcançar o ideal da ciência.

QUALIDADE: UM OBSTÁCULO EPISTEMOLÓGICO

O que Lacan nomeou como sujeito da ciência moderna é o "correlato sem qualidades *suposto* num pensamento sem qualidades" (Milner, 1996, p. 33, grifo nosso). O gesto cartesiano fundador da ciência moderna dá lugar a um "existente" que se caracteriza por virar as costas a todo o saber acumulado pela tradição. O momento em que se rechaça todo o saber é caracterizado como correlativo ao nascimento da própria ciência. Neste ponto, ele é tão inédito e está tão reduzido a fórmulas quanto os objetos que cria. Entretanto, o sujeito estruturalmente idêntico ao que Lacan (1998, p. 870) nomeou como "rechaço de todo saber" proveniente da tradição, do senso comum, dos hábitos e dos mitos, não se presentifica como um significante puro. De um lado, sua existência está sempre suspensa ao puro *ato de pensar*, logo, pode ser suposta sem qualidades. De outro, o sujeito se apresenta como objeto pensado (*eu sou*), consequentemente, impossibilitado de pensar a si mesmo.

Para privilegiar as "ideias claras", Descartes exclui do mundo real, do mundo que existe independentemente dos homens e da razão, "qualquer qualidade sensível, qualquer força vital, qualquer forma natural, em resumo, tudo o que não é mecânico". O mundo fica, então, reduzido à extensão e ao movimento. Iniciou-se, assim, o caminho para "uma verdadeira ruptura entre o conhecimento sensível e o conhecimento científico", uma "ruptura da solidariedade do espírito com os interesses vitais" (Bachelard, 1938, p. 294, 308).

O interesse do estudo de Bachelard para o estudo deste tema se deve ao fato de que suas observações sobre o que faz obstáculo à formação do espírito científico moderno oferecem-nos a chance de verificar os efeitos do reforço e do aprofundamento, pela ciência contemporânea, da posição subjetiva inaugurada pelo advento da ciência moderna. Essa posição é sustentada por um ideal: o da extinção de qualquer direito do homem de servir-se dos saberes provenientes da tradição, da experiência sensível ou de seus interesses particulares. Enfim, o sujeito deve comparecer sempre como sujeito sem qualidades.

Ao pensar o saber científico, Bachelard se ocupa menos em estabelecer as relações entre o saber que os homens produzem com as coisas e muito mais em estabelecer a relação dos homens com seu próprio saber. Seu trabalho dá testemunho do que se apresenta como efeito subjetivo da ciência tomada como ideal. Ele destaca as armadilhas e as dificuldades que se colocam como entraves ao progresso da ciência rumo à abstração, progresso que, segundo esse autor, "é um dever, o dever científico, a posse enfim purificada do pensamento do mundo!" (Bachelard, 1938, p. 13).

Bachelard forja o conceito de "obstáculo epistemológico" para incluir nele todos os preconceitos que se incrustam no conhecimento não questionado, todos os pontos onde o progresso científico estanca, regride ou padece de inércia. De acordo com Bachelard (1938) é preciso identificar tudo o que comparece como obstáculo ao conhecimento pois o ato de conhecer se dá sempre contra um conhecimento anterior, devendo destruir tudo o que foi *mal* estabelecido e superar o que, no próprio espírito, se forma como *erro* que impede a espiritualização.

Para esse autor, o espírito científico cartesiano se caracteriza pela prudência em manter sempre aberta uma espécie de dúvida sobre o que, no passado, era tido como um conhecimento certo. Todavia, o conceito de obstáculo epistemológico vai além, pois permite abordar o caráter insistente e generalizado de certas resistências ao conhecimento científico que não ficaram restritas ao passado da própria ciência. A despeito do ideal da ciência, elas se presentificam sempre como impasse ao progresso do pensamento humano, dando provas da existência de um impedimento real a que se realize a "verdadeira ruptura" entre o sujeito e seus interesses pela vida.

Com base no texto freudiano, podemos perceber que a resistência real de que fala Bachelard se refere às manifestações do desejo inconsciente que, contrariamente ao que a ciência idealiza, atestam a impossibilidade estrutural de o sujeito ser sem qualidades. É impossível expropriá-lo dos laços libidinais que conformam e atualizam suas modalidades inconscientes primitivas de satisfação pulsional. Elas configuram os modos privilegiados de laço do sujeito com o objeto. O inconsciente, em jogo nesse tipo de satisfação pulsional, é o *isso*. O complexo de Édipo, coordenado ao complexo de castração, é o operador estrutural do modelo de aparelho psíquico trazido à luz por Freud com a introdução da segunda tópica. O mito edípico é a expressão psíquica da situação familiar à qual todas as crianças estão destinadas. Ele é a consequência do desamparo originário – que as torna dependentes do Outro por um tempo prolongado – e, também, da ausência de aparelhagem instintiva para enfrentar sozinhas as necessidades da vida. O aparelhamento da sexualidade – por meio dos complexos de Édipo e de castração – deixa um resíduo ineliminável, um resto da sexualidade autoerótica. Na falta de uma organização instintiva natural, a pulsão resta como pura exigência de trabalho feita ao psíquico, em consequência de suas relações com o somático.

Nossa tese é a de que aquilo que Bachelard chama de "erro" a ser retificado é aquilo que Freud reintroduziu na consideração científica sob o nome de *realidade psíquica. É o sintoma, modo* singular de retorno da divisão psíquica oriunda do seu encontro com a diferença sexual ou, nas palavras de Coelho dos Santos (2001, p. 144), "o mito particular por meio do qual o sujeito estrutura a relação do desejo ao desejo do Outro".

Bachelard é herdeiro da tradição moderna. Para ele, o espírito científico é fruto de uma evolução que parte da tarefa primordial de tornar geométrica a representação. A evolução do espírito deve prosseguir até a completa abstração, uma vez que a geometrização primeira pode estar fundada no ingênuo realismo das propriedades espaciais. O caminho da abstração procede da necessidade de o espírito trabalhar sob o espaço, no nível em que se destacam as relações essenciais, as leis que sustentam o espaço e os fenômenos. Levar o pensamento científico a construções mais metafóricas que reais, ou seja, levá-lo a abstrair-se da experiência sensível, é o procedimento normal e fecundo do espírito científico desde Galileu.

Para Bachelard, se uma cultura quer ser científica, ela deve começar por expor-se a uma catarse intelectual e afetiva. Esta "catarse" é o operador bachelardiano que corresponde à dúvida metódica cartesiana. No entanto, Bachelard reconhece que o processo de abstração não se dá de modo uniforme porque existem forças psíquicas atuando no conhecimento científico. Contra essas forças, ele adverte que é preciso "aplicar uma psicanálise". Entendemos com isso que é preciso despir o espírito das formas imaginárias, ilusórias, às quais ele apega e que o impelem a um falso rigor ou a uma unificação fácil.

Seguindo a tradição fundada por Galileu, Bachelard acredita que não se obtém conhecimento senão como resposta a uma pergunta formulada sob a forma de um problema relativo a um saber. Convém lembrar que a tradição moderna é constituída pelo pensamento matemático, cuja essência é a invenção não só das relações entre seus objetos de estudo, mas também do ordenamento existente entre elas. Seu ponto de partida é a inexistência da experiência concreta, sensível e real, natural e imediata.

No entanto, os obstáculos epistemológicos apontam para a existência de valores inconscientes na própria base deste raciocínio, valores esses que eternizam certos "princípios de explicação" e impedem a reforma constituída pelo espírito científico. Ironicamente, Bachelard (1937, p. 91) nomeia esses "princípios" como pontos que fazem a "felicidade" do espírito, razão pela qual, segundo ele, é preciso "fazer o sábio confessar seus motivos inconfessáveis". Segundo Bachelard, o que faz a felicidade do espírito deve ser *psicanalisado*, pois é preciso arrancar o espírito "do narcisismo que a evidência primeira proporciona, dar-lhe outra segurança que não a posse, outras forças de convicção que não o calor e o entusiasmo; em suma, provas que não seriam em absoluto chamas" diante das quais o espírito se deixaria "arder" (Ibid., p. 6).

Quando Bachelard fala da "felicidade" experimentada pelo espírito científico com os princípios explicativos que impedem a formação científica, ele erra o alvo, mas acerta na mosca. Erra o alvo porque, exceto por ironia, certamente nenhum cientista afirmaria sentir-se feliz com o que entrava a realização da sua pesquisa, o prosseguimento do seu trabalho. Porém acerta na mosca porque, do ponto de vista da pulsão, o sujeito é sempre feliz (Miller, 1997).

O mal-estar conceituado por Freud (1930) é efeito, segundo Miller (1997), do nó que se estabelece no plano pulsional entre satisfação e dor. A satisfação (*Befriedigung*) pulsional inclui em si mesma seu contrário. O conceito lacaniano de gozo inclui a clivagem interna da libido. Se a libido também é pulsão de morte, o sujeito padece dela. O gozo implica o encontro da satisfação na própria interdição. A pulsão freudiana é uma *exigência* que encontra satisfação apesar de tudo, é uma "demanda articulada no inconsciente, que produz sua própria satisfação. De tal modo que o dito 'o sujeito está feliz' seja a definição do sujeito" (Miller, 1997, p. 374-376).

> [...] uma pulsão nos aparecerá como sendo um conceito situado na fronteira entre o mental e o somático, como o representante psíquico dos estímulos que se originam dentro do organismo e alcançam a mente, como uma medida da *exigência* feita à mente no sentido de trabalhar em consequência de sua ligação com o corpo (Freud, 1915, p. 142, grifo nosso).

> [...] A pulsão é exigência (*Drang*) inscrita no universo da representação. Dito isso, toda representação perde sua inocência. Sua fonte não é a contemplação das coisas, seja realista ou idealista, mas sim a exigência de trabalho que faz ao psiquismo, em consequência de sua relação com a vontade de usufruir/gozar da Coisa que escapa à representação (Coelho dos Santos, 2001, p. 130-131).

Além dessas considerações, é preciso ainda destacar a estrutura do narcisismo concebida por Freud (1914). Trata-se de um processo secundário à perda da relação de objeto primordial com o Outro materno. O eu, ao constituir-se no narcisismo, funda logicamente um momento anterior ao seu advento do eu. O eu ideal, aquilo que ele foi, deve dar lugar ao que ele deverá se tornar, o ideal do eu. Ao surgir, o eu se diferencia do eu ideal e esta separação requer um imenso esforço para recuperar a satisfação desse narcisismo perdido. Outro tanto de esforço é requerido para alcançar a que se situa em seu horizonte sob a forma de promessa, o ideal do eu. A estrutura freudiana do narcisismo mostra que a estrutura do ser é de falta-a-ser. O gozo com o eu ideal primitivo deve dar lugar ao desejo, ao ideal do eu. Porém é importante lembrar que, no que se refere ao domínio da libido, o homem sempre se mostra incapaz de renunciar a uma satisfação obtida anteriormente. A satisfação em jogo é autoerótica – é o gozo enquanto objeto de investimento libidinal do Outro –, essencial ao primeiro tempo constitutivo do eu quando este ainda se encontrava indiferenciado no isso.

Durante o estudo dos textos de Bachelard, observamos que ele fala com muita frequência na necessidade de se *psicanalisar* o espírito. Tendo sido contemporâneo de Freud, cita-o apenas indiretamente através de Allendi (Bachelard, 1938, p. 221), como também a Karl Abraham e Ernest Jones, especificamente quando discorre sobre o mito da digestão.

Resumidamente, Bachelard afirma que o mito da digestão é uma das modalidades de comparecimento do obstáculo epistemológico na cultura científica. Do uso desse mito origina-se, segundo ele, o mais forte realismo e a mais abrupta avareza. O caráter de *posse* é destacado como objeto de todo um sistema de valorização a partir do qual, por exemplo, um alimento sólido e consistente pode ser tomado pelo cientista como mais prezado que outro, pastoso e inconsistente, ou ainda que o ato de beber não significa nada diante do ato de comer, uma vez que a "interiorização" do alimento implícita neste ato funciona como suporte da postulação de uma "interioridade". Desse ponto de vista, a fome se torna necessidade natural de possuir o alimento sólido, durável, integrável, assimilável, verdadeira reserva de força e poder. A gula, por sua vez, pode ser tomada como uma aplicação do princípio de identidade.

O mito da digestão é apresentado por Bachelard (1938) como uma poderosa *Weltanschäuung* contra a qual o espírito, cujas pretensões são científicas, precisa lutar. Ele cita Freud, Jones e Abraham na qualidade de estudiosos do "caráter anal" que alguns adultos desenvolvem e que mostra a ênfase prevalente do funcionamento dessa fase digestiva. Não se estende sobre este assunto, mas salienta que mesmo o conhecimento científico mais imbuído de pretensões científicas vê-se perturbado por valorizar coisas tão absurdas.

Bachelard, assim como Freud[12], reconhece que o cientista não é um ser humano diferente dos outros. Portanto, pode ser parasitado por afetos que escapam à compreensão lógica da ciência. O que é preciso acrescentar, no caso específico de Bachelard, é que só o conceito freudiano de libido pode dar conta do que comparece como obstáculo epistemológico sob a forma, por exemplo, do que ele chamou de caráter anal. Conforme afirmado anteriormente, trata-se do retorno daquilo que não pôde ser subjetivado pelo sujeito quando da sua separação em relação ao Outro primordial.

O aparelho psíquico não consegue tornar "mental" o lugar do sujeito como objeto libidinal para alguém cujo desejo

---

[12] "Os analistas são pessoas que aprenderam a praticar uma arte específica; a par disso, pode-se conceder-lhes que são seres humanos como quaisquer outros. Afinal de contas, ninguém sustenta que um médico será incapaz de tratar doenças internas se seus próprios órgãos internos não forem sadios; ao contrário, pode-se argumentar que há certas vantagens no fato de um homem que foi, ele próprio, ameaçado pela tuberculose, se especializar no tratamento de pessoas que sofrem dessa doença. Os casos, porém, não são absolutamente idênticos. Enquanto for capaz de clinicar, um médico que sofre de uma doença dos pulmões ou do coração não se acha em desvantagem para diagnosticar ou tratar queixas internas, ao passo que as condições especiais do trabalho analítico fazem realmente com que os próprios defeitos do analista interfiram em sua efetivação de uma avaliação correta do estado de coisas em seu paciente e em sua reação a elas de maneira útil. É, portanto, razoável esperar de um analista, como parte de suas qualificações, um grau considerável de normalidade e correção mental. Além disso, ele deve possuir algum tipo de superioridade, de maneira que, em certas situações analíticas, possa agir como modelo para seu paciente e, em outras, como professor. E, finalmente, não devemos esquecer que o relacionamento analítico se baseia no amor à verdade – isto é, no reconhecimento da realidade – e que isso exclui qualquer tipo de impostura ou engano" (Freud, 1937, p. 281-282).

foi responsável por gerá-lo. É impossível para o sujeito introduzir o processo secundário, ou seja, pensar sobre o que só existe como processo primário, no nível da palavra identificada à própria coisa. Isso é o mesmo que dizer que o modo como o próprio sujeito tratou originalmente a castração do Outro (esse é o nome da falta estrutural em jogo) se torna um obstáculo à compreensão pelo pensamento. Segundo Lacan, "a libido é a presentificação como tal do desejo", definido como desejo do Outro. Ela é a energia psíquica do desejo, que é "o ponto nodal pelo qual a pulsação do inconsciente está ligada à realidade sexual" (Lacan, 1964, p. 146). Portanto, presentifica a condição original do sujeito como objeto de investimento libidinal pelo Outro.

O critério que propiciou a escolha do mito da digestão – como exemplo a ser explorado aqui – foi a referência indireta que Bachelard faz a Freud, no que concerne ao caráter anal. Este último se manifestaria na reincidência nos textos científicos sob a forma do mito da digestão. Embora aborde o caráter libidinal em jogo, Bachelard não faz menção ao conceito de *libido* nesse capítulo. Aborda-o somente no capítulo imediatamente posterior. Porém sem considerar que o caráter anal e a libido são sinônimos. Todos os obstáculos epistemológicos listados por Bachelard[13], entretanto, não tratam de outra coisa senão do caráter de fixação libidinal que, segundo ele, aparece "no âmago do próprio ato de conhecer [...] por uma espécie de imperativo funcional"

[13] Os obstáculos elencados são os seguintes: a experiência primeira, as generalizações, o substancialismo, o realismo, o obstáculo animista, o fascínio, as explicações pela unidade, pela utilidade, o uso abusivo das imagens visuais, o mito da digestão.

(Bachelard, 1938, p. 17). Ele nomeia como obstáculos epistemológicos o que considera serem "as causas de estagnação e até de regressão" e inércia.

O caráter libidinal pode ser facilmente observado pelo leitor, seja pelo uso propriamente dito da palavra *libido* no capítulo X, seja por meio do que pode ser reconhecido na narrativa do autor como possuindo um caráter homólogo, isto é, como manifestação (não reconhecida como tal) da presença do sexual na vida psíquica. A objeção por parte da ciência moderna ao caráter libidinal constitutivo da subjetividade é o que caracteriza sua posição discursiva no mundo. Esta é a restrição feita por Freud à ciência em "A questão de uma *Weltanschäuung*" (1933 [1932]). É também a razão pela qual a psicanálise se separa da ciência apesar de aderir à *Weltanschäuung* científica.

Na descrição em que demonstra o comparecimento dos obstáculos bem como na análise dos efeitos destes sobre a produção do conhecimento científico, Bachelard (1938, p. 225) deixa claro reconhecer a razão pela qual "a psicanálise tradicional assinalou a supremacia da *libido* sobre o apetite". É que desta supremacia derivam os mais variados tipos de resistência que, sob o ponto de vista da ciência, precisam ser combatidos. Para esse autor, "o espírito científico é essencialmente uma retificação do saber, um alargamento dos quadros do conhecimento" (Bachelard, 1934, p. 147-148).

As forças psíquicas que atuam como obstáculo a esse processo fazem com que compareçam no real atos nos quais o sujeito não se reconhece ou, se o faz, rotula-os de irracionais ou de erros que, tal como o próprio saber científico, também precisariam ser retificados. O "encontro com o fracasso", mencionado anteriormente, se refere ao encontro com a diferença entre aquilo que se busca (ou se pesquisa) e aquilo que efetivamente se encontra. Em função da presença do recalque, essa diferença é negada e subjetivada como erro a ser retificado.

Segundo Freud (1915b, p. 195), quando o sujeito se depara em si mesmo com atos e manifestações que não consegue articular com o resto de sua vida mental, sua reação é a de julgar esses atos como pertencentes a outra pessoa. O pulsional sempre comparece como "estranho" ao sujeito. Por isso deve ser explicado "por uma vida mental atribuída a essa outra pessoa".

Defendemos a tese de que existe uma homologia estrutural entre a exclusão das origens promovida pelo advento da ciência moderna e a perda de uma parte da realidade, ou seja, a divisão psíquica que constitui todo sujeito como uma modalidade de negação da castração. Da reincidência dessa negação decorre o aprofundamento da distância entre os produtos da razão (dentre os quais o próprio sujeito) e sua origem, o desejo. Segundo Coelho dos Santos (1999a), os três tipos de defesa contra a divisão psíquica – *Verdrängung*, *Verwerfung* e *Verleugnung* – são três modos de dizer "não" (*Ver*) à diferença sexual e a cada um deles corresponde uma maneira de retorno da parte da realidade que não encontra expressão na ordem simbólica. Estes três modos são, respectivamente, o recalque neurótico, a rejeição psicótica e o desmentido perverso.

Lacan (1955-56) conceituou como foraclusão (*Verwerfung*) a operação por meio da qual ocorre a rejeição de um significante primordial do campo simbólico, responsável por fornecer todos os significados do mundo, bem como por ordenar todas as relações que se estabelecem entre eles[14]. Ao rechaçar todos os saberes tradicionais, a operação pela qual a ciência moderna se constituiu, desvelou o funcionamento autônomo do significante, isto é, o significante separado dos significados instituídos, abrindo-os às relações lógicas que a razão matemática responsabilizou-se por criar. Segundo Lacan (1955-56), a extração de uma lei natural é a extração de uma fórmula insignificante: a alegria do matemático cresce na mesma proporção em que sua lei vai se despindo de significados.

A exclusão dos saberes tradicionais revelou que o significante não está referido às coisas enquanto existentes no mundo, mas à sua ausência. Isso prova que o objeto é inventado, é extraído, é recortado pelo uso da linguagem matemática e a ela identificado arbitrariamente. Ele é realidade lógica encarnada na estrutura que inclui um sujeito como seu inventor, ou seja, inclui um laço libidinal do sujeito com o objeto. É por isso que Freud afirma que a obstinação da ciência em direção à abstração, sua exigência de que se separe "do conhecimento tudo o que é ilusão e o que é resultado de exigências emocionais", deixa "abertos os caminhos que levam à psicose" (Freud,

[14] Consideramos importante observar que, ao longo do desenvolvimento do conceito de foraclusão, Lacan separa a *Verwerfung* característica da psicose e a *Verwerfung* fundadora do sujeito, correlata da *Austossung*, expulsão primordial relativa à *Bejahung*, afirmação instauradora da ordem simbólica. No recalque originário (*Urverdrängung*) ocorre o rechaço de um elemento que, simultaneamente, constitui o sustentáculo de todos os outros. A expulsão de um elemento sustenta a afirmação dos outros. Já o rechaço promovido pela *Verwerfung* psicótica incide sobre um significante fundamental, portador da lei, um "primeiro corpo de significante" que deveria ter sido inscrito no campo da simbolização primordial. Sobre esse tema, ver também o segundo capítulo ("*Verwerfung* e recalque originário") do livro de Maleval (2002).

1933 [1932], p. 195). É na psicose que as palavras são tratadas como idênticas às coisas.

> [...] Acontece que a catexia da apresentação da palavra não faz parte do ato de repressão, mas representa a primeira das tentativas de recuperação ou de cura que tão manifestamente dominam o quadro clínico da esquizofrenia. Essas tentativas são dirigidas para a recuperação do objeto perdido, e pode ser que, para alcançar esse propósito, enveredem por um caminho que conduz ao objeto através de sua parte verbal, vendo-se então obrigadas a se contentar com palavras em vez de coisas. [...] Podemos [...] tentar uma caracterização da modalidade de pensamento do esquizofrênico dizendo que ele trata as coisas concretas como se fossem abstratas (Freud, 1915a, p. 232-233).

Lacan (1955-56, p. 218) esclarece que a estrutura científica só existe ali onde há *Erklären* (clareza, explicação). Isso não implica significação mecânica ou algo similar, mas "recurso ao significante como fundamento único de toda estruturação científica concebível". Portanto, tudo o que comparece no real como parecendo estar "do lado de fora" das relações significantes estabelecidas pela ciência moderna, isto é, tudo o que Freud conceituou como realidade psíquica, é tomado pela ciência como obstáculo epistemológico e precisa ser rechaçado. Trata-se do comparecimento, do retorno no real daquilo que é recusado na ordem simbólica.

Levar o ideal da ciência aos seus limites implica em exigir que o sujeito se separe de tudo o que se apresenta como obstáculo à racionalidade, de toda verdade que não faça parte de um sistema geral, de toda experiência que não se ligue a um método experimental geral e de toda observação anunciada numa falsa perspectiva de verificação. É isso que Bachelard (1938) enfatiza ser necessário alcançar na relação dos cientistas com o campo do conhecimento. No entanto, seus exemplos mostram que o sujeito da ciência não consegue comparecer como um sujeito sem qualidades. Ele sempre "erra". Por mais que ele se esforce, a libido se faz presente como um tipo de caráter do qual o sujeito não abre mão. Diante dela, a resposta da ciência é a de negar-lhe seu lugar estrutural.

Ora, o ato de negar a divisão subjetiva e suas consequências psíquicas implica, *a priori*, o reconhecimento da estrutura na qual o desejo humano se sustenta e, logo em seguida, um julgamento condenatório sobre ela (Freud, 1925; Lacan, 1998, p. 391; Hyppolite, 1954, p. 895). Isto nos permite afirmar que o que Bachelard conceitua como obstáculo epistemológico é a expressão psíquica do retorno do recalcado. Portanto, o gesto da ciência não expulsou completamente a ilusão. Apenas a recalcou. Nossa tese é a seguinte: com a criação da psicanálise, Freud responde – com a hipótese do sujeito do inconsciente – ao gesto da ciência moderna. Ele reinsere na consideração científica a dimensão da realidade psíquica, enquanto dimensão recalcada do saber sob a forma de verdade.

O texto de Bachelard permite colher os efeitos do gesto original de Freud. A ciência reconhece a existência da realidade psíquica, no entanto a toma como obstáculo, como "erro" que deve ser "psicanalisado" para ser novamente expurgado. Não a considera como fator estrutural, impossível de ser completamente erradicado. A ciência nega a dimensão do inconsciente em prol da formação de um "verdadeiro espírito científico", posição ideal que o cientista deve ocupar ao preço do recalque de tudo o que se configura como desejo.

Sob o insistente emprego, por Bachelard, do termo *psicanalisar* observamos a invenção de um uso "científico" da atividade psicanalítica, através do qual a ciência pensa poder aprofundar a conquista da razão sobre o irracionalismo com vistas a alcançar uma espécie de depuração do campo da subjetividade. Se, por um lado, a ciência leva em consideração o inconsciente que, através de Freud, a psicanálise acrescentou ao campo do conhecimento humano, por outro nega as consequências deste gesto ao desconsiderar o aspecto pulsional aí inerente.

O objetivo da ciência é equacionar o sujeito ao número, ou seja, fazer dele um sujeito sem qualidades. Este uso da psicanálise é completamente imaginário, pois, diferentemente da ciência, a psicanálise não pretende tomar a realidade psíquica como obstáculo epistemológico que deve ser eliminado, mas como a única realidade possível. Seu objetivo é localizar o que comparece como obstáculo para o sujeito, reintroduzi-lo no campo do pensamento e manejá-lo de um modo diferente do da ciência com o objetivo de dissolver o inconsciente, reduzi-lo à sua estrutura mínima, separando o inconsciente de seu ponto de origem – *Urverdrängung*. Não se pode trazer à luz o sujeito da ciência senão pelos caminhos do sujeito do inconsciente.

Deste modo, afirmamos que o sujeito da ciência, sujeito da psicanálise por excelência, não é o sujeito do inconsciente. O sujeito sem qualidades ao qual Lacan se refere, nomeando-o como sujeito da ciência, é uma extração lógica dedutível por meio de um tratamento analítico levado ao seu termo. No entanto, isso não quer dizer que o processo analítico produza, ao fim e ao cabo, um sujeito sem qualidades. Na medida em que a psicanálise parte da castração no nível da diferença sexual, o campo do significante não pode ser um campo sem qualidades. A psicanálise não desvincula o advento do sujeito do advento do desejo e é por este vínculo que cada sujeito deve ser levado a se responsabilizar.

Segundo Coelho dos Santos (1999a), a ciência se constitui por uma operação de foraclusão da qual a psicanálise não participa. Através de seus esforços bem intencionados, a ciência desconhece a divisão subjetiva pela qual o sujeito sustenta o desejo. Este desconhecimento é a matriz da ignorância de que os "outros objetos" (que comparecem como obstáculo ao trabalho do cientista) implicam uma topologia que considera a divisão subjetiva. É em função do caráter da *Spaltung* que Freud permite pensar a possibilidade de que a parte libidinal da realidade que foi suprimida possa se fazer presente no mesmo ponto em que ocorre a percepção. Trata-se, segundo Lacan, de uma "topologia que permite restabelecer a presença do próprio *percipiens* no campo em que, no entanto, ele é perceptível [...] nos efeitos da pulsão" (1965-66a, p. 224).

Ao fazer um uso instrumental da psicanálise, a ciência a deforma para integrá-la ao seu sistema de pensamento visando dar continuidade à operação de reduzir ao saber lógico tudo o que possa ser compreendido como imaginário, ilusório, fantasioso, moral, imediato, intuitivo, mitológico, sensório, mágico, acrescido agora das "qualificações" fornecidas pelo saber psicanalítico: identificatório, inconsciente (enquanto oposto à consciência de si), subjetivo, sintomático, libidinal, enfim "psicológico". Tudo isso deve ser "psicanalisado" para que não sobre qualquer resto não equacionável.

Bachelard dá provas de que, diante da realidade das manifestações do inconsciente, a posição da ciência é a de não querer saber nada sobre a divisão psíquica. Conforme afirmado anteriormente isto implica dizer, em termos freudianos, que o esforço empreendido pela ciência para chegar à completa abstração acaba por fazê-la tratar as palavras como idênticas aos objetos concretos e estes como puras abstrações. No seu limite, a razão científica é engendrada por um esforço semelhante ao da psicose. Freud demonstrou que o tratamento das palavras como coisas é o que caracteriza tanto o funcionamento da psicose quanto o trabalho do sonho. Trata-se de um processo psíquico primário, o modo mais primitivo, autoerótico, de o sujeito manter laços libidinais com o objeto perdido, ou seja, não se diferenciando dele. Isso prova que o objeto nunca é radicalmente perdido. Prova que quando a perda ocorre ela é sempre parcial, à maneira da neurose, uma vez que o sujeito recupera o objeto de modo fantasmático.

Todo este desenvolvimento permite-nos formular as seguintes teses:

- O corte entre o mundo antigo e o moderno instaurado pela operação de constituição da ciência moderna tem a mesma estrutura, ou seja, é topologicamente homólogo ao que Freud (1924) conceituou como perda de uma parte da realidade na neurose e na psicose.
- A perda da realidade pode ser utilizada para falar do que Freud conceituou como *Spaltung* do sujeito.

- Esse ponto original é simultaneamente constitutivo do sujeito da ciência, sujeito sem qualidades, e do sujeito do inconsciente, que pensa onde não é e é onde não pensa.
- A parte perdida da realidade – a que inscreveria a diferença sexual, diferença absoluta – é o que retorna no real sob a forma sintomática[15] conceituada por Bachelard como obstáculo epistemológico. No entanto, além de obstáculo, é preciso lembrar que ela é simultaneamente a causa, a origem de tudo o que é da ordem da criação.

PERDA DA REALIDADE: FATOR ESTRUTURAL E ESTRUTURANTE

Há um corte entre o mundo antigo e o mundo moderno que, no século XVII, provocou uma "revolução espiritual". O advento da ciência moderna foi também o advento de uma atitude mental caracterizada por dois traços: matematização da natureza, inclusive a do próprio homem, e matematização da ciência. Lacan nomeou essa atitude mental como "sujeito da ciência" e, em seguida, designou-o como o único sujeito sobre o qual a psicanálise opera.

O texto de Bachelard permitiu-nos colher os efeitos subjetivos do aprofundamento epistemológico do ideal da ciência moderna, o de só considerar como tal o saber originado

[15] Por forma sintomática entendemos o modo substitutivo como cada sujeito responde sexuadamente à impossibilidade de abandonar a satisfação experimentada na relação primordial com o objeto. Trata-se da maneira como o sujeito presentifica o que é da ordem da satisfação pulsional com o objeto real, que foi perdido.

da elaboração intelectual que segue o modelo matemático. Ele mostrou que o trabalho de separar o campo do conhecimento de tudo que remeta à tradição e ao campo das ilusões sempre deixa um resto inassimilável, que Bachelard conceituou como obstáculo epistemológico. Nossas reflexões nos autorizaram a concluir que tudo o que Bachelard diagnosticou como erro a ser retificado implica a presença em ato da realidade psíquica enquanto retorno do recalcado. A ciência moderna acolhe a descoberta da psicanálise em seu sistema de pensamento ao preço de uma deformação que a anula em sua especificidade, pois apaga a divisão psíquica e suas consequências subjetivas.

O modo denegatório pelo qual o filósofo das ciências trata o plano pulsional levou-nos a tecer a tese de que o corte que instaurou um hiato entre o mundo antigo e o moderno pode ser usado como equivalente do que Freud (1924) conceituou como perda de uma parte da realidade na neurose e na psicose. Com este ponto de partida, tentaremos responder às seguintes questões:

- Qual realidade se perde na passagem do mundo antigo ao moderno?
- Que realidade é perdida na constituição subjetiva neurótica e na psicótica?

Deus e o cosmo fechado

O Cosmo hierarquizado e finito implicava a ideia de um mundo estruturalmente finito, ordenado hierarquicamente, diferenciado qualitativamente do ponto de vista ontológico. Esta concepção distingue e opõe dois mundos: o do Céu e o da Terra, sendo o segundo determinado pelo primeiro. Já as bases intelectuais do mundo moderno são compostas pelo Universo aberto, indefinido e infinito, unificado e governado por idênticas leis universais. Trata-se de "um Universo no qual todas as coisas pertencem ao mesmo nível do Ser, contrariamente à concepção tradicional que distinguia e opunha" o Céu e a Terra (Koyré, 1991, p. 155). No Universo infinito, as leis do Céu não se distinguem mais das da Terra.

Do ponto de vista científico, a interdependência e a unificação entre a astronomia e a física implicou no desaparecimento "de todas as considerações baseadas no valor, na perfeição, na harmonia, na significação e no desígnio" (Koyré, 1991, p. 155). O homem também foi expropriado de todas essas considerações. Não há, no mundo moderno, nenhum lugar para o homem nem tampouco para Deus. A existência nomeada como "consciência de si" tem por ideal o total despojamento do homem em relação às qualidades sensíveis e às determinações divinizadas, que davam sentido e realidade à vida humana e aos mundos antigo e medieval através da tradição e da autoridade da Igreja.

Do ponto de vista ontológico, o corte entre esses dois mundos se caracteriza por uma perda no campo da realidade simbólica. A operatividade da dúvida hiperbólica exclui Deus enquanto significante primordial, responsável pela hierarquia e pela centralização de todas as significações do mundo visível e invisível, princípio e fim de todas as coisas.

Em seu livro *Dios es inconsciente*, Regnault (1993) compara a organização medieval da Suma e a filosofia cartesiana.

Afirma haver entre elas uma oposição. Na primeira, a autoridade é proveniente da Escritura, que confere certeza à doutrina sagrada ali contida. Essa estrutura conforma um duplo jogo de autoridades:

- na autoridade da Bíblia se lê a fundação da Igreja e
- a autoridade da Igreja é responsável por garantir a correta interpretação da Bíblia.

As *Meditações*, de Descartes, por sua vez, só expressam sua potência discursiva de modo indireto, secundariamente, por meio da razão. Regnault (1993) confronta o caráter do *Texto* ao do *livro*. O primeiro é a materialização da *voz* de Deus e não se constitui como coisa do mundo. Se Deus é o princípio das coisas, a Suma constitui-se como sistema do mundo, e os signos se tornam mensagens de Deus que devem ser corretamente interpretados. A Suma arremeda a realidade inteira. Não se trata de uma adição de partes. Há uma ordem que é própria ao todo. Quanto ao livro, este se refere às *res*, às coisas do mundo. Sua autoridade estará sempre às voltas com um jogo complexo de autoridade no qual aquele que é o autor sempre se diferencia das autoridades que cita. Regnault afirma que se trata aí de uma *substituição*: a leitura dos signos do mundo, que narram a glória de Deus, dá lugar à leitura do "grande livro" desse mesmo mundo, escrito em linguagem matemática. De acordo com o autor, essa substituição implica que "este mesmo mundo" já seja, portanto, outro.

Esta passagem, efetuada por uma operação de substituição, caracteriza a perda no campo da realidade à qual nos referimos acima: a perda da voz de Deus como referente único de todos os sentidos simbólicos do mundo, aos quais o homem encontrava-se submetido enquanto objeto de Seus desígnios.

A Suma contém tudo o que é preciso saber. Ela regula o saber. Sob esse ângulo, os fenômenos do mundo são tomados como signos cujo conteúdo decifrado dá à luz uma mensagem de Deus. Os fenômenos sempre contêm um significado que os liga a Deus, que coloca Deus como sua causa primeira e última. Sobre isso, Lacan (1955-56, p. 211) afirma "que o significante significa algo, [...] que há alguém que se serve desse significante para significar algo. [...] Isso queria dizer que, nos fenômenos naturais, o nomeado Deus ali está para nos falar a sua língua".

O corte que separa o mundo antigo do mundo moderno caracteriza-se pela operação de substituição, que retira do mundo um significante que não é um significante qualquer: Deus, significante ordenador, normatizador e doador do sentido de todas as coisas. A ciência moderna se funda a partir da instauração de uma falta que põe em movimento uma operação de substituição. Essa operação já pode ser compreendida como um modo de tratar a falta originária da ciência. No lugar de Deus como razão de todas as coisas, a formalização do mundo, do sentido e da existência passa a ser feita através da atividade do pensamento racional. Essa é a composição cultural que permite a fundação da psicanálise. "A descoberta do inconsciente aflora num contexto cultural marcado pela exclusão de Deus do mundo" (Coelho dos Santos, 2001, p. 303). A perda da voz de Deus como referente do ato de fala é constitutiva do sujeito da ciência, aquele sobre o qual a psicanálise opera.

A PERDA DA REALIDADE NO SUJEITO

Ao contrário dos ideais assépticos produzidos pelo advento da ciência moderna, Freud descobriu o inconsciente como a verdadeira realidade psíquica, ou seja, como fracasso do sujeito em comparecer sem qualidades, despojado de sua verdade. Segundo Coelho dos Santos essa outra dimensão, a da verdade, dá as razões pelas quais os homens não se tornam "completamente adultos, livres e autodeterminados". Explica por que, na verdade, eles nunca conseguem verdadeiramente dar as costas às "modalidades de agir, pensar e sentir herdadas da experiência dos antepassados". Ao contrário, mostra a submissão a essa herança sob a forma de uma exigência do supereu transmitida pela tradição, pelos "ideais construídos ao longo da história, pelas estruturas da linguagem e pelo discurso". No lugar de exibir um sujeito sem qualidades, o inconsciente atesta a presença no sujeito de uma herança inerradicável relativa à sua dependência do Outro (Coelho dos Santos, 1999a, p. 118).

A descoberta do inconsciente:

- Atesta que o gesto da ciência moderna de expulsar do campo do conhecimento todos os saberes oriundos da tradição não erradicou completamente a ilusão, apenas a submeteu ao recalque.
- Mostra que o sujeito não se confunde com a consciência e que, no lugar da unidade ideal suposta pela equação cartesiana "Penso, logo sou", o sujeito se apresenta como dividido. Seu *status* é o estado de fenda.

- Não prova a "existência de uma segunda consciência em nós, e sim a existência de atos psíquicos que carecem de consciência" (Freud, 1915b, p. 196).
- Evidencia que "o ideal não é um puro artigo de razão, ou seja, não deriva de uma escolha racional, mas articula-se ao desejo do Outro, representado pelos pais" (Coelho dos Santos, 1999a, p. 118).
- Atesta que a realidade psíquica, enquanto "o mito particular por meio do qual um sujeito estrutura a relação do desejo ao desejo do Outro", é o fundamento da fé, do sentido, do sonho e de toda a crença (Ibid., p. 144).
- Aponta que os processos mentais pelos quais o inconsciente se constitui acabam por substituir a realidade externa pela realidade psíquica (Freud, 1915b).
- Coloca em relevo o desejo inconsciente, definido a partir de Lacan (1954-55) como desejo do Outro.

Para Freud, a constituição subjetiva está vinculada à castração como uma realidade perturbadora e traumática. Em seu texto "A perda da realidade na neurose e na psicose" (1924), ele se ocupa em conceituar a natureza da perda sofrida por todos os sujeitos em relação à realidade intolerável da castração. O estatuto da não inscrição em Freud, ou seja, o estatuto da perda desta realidade, é localizado em uma corrente psíquica que repudia a castração. No entanto, essa corrente não tem o poder de abolir o reconhecimento da castração. Esta se presentifica "através de outros pensamentos e suas respectivas estruturas de linguagem" (Coelho dos Santos, 1999a, p. 56-57).

Diferentemente de Freud, Lacan (1969-70) distingue o mito edipiano e as estruturas de linguagem. Essa distinção foi essencial à sua natureza do inconsciente, definido por ele como estrutura de linguagem. Entretanto, cabe ressaltar que a estrutura de linguagem que melhor define o inconsciente lacaniano é a definição de Freud (1915b) do inconsciente na psicose: tomar as palavras como as próprias coisas.

Essa concepção do inconsciente lacaniano tem afinidade com o que resulta da dúvida hiperbólica utilizada como operador do advento da ciência moderna. Segundo Lacan, ela tem afinidade com o desvelamento da atividade autônoma da máquina simbólica. Essa via "aprofunda a importância do vazio, da castração, do real, e implica conceber o inconsciente como pura articulação significante". Como consequência, o sujeito pode ser definido como significante sem significado, significante puro, objeto que não significa nada (Coelho dos Santos, 1999a, p. 72-73).

A ciência se opõe ao humanismo e à divisão subjetiva. Ela toma as palavras como idênticas às próprias coisas. Essa operação é homóloga à que toma os objetos despojando-os de suas qualidades sensíveis, como se fossem idênticos às variáveis nas fórmulas matemáticas. Deste modo, pode reduzir o indivíduo "à fórmula de uma matriz de combinações significantes" (Lacan, 1998, p. 874). Neste sentido, a consciência de si é a fórmula do homem expropriado de seus atributos, de seu corpo, e pretensamente ancorado no ser. Segundo Freud (1933 [1932], p. 195), se isso fosse possível, significaria "deixar abertos os caminhos que levam à psicose".

A descoberta do inconsciente desmente o ideal da ciência em relação ao sujeito. Para Lacan, embora o sujeito em questão continue a ser o correlato da ciência, ele é um correlato antinômico. A reformulação que Freud empreende em sua doutrina, ao introduzir a segunda tópica, retoma a experiência da constituição subjetiva a partir de uma dialética. Esta dialética é definida como aquilo que o uso do estruturalismo permitirá a Lacan elaborar logicamente: o sujeito tomado numa divisão constitutiva.

Não há constituição subjetiva que não padeça da perda de uma parte da realidade e, consequentemente, de um tratamento dessa perda por meio de um tipo de negação dessa mesma realidade. Assim, na neurose o recalque efetua uma clivagem entre as palavras e as coisas, entre a representação e seu afeto, entre o sujeito e o desejo. A representação sobre a qual incide a operação do recalque é aquela que representa o sujeito como desejo. Isso implica afirmar que o sujeito "é o objeto originariamente desejado" e que ele recalcou sua posição de objeto relativo aos desígnios de um Outro situado na origem como alteridade absoluta (Coelho dos Santos, 1999a, p. 58).

O sujeito da ciência, suposto sem qualidades, comparece como sujeito do inconsciente. Dividido (pelo recalque) entre saber e verdade, ele testemunha a impossibilidade de se realizar a ruptura ideal que eliminaria sua dívida para com o desejo que o gerou, desejo para o qual ele teria sido um objeto de investimento libidinal. No ponto em que comparece como objeto, o sujeito está estruturalmente impedido de pensar a si mesmo porque o eu é uma estrutura secundária. Enquanto objeto materializado, realizado, o sujeito não tem memória de si. Ele é puro traço de inscrição. Conforme destacado anteriormente, a memória requer o mínimo de duas inscrições. Ela se constitui a partir dos julgamentos relativos à oposição dialética na qual as inscrições se situam como distintas umas da outras.

Na neurose, a perda da realidade se configura pelo retorno metafórico do recalcado e o pai é a metáfora por excelência da castração. Enquanto metáfora, ele torna obscuro que, em essência, o significante não tem qualidades, ou seja, não significa nada. No que se refere à psicose, as palavras são tomadas como as próprias coisas. Portanto, não remetem a significados recalcados. Aqui, o inconsciente é objeto que se dá a ver e a ouvir tal como o objeto na obra de arte, realizando o significante como sendo sem sentido. Colar as palavras às coisas é elevar as primeiras à dignidade do objeto causa do desejo, é transformar as palavras nas próprias coisas, tomá-las como idênticas. Na psicose, a verdade não se deixa esconder na palavra à maneira da neurose. Ela é a própria palavra. Como consequência, o sujeito não se divide entre o saber e a verdade, entre o desejo e o gozo. Ele não tem dúvida, mas certeza. O psicótico fica exposto à castração sem poder recorrer à defesa da autocensura[16]. Desse modo, o inconsciente se define pela própria estrutura de linguagem e o sujeito se reduz aos objetos produzidos por essa mesma estrutura.

Nesse sentido, na psicose a perda da realidade "confina em todo seu rigor com a exposição [do sujeito] ao inconsciente como a pura atividade da linguagem" (Coelho dos Santos, 1999a, p. 61), isto é, com a linguagem operando desatrelada de qualquer sentido prévio, de qualquer tradição. Destacado

[16] Segundo Coelho dos Santos (1999a, p. 48), a autocensura é "a divisão que o sujeito experimenta quando acolhe, reconhece, admite uma representação desprazerosa para si", representação essa que Freud descobriu estar relacionada à representação paterna investida como fantasia.

de sua origem, o significante é puro, é objeto sem significado, portanto, ponto de separação entre o sujeito e a própria origem. Na neurose, esse ponto retorna no próprio simbólico através dos mitos paternos que responsabilizam o pai pelo desejo. Na psicose, o objeto separador retorna no real. Proveniente do exterior, esse significante puro invade, retalha, mortifica o corpo do sujeito convertido em uma máquina autoerótica.

No que se refere à perda estrutural da realidade, o inconsciente se presentifica como realidade relativa ao gozo dessa perda. Ele fala desse gozo. Segundo Lacan, a verdade "se funda pelo ato de que [ela] fala, e não dispõe de outro meio para fazê-lo". Por essa razão, "o inconsciente que a diz [...] é estruturado como uma linguagem". Dizer que a verdade fala é dizer que não existe metalinguagem e que a falta do verdadeiro sobre o verdadeiro "é propriamente o lugar do *Urverdrängung*, do recalque originário que atrai para si todos os outros [...]" (Lacan, 1998, p. 882).

A passagem do Cosmo fechado ao Universo infinito se efetua por meio de uma perda de realidade que deixa vazio o lugar da causa, do referente, da alteridade que serve de orientação para todo ato de fala. No mundo antigo, Deus era a causa primeira e última. Com o recalque de Deus como causa, o Texto Sagrado dá lugar ao livro escrito com caracteres matemáticos. Esse é outro modo de falar sobre o tratamento que a ciência dá à falta escavada com seu próprio advento. O mundo moderno não se serve mais da tradição. Como efeito subjetivo do esvaziamento do lugar da causa, torna-se possível falar de uma equivalência entre a perda da realidade (na neurose e na psicose) e o objeto perdido da pulsão como motor da exigência de trabalho feita à mente como resultado de que ela se encontra ligada ao corpo (Freud, 1915). Nesse sentido, a perda do objeto, perda da realidade, é a causa da estrutura.

O inconsciente freudiano revelado nessa topologia subverte a lógica cartesiana. Prova que o sujeito produzido a partir do advento da ciência moderna não é universalizável pela consciência de si. "A teoria freudiana transcende a ilusão de um sujeito que sabe acerca de seu ser" (Lacan, 1954-55, p. 10). O sujeito da ciência é o limite e o próprio obstáculo à universalização que a ciência almeja alcançar quando grampeia existência e pensamento sem qualidades. Se, como mostrou Lacan, o pensamento não possui qualidades, dele não se pode produzir uma consciência de si porque, ao emergir, a suposta consciência de si fica suspensa em relação às propriedades qualitativas do pensamento negativizadas pela dúvida reincidente. Ao definir inicialmente o inconsciente como campo resistente às certezas em que o homem se apreende enquanto "eu", Lacan mantém o eixo freudiano da irredutibilidade do inconsciente ao eu e revela o artifício pelo qual toda boa forma vem à luz.

O inconsciente é consequência do advento da reflexão filosófica, do discurso do mestre (*maitre/m'être*), ou seja, da morte do ser pelo pensamento, da redução do pensamento ao eu. No campo do pensamento – que é o da narrativa, o do mito – o sujeito só comparece como morto. O *cogito* cartesiano é o ponto de partida da teoria lacaniana do sujeito do inconsciente como efeito da relação de exclusão entre o registro do pensamento e o do ser. O "Penso, logo sou" equivale estruturalmente a "Não penso, logo não sou". Dessa equivalência Lacan extrai a estrutura da relação de exclusão entre o pensamento e o ser, característica do sujeito do inconsciente: "Penso onde não sou e sou onde não penso".

Tal extração fundamenta o desejo como inconsciente e o sujeito como suspenso na articulação significante que, enquanto narrativa, o engendra como falta-a-ser (Coelho dos Santos, 2001), como gozo perdido por causa da proibição paterna. Freud forneceu as ferramentas conceituais para a circunscrição desse campo fantasmático que estrutura, por meio da linguagem, a realidade como psíquica. O pai é o ponto pivô dessa organização. É ele o operador simbólico que introduz o limite quanto ao que se pode desejar. Este assunto será matéria do capítulo seguinte.

Nossa tese é a de que a psicanálise freudiana nasce do ato de Freud que restringe a expansão do campo da razão científica, ao reinserir nele a realidade psíquica em detrimento de suas pretensões de autonomia da razão. A teoria do Nome-do--Pai é a tradução lacaniana da realidade psíquica freudiana. O Nome-do-Pai retira do mito edípico todo o caráter de clichê tragicômico que estava bem longe de dar conta da estrutura do inconsciente (Cottet, 1989b) e permite inserir a questão sobre o desejo também do lado do analista, na medida em que torna possível interrogar o desejo do primeiro analista Freud, criador da psicanálise.

Uma vez demonstrado o primeiro axioma lacaniano que localiza o sujeito da ciência como homólogo àquele sobre o qual a psicanálise opera, prosseguiremos agora na direção do segundo, que define o ato do analista: "a psicanálise é essencialmente o que reintroduz na consideração científica o Nome-do-Pai" (Lacan, 1998, p. 889). Entretanto, para melhor avaliarmos o alcance dessa assertiva precisaremos recuar e dar um passo preliminar em direção à *função paterna* em Lacan. Nosso objetivo com essa empreitada é tornar possível extrair o estatuto do desejo conceituado por Freud como inconsciente e, assim, interrogar a compatibilidade desse desejo com o desejo que deve dirigir a tarefa delegada por Lacan ao psicanalista em seu ofício de analisar: a de reintroduzir o Nome-do-Pai na consideração científica.

Capítulo II

O advento da psicanálise

O ponto de partida deste capítulo é a definição lacaniana da psicanálise, enunciada por Lacan na primeira aula do seminário ministrado por ele entre os anos de 1965 e 1966 e publicada nos *Escritos* com o nome de "A ciência e a verdade": "a psicanálise é essencialmente o que reintroduz na consideração científica o Nome-do-Pai" (1998, p. 889).

O conceito de Nome-do-Pai surgiu na obra de Lacan com a pretensão de formalizar o mito edípico freudiano que conceituava o campo da realidade psíquica. Lacan considerava que o campo mítico não era suficiente para explicar a estrutura subjetiva nos moldes científicos. Para a ciência, o campo do conhecimento precisa ser construído por um trajeto que deve ir da representação à geometria e desta para uma completa abstração (Bachelard, 1938). Manter a estrutura subjetiva dependente do campo mítico seria, então, manter o campo teórico da psicanálise no primeiro estágio da produção de um conhecimento reconhecidamente científico.

Portanto, ao formalizar a função do Nome-do-Pai no lugar do pai edipiano – Lacan dá um passo além de Freud e vai em direção à geometrização e à abstração. Passa da representação e dos mitos ao conceito e ao matema. Em seguida, identifica o conceito à estrutura e esta ao sujeito. Lacan eleva o mito à dignidade de estrutura e, com esse movimento, retira da psicanálise o excesso de imaginário que poderia deixar abertos os caminhos que tornariam o campo do conhecimento psicanalítico equivalente, por exemplo, ao campo da alquimia.

O objetivo deste capítulo é retomar o conceito de Nome-do-Pai em Lacan para responder às seguintes questões:

- O que é o Nome-do-Pai como conceito e o que ele significava quando foi introduzido no campo do conhecimento? Ele fazia objeção a algum outro conceito?
- Por que Lacan toma a ciência e seu discurso para dizer que é preciso reintroduzir ali o Nome-do-Pai?
- Como Lacan ultrapassa os impasses impostos pela existência dos mitos no interior do campo teórico da psicanálise?
- Se, nos anos de 1950, ao conceituar o Nome-do-Pai, Lacan formaliza o Édipo freudiano, por que afirma nos anos de 1960 que é preciso reinserir o Nome-do-Pai na ciência? O Nome-do-Pai como conceito abstrato que revelava a estrutura simbólica dos mitos freudianos na década de cinquenta difere do conceito de Nome-do-Pai de 1965 que Lacan afirma ser necessário reinserir na consideração científica? Qual é a objeção que esse conceito faz à ciência?

- Em que sentido o texto lacaniano de 1965-66 pode ser tomado como uma conversa com o texto freudiano (1933 [1932]) sobre a *Weltanschauung*?
- O conceito de Nome-do-Pai equivale à definição freudiana do pai situado estruturalmente para o sujeito como inesquecível? O apelo ao pai, em consequência do desamparo, testemunha uma aspiração humana de que Deus exista? (Freud, 1933 [1932]).

Complexo Edipiano: pai, lei e desejo

No capítulo anterior mostramos que Freud descobriu o inconsciente como o avesso da consciência de si. O desejo inconsciente, resultado do recalque, comprova que é impossível ao sujeito da ciência comparecer como sujeito sem qualidades. A operação lógica do recalque tem um resultado paradoxal. Por um lado, ela produz um sujeito separado do valor fálico que ele tem para sua mãe. Esse fato é decisivo para que o sujeito se torne capaz de pensar cientificamente, pois o recalque põe um ponto de basta na tendência do aparelho psíquico a realizar o desejo de forma alucinatória, levando-o a considerar o princípio de realidade. No entanto, essa mesma operação produz um resíduo: o desejo inconsciente. Como resto, o desejo se mantém sob a égide do princípio do prazer. Seu funcionamento passa ao largo do princípio de realidade. É isso que o estudo dos sonhos demonstra. O sujeito do inconsciente, portanto, é o que resta recalcado sob o sujeito da ciência.

O aparelho psíquico engendrado por Freud foi estruturado sobre uma tendência primordial à repetição que é, simultaneamente, constituinte da própria subjetividade. De 1895, quando o caminho da repetição se mostrava criado pelas facilitações, até 1920, quando o conceito de repetição passa a caracterizar universalmente as pulsões, Freud não faz outra coisa senão demonstrar o estatuto pulsional da repetição enquanto dominante no aparelho. A presença da repetição se evidencia como expressão de uma satisfação paradoxal que o sujeito não reconhece como sua, tampouco quer ter qualquer notícia a seu respeito. Além de estar incluída no próprio funcionamento psíquico, a repetição é parte intrínseca do tratamento analítico apesar de, contraditoriamente, se chocar com os objetivos da técnica analítica ao se apresentar como obstáculo ao tratamento. Enquanto ponto de impasse para a psicanálise, a repetição revela um movimento pulsional para além do princípio do prazer que impulsiona em direção ao fracasso.

O fator econômico em jogo na constituição subjetiva está diretamente ligado às fixações deixadas nos caminhos percorridos primitivamente pelas pulsões. Freud (1915) deu o nome de *fixação* à ligação particularmente estreita que a pulsão estabelece com o objeto. A esse fator quantitativo corresponde uma ligação erógena, que remonta aos períodos primários do desenvolvimento de uma pulsão, pondo fim à sua mobilidade através de uma intensa oposição ao desligamento entre a pulsão em jogo e o objeto que lhe corresponde.

Melhor dizendo, sempre que alguma coisa se interpõe entre o sujeito e o objeto impedindo a continuidade daquele modo de satisfação pulsional com o objeto real, a libido regride a uma etapa anterior de seu desenvolvimento, aos pontos de fixação primitivos, que só se organizam como tal a partir do complexo de castração. Nesse momento, o sujeito, sob o peso da ameaça, precisa renunciar à satisfação com o objeto primário. Com a renúncia, a libido é retirada dos objetos da realidade e investida no plano fantasmático. Isto prova que, do ponto de vista do funcionamento do aparelho, a perda do objeto nunca se dá de modo absoluto.

Freud (1915) definiu a pulsão como um representante que dá a *medida da exigência de trabalho* feita à mente em decorrência de sua ligação com o corpo. Enquanto *exigência*, a pulsão comanda a repetição. Como as fixações, ou as ligações primitivas do sujeito com o objeto, são intensamente carregadas de desejo e como o desejo funciona na contramão do princípio de realidade, disso resulta que o tipo de satisfação em jogo não inclui necessariamente a sobrevivência do sujeito. Esse fato faz obstáculo à sua sustentação. Além disso, as mais altas aspirações do sujeito e da civilização não são consideradas. A conceituação de um princípio mais além do princípio do prazer é o que suporta a tese freudiana segundo a qual a produção do mal-estar cresce na mesma proporção do progresso da civilização.

Esse aspecto destrutivo da subjetividade foi abordado por Freud em 1937 como atitude de repúdio à feminilidade ou rochedo da castração. Conforme já mencionado, ele também está presente no tratamento analítico sob a forma de obstáculos que marcam o campo da transferência com grandes resistências ao tratamento. São eles: a transferência negativa, a resistência do ego devido ao recalque, o sentimento inconsciente de culpa, o fator de necessidade das pulsões e ainda certo tipo de inércia psíquica.

Se, por um lado, o recalque promove a construção fantasmática como véu que encobre a castração, por outro essa operação deixa de fora o mais pulsional da pulsão, um tipo de economia que se situa além do princípio do prazer e remonta ao gozo experimentado pelo sujeito no período pré-edípico. O pulsional é o limite do inconsciente interpretável e o ponto de impasse final de Freud. A questão legada por esse obstáculo implica a necessária teorização sobre um modo de tratar aquilo que não dispõe de memória porque é anterior à regulação fálica, comparece em ato, encontra satisfação no próprio sofrimento e só pôde ser explicado por Freud através das relações de quantidade. O limite da análise freudiana fica demarcado pelo irrememorável.

É importante ressaltar que esse obstáculo resulta do modo como homens e mulheres acedem às identificações sexuadas. As atitudes masculina e feminina são respostas ao complexo de castração. Como atitude caracteristicamente masculina, Freud (1937) localizou a recusa do homem a se submeter ao analista situado como substituto do pai e a ficar lhe devendo a recuperação da saúde. Como atitude feminina, a inveja do pênis, ou seja, um forte sentimento de raiva dirigido ao analista seguido por uma grave depressão, é o que se apresenta como impedimento ao tratamento. Nesse caso, a repetição em jogo se deve à relação libidinal da menina com a mãe. Entretanto, ambas as atitudes se configuram como resistências do ego ao complexo de castração.

O rochedo é o obstáculo ligado à angústia de castração responsável por manter o sujeito neurótico em uma atitude de repúdio à feminilidade, àquilo que a pulsão, como medida fálica, não conseguiu tornar psíquico e que ressurge como perigo para o eu. Freud nos ensinou a entender que isso se refere à relação primária do sujeito com o genitor do mesmo sexo e responde pelo nome de identificação.

O rochedo da castração condensa os complexos de Édipo e de castração, permitindo que a partilha dos sexos se organize em torno da oposição fálico x castrado, pois o inconsciente não alcança representar a mulher. Para o inconsciente só há um sexo, o masculino, que é identificado ao falo.

> O falo é o significante da diferença sexual perante o qual os sexos se dividem entre masculino (ter o falo) e feminino (não tê-lo/sê-lo). A sujeição à lógica fálica sujeita à lei da castração homens e mulheres. Perante a lógica fálica, a exceção à regra é da ordem de uma negação exclusiva, isto é, a exceção à regra implica em exclusão do registro fálico, em não sujeição à lei da castração. Essa lógica se esclarece, segundo Freud, através do mito do assassinato do pai primordial, senhor absoluto de todos os bens e de todas as mulheres. O pai morto é a exceção à regra, o "ao menos um" que, por não estar submetido à lei da castração, é a exceção que funda a regra: "todo homem está submetido à castração" (Coelho dos Santos, 2001, p. 151, n. 23).

A organização do funcionamento psíquico efetuada pelo complexo de Édipo e pelo complexo de castração é responsável por regular o campo pulsional. Sem ela, prevaleceria o princípio além do princípio do prazer, a pulsão de morte. O aparelho psíquico freudiano (1895) é um dispositivo de regulação econômica que se estrutura como tendência à repetição.

Como o bebê humano não dispõe de uma regulação instintiva, no início prevalecem os processos de descarga imediata da excitação. A mediação do Outro (*Nebenmench*) inscreve neste aparelho primitivo a experiência de satisfação. Sob a insistente pressão das necessidades, o aparelho vai tender a repetir a lembrança destas experiências, tornando-se prisioneiro da livre circulação de energia de uma representação para outra através dos mecanismos da condensação e do deslocamento. Freud nomeou de processo primário este estado de indiferença à realidade externa, em que prevalece o princípio do prazer. Nesse trabalho mental, são reinvestidos os traços mnêmicos ligados às experiências primárias de satisfação constitutivas do desejo. Só depois surgirão os processos secundários, caracterizados pelo cálculo e pelo julgamento e que operam submetidos ao princípio de realidade.

O sonho evidencia muito claramente este modo particular de funcionamento no qual o sentido desliza incessantemente com o objetivo de estabelecer, por caminhos curtos, uma identidade de percepção, uma identidade entre a palavra e o objeto. Quando não alcança esse objetivo causa desprazer. O acúmulo de excitação põe em ação um estado de urgência ou de desamparo, que se manifesta como angústia e dispara um processo de descarga. Como o objeto original da experiência de satisfação é perdido, só restando dele os traços de memória, é impossível que os objetos que comparecem no campo da percepção correspondam ao traço de memória do objeto perdido que restou no aparelho. Isso implica que o aparelho está condenado, de partida, ao estado de desamparo. O objeto novo nunca corresponde ao rastro deixado pelo objeto original, ou melhor, o investimento do traço sempre denuncia que é impossível reviver a satisfação primitiva. Nesse sentido, a satisfação obtida será sempre nova em relação à anterior. Portanto, para que a satisfação seja alcançada e a descarga da excitação seja eficaz, evitando o desprazer, é preciso que leve em conta a realidade. Isso obriga o aparelho psíquico a desenvolver critérios para distinguir uma percepção e uma ideia. O princípio de realidade consiste em substituir a tendência a repetir alucinatoriamente a experiência de satisfação, pela procura do objeto na realidade, examinando-o com o recurso à pesquisa da identidade de pensamento.

A estrutura do sistema nervoso consiste em dispositivos inibitórios da descarga imediata que se destinam a converter as quantidades de excitação em qualidades. Esse resumo do esquema, apresentado no "Projeto para uma psicologia científica" (1895), prova que é impossível manter a vida apenas com o processo primário porque esse modo de funcionamento – sem julgamento, sem cálculo, sem qualidades – mantém o aparelho em um gozo alucinatório, autístico, que não pode ser compartilhado numa civilização pois é exterior ao laço social. Para que o aparelho psíquico mantenha relações com o mundo externo através do pensamento, é preciso um juízo de realidade, definido por Freud como um esforço pulsional sobre uma falta estrutural e cujo resultado é uma crença.

Para que isso aconteça, é preciso que o aparelho renuncie às descargas imediatas proporcionadas pelos processos associativos primários e trabalhe para alterar a realidade. "Essa via secundária adquire, assim, a importantíssima função secundária da comunicação, e o desamparo inicial dos seres humanos é a fonte primordial de todos os motivos morais" (Freud, 1895, p. 422). Isso quer dizer que a angústia leva o sujeito a fazer apelo ao outro para tirá-lo do desamparo e ajudá-lo a manter a vida. Esse apelo ao outro, subjetivado como apelo ao pai, torna-se a raiz do supereu, isto é, das exigências morais e éticas que fazemos a nós mesmos na vida adulta.

O supereu que Freud privilegia se constitui a partir dos traços identificatórios oriundos das relações do sujeito com o pai. Ele é o herdeiro do complexo de Édipo (Freud, 1923). Portanto, implica o destino da identificação ao pai, que, na vida adulta, se torna o suporte da crença em Deus. "A força afetiva dessa imagem mnêmica e a persistência de sua necessidade de proteção conjuntamente sustentam sua crença em Deus" (Freud, 1933 [1932], p. 199). O estado de desamparo é também o ponto de origem de todas as religiões e onde o pai ressurge como Deus. O amor a Deus e a certeza de ser amado por Ele dependerão de que o sujeito corresponda às exigências superegoicas internalizadas. Dessa estrutura decorre que o eu nunca corresponde completamente às exigências do supereu.

> O homem é prematuro, menos em consequência do seu indiscutível desamparo biológico e muito mais em consequência da defasagem que lhe é imposta pela linguagem e pela cultura em relação a sua própria origem. O homem não é jamais contemporâneo de si próprio. Ao nascer, já estava lá, antes mesmo de advir nos sonhos, nas fantasias, nos desejos daqueles que o precederam, geraram e lhe deram um nome (Coelho dos Santos, 2001, p. 150).

É preciso lembrar que o diálogo de Freud com a ciência, quase quarenta anos depois de criar a psicanálise, em sua

"Conferência XXXV" (1933 [1932]), incidiu justamente sobre esse ponto. Freud se opunha à obstinação da ciência para alcançar a completa abstração – que Milner (1996) chamou de sujeito sem qualidades – argumentando que, além de esse esforço levar à psicose, é impossível retirar totalmente as ilusões do campo do conhecimento porque elas são realizações de impulsos plenos de desejo.

O complexo paterno é nuclear na neurose[1]. É ao redor dele que Freud problematiza o indivíduo na sua relação com a lei e o desejo. Se, por um lado, os mitos sobre o pai constituem a lei e o desejo como barreira ao além do princípio do prazer, por outro, eles transformam o que é da ordem do impossível – o gozo com o objeto primário da satisfação – em impotência.

Através do mito edípico, Freud formula que o fundamento do sujeito é a lei do desejo paterno. Logo, o sujeito deseja o objeto do desejo do pai, isto é, a mãe. Por causa disso, todo desejo nasce incestuoso e todo objeto do desejo se constitui como proibido ao sujeito. O pai é o agente dessa proibição e esta é a razão pela qual Freud pode afirmar que o inconsciente é "a verdadeira realidade psíquica" (1900, p. 651). Através

---

[1] "[...] Desse modo, estava situado na atitude típica de uma criança do sexo masculino para com os pais a que demos o nome do 'complexo de Édipo' e que em geral consideramos como o *complexo nuclear das neuroses*" (Freud, 1913 [1912-13], grifo nosso).

"[...] o segundo grupo, o dos instintos sexuais, é capaz de derrotar as intenções de repressão e de forçar sua representação por formações substitutivas de natureza perturbadora. Por esse motivo, a sexualidade infantil, que é mantida sob repressão, atua como a principal força motivadora na formação de sintomas; e a parte essencial do seu conteúdo, o complexo de Édipo, é o *complexo nuclear das neuroses*. Espero haver levantado, neste artigo, a expectativa de que as aberrações sexuais da infância, bem como as da maturidade, são ramificações do mesmo complexo" (Freud, 1919, p. 253, grifo nosso).

do mito, a dessimetria estrutural entre pai e filho em relação ao gozo é transformada em impotência do sujeito devida à proibição feita pela entrada do pai.

O mito de "Totem e tabu" (1913 [1912-13]) é a via pela qual Freud conceitua que o assassinato do pai primordial pelos filhos não permite o acesso destes ao gozo de todos os objetos. Isso se deve ao fato de que o crime primordial é correlato da instauração da lei que proíbe o incesto. Morto, o pai tornou-se mais forte do que quando estava vivo. Ele retorna sob a forma da lei que regula o laço social ao exigir a renúncia à satisfação pulsional. Com isso, Freud situa a base da civilização na renúncia às mulheres. Esse é também o motivo do ódio ao pai. O assassinato do pai, no lugar de abrir para os filhos a via do gozo paterno suposto irrestrito, o interdita. O advento do desejo é, então, marcado pela renúncia.

O gozo, por sua vez, surge como um imperativo cujo sinal é negativo. Desse modo, o impossível – o fato de que um homem possa possuir todas as mulheres – é transformado em impotência e torna-se a razão pela qual o sujeito explica a sua falta de gozo. O mito do pai primevo ajuda a perpetuar a ideia de que a lei tem relação com a culpa e com o incesto. É por essa via que a lei do desejo se vincula à impotência do sujeito em relação ao gozo, razão pela qual Lacan (1969-70) poderá definir o pai como guardião do gozo.

A fundação do monoteísmo por Moisés ratifica essa impossibilidade (Freud, 1939 [1934-38]). No entanto, também leva à impotência porque, mesmo que aqui a fenomenologia da renúncia seja diferente, esse é mais um mito enfatizando a proibição como exigência do pai e a renúncia como escolha forçada do filho. A diferença é que no ponto onde a renúncia é exigida o supereu é descrito como modelo ao qual o sujeito deve se adequar. Portanto, em relação à renúncia, a obediência dá lugar a um ganho de prazer, a uma satisfação compensatória pela via da intensificação do amor. No entanto, como contrapartida ao amor, dá lugar também à vingança do supereu sob a forma de agressividade.

O complexo de castração, ou seja, a descoberta da diferença sexual, incide sobre o complexo de Édipo fazendo barreira ao gozo primário, que transcende o princípio do prazer, porque o sentido sexual imposto pela significação fálica regula a satisfação pulsional. No entanto, essa regulação leva à subjetivação da impossibilidade sob a forma da impotência.

Do lado masculino, a situação em jogo na constituição subjetiva tem como resultado a produção de um supereu derivado da relação identificatória do sujeito com o pai castrador. Além disso, corresponde à interiorização da lei que interdita o acesso ao objeto incestuoso. Nesse sentido, o recalcado retorna regulado pelo supereu das identificações secundárias como exigência de mais renúncia.

Do lado feminino, a castração é vivida como "um infortúnio peculiar" praticado sobre o próprio corpo. Como efeito, a feminilidade é interpretada como dano no corpo, que passa a ser depreciado, e a mãe é culpada pelo estrago que tornou o corpo da menina deficiente diante da visão do órgão masculino. Com isso, a separação da menina em relação à mãe não se dá pela via do impossível, pois é marcada por um profundo ressentimento que se manifesta sob a forma de hostilidade.

Ao contrário, o pai é visto como aquele que tem o pênis e pode dá-lo (sob a forma de um filho) e, portanto, o efeito é que ele não se torna o agente da interdição relativa ao objeto, tampouco se presta à identificação. Por essa razão, no caso da menina, o Édipo não se dissolve, a identificação fica prejudicada e o supereu secundário não é desenvolvido. Em ambos os casos, aquilo que é efetivamente impossível do ponto de vista da estrutura – o fato de que não há como apagar as diferenças sexuais e geracionais enquanto fatores estruturais que limitam o gozo – é vivido como impotência no nível do eu, uma vez que ele desconhece seu enraizamento no isso.

Os mitos sobre o pai permitem simbolizar a função paterna através da fantasia inconsciente e que serve aos propósitos de restituição de uma satisfação perdida. Freud mostra que o sujeito recupera e torna inconsciente aquilo que é excluído do campo das relações sociais, em consequência do aprofundamento dos ideais da ciência: a verticalidade entre as gerações e a dessimetria entre os sexos. Ao contrário do que propõe a Declaração dos Direitos do Homem, os sujeitos não são livres e nem iguais. Eles não determinam a si próprios e tampouco se confundem com a consciência. Na fantasia, o pai surge sob a forma de opressor, de sedutor, de agente escondido de uma interdição concebida como universal, portanto, impessoal. Por isso, ele parece não entrar com seu desejo, mas com a autoridade de seu lugar, que lhe permite desfrutar de um objeto específico. No que concerne aos filhos, essa autoridade implica a interdição do objeto e, consequentemente, a submissão sob a forma de renúncia ao gozo.

Os mitos freudianos enquadram a fantasia inconsciente ao unir o desejo à lei. Concebem o gozo como impossível ao sujeito e o desejo como vontade de situar-se como exceção à lei. Se, de certo modo, eles reproduzem a posição subjetiva moderna – o mito de Édipo mostra o sujeito dividido entre saber e verdade tal como o sujeito da ciência –, por outro lado, revelam aquilo que o discurso da ciência recalca: o desejo de ser tratado como exceção à lei. Isso permite afirmar que é impossível alcançar a produção do sujeito sem qualidades porque o sujeito não corresponde ao homem universal da ciência. Ele é necessariamente sexuado como homem ou mulher. Não se pode banir toda a ilusão do campo do conhecimento, porque tudo que se refere ao sexo – a fantasia, o desejo, o inconsciente e o sintoma – se comporta como um obstáculo a essa pretensão.

O conceito de Nome-do-Pai

O Nome-do-Pai é um conceito que atravessa toda a obra de Lacan, tendo experimentado importantes modificações. Por isso, sua abordagem exige um exame atento e minucioso de como Lacan especifica a função paterna em cada momento de sua teorização. É o que Cottet (2005) nos recorda, quando diz que hoje não é mais possível analisar qualquer conceito em Lacan sem considerar algum tipo de periodização da sua obra. Miller (2002) identificou três grandes eixos, aos quais chamou primeiro, segundo e último ensinos de Lacan.

Os dois primeiros são frequentemente conhecidos por conformarem o tempo do retorno lacaniano ao texto de Freud e o último corresponde ao desenlaçamento de Lacan em relação ao criador da psicanálise. Concordamos com Miller que o que se conhece genericamente como "retorno a Freud" não é uma mera releitura do texto freudiano, mas uma avaliação, um aferimento e uma retradução da teoria e dos impasses freudianos, a partir de uma prática que ele renovou. Autores como Cottet (2005), Coelho dos Santos (2004c, 2005c) e Maleval (2002) ressaltam a importância de se considerar o acento diferencial introduzido por Lacan na direção do tratamento analítico como efeito de sua entrada na psicanálise pela porta das afecções psicóticas e não pela clínica da neurose, tal como fez Freud.

Cottet (2005) assinala, por exemplo, que a definição de sintoma em Freud tem uma dívida com a neurose, ao passo que o aperfeiçoamento teórico introduzido por Lacan nesse conceito está diretamente vinculado ao estudo da psicose. Coelho dos Santos (2005c, p. 72), por sua vez, afirma que "a psicose redimensiona toda a direção do tratamento na clínica lacaniana", particularmente no que se refere ao acento original introduzido por Lacan ao formalizar "as teorias da feminilidade e do fim da análise". Maleval (2002) acrescenta que toda a interrogação de Lacan sobre a função paterna se deve ao confronto entre duas estruturas: a da alucinação do dedo cortado, no caso do Homem dos Lobos, e a dos fenômenos psicóticos descritos por Schreber. Esse confronto permitiu diferenciar a expulsão primordial fundadora do sujeito e a *Verwerfung* psicótica.

A alucinação do Homem dos Lobos se tornou exemplo de uma "análise que tropeça com os limites derivados da existência de um material não dialetizável" (Ibid., p. 50), ou seja, com o que do inconsciente não se reduz ao recalcado. Já o dano apresentado por Schreber sob o nome de "assassinato d'almas" e de eviração (*Entmannung*) resulta de um furo no lugar da significação fálica, da "censura que mutila o texto" no ponto em que uma metáfora simbólica seria esperada.

A foraclusão do significante do Nome-do-Pai no lugar do Outro é a estrutura que separa psicose e neurose (Lacan, 1998, p. 564-582). Ela faz com que retorne desde fora aquilo que foi internamente abolido. "Freud indica a existência de um material inconsciente excluído de uma forma tal que, ao contrário do que ocorre com o recalque, torna impossível sua reapropriação" pelo sujeito. A distinção entre a foraclusão original e a do Nome-do-Pai permite a Lacan enunciar uma questão importantíssima que, mais uma vez, dá corpo à dívida da psicanálise com a psicose: "A que responde o privilégio outorgado por Freud ao complexo de Édipo? [...] Porque Freud o considera um nó essencial?" (Maleval, 2002, p. 51). O estudo da psicose impôs a Lacan a formalização teórica da função paterna.

Tomando como orientação as contribuições teóricas de Coelho dos Santos (2001, 2002b, 2004c, 2005c, 2007) e Maleval (2002), faremos um breve percurso sobre a criação e o desenvolvimento do conceito de Nome-do-Pai em Lacan. Como bússola para situar as passagens conceituais em jogo nesse percurso, escolhemos a periodização do ensino de Jacques Lacan e os paradigmas do gozo estabelecidos por Jacques-Alain Miller (1999, 2002, 2004b, 2005-06a).

Antecedentes do conceito de Nome-do-Pai

Apesar de o Nome-do-Pai ser contemporâneo ao *Seminário 3* (1955-56), este conceito possui antecedentes na obra de Lacan. O texto "Os complexos familiares na formação do indivíduo" (Lacan, 1938) foi classificado por Miller (1984) como precursor no ensino de Lacan porque traz o rascunho da orientação conveniente ao inconsciente freudiano. Ali, Lacan relaciona a neurose e, sobretudo, a emergência da psicanálise ao declínio da *imago*[2] paterna, define o fator de cultura pelo conceito de *complexo*[3] (suporte da noção de inconsciente enquanto exterior ao sujeito) e pela *carência do objeto*. Esta leitura dá início à operação lacaniana que formaliza a passagem dos mitos freudianos ao conceito de estrutura, pois Lacan prova que o objeto repousa sobre um critério cultural, simbólico, já que ele precisa ser comunicado, nomeado. É por haver uma ligação com a linguagem que a função paterna é isolada por Lacan como exemplo mesmo de uma função não dedutível da natureza.

Lacan situa o último tempo, o do Édipo, como advento do sentido que ordena as três escansões do *complexo*: desmame, intrusão e Édipo propriamente dito. O *fantasma de cas-*

---

[2] Segundo Miller (1984, p. 14), no lugar do conceito de significante, Lacan usa o termo "imago" de modo original, referindo-o indiferenciadamente ao objeto e ao significante.

[3] Lacan (1938) ressalta o ponto de ruptura promovido por Freud com a criação da psicanálise. Ao promover o Édipo como *complexo*, Freud estabeleceu, de saída, um corte em relação à tradição da qual o termo foi extraído e fez dele um novo uso em benefício da psicanálise. Assim, situa a psicanálise em uma "epistemologia da deformação". Segundo Cottet (2003, p. 31, 29), "quando se vai no sentido de uma extensão, [...] a aplicação não corresponde a uma degradação". Trata-se simultaneamente de um corte com a tradição e de uma continuidade por meio de novos custos. Neste sentido, o ato de Freud com a criação da psicanálise é homólogo ao de Descartes. É um ato de fundação de um saber inédito, que surge em exclusão interna ao advento da ciência moderna. Se, ao recusar os sentidos da tradição, o método cartesiano mostrou o funcionamento autônomo da linguagem, ao escutar o sintoma histérico Freud revelou o avesso desse funcionamento: a impossibilidade do homem de se desfazer de todas as suas ilusões, de se manter um sujeito sem qualidades.

tração indica a primariedade da mãe. Ela é o objeto sobre o qual se apoiam os fantasmas de desmembramento, disjunção e devoração, que advêm dessa triangulação fundamental. Lacan retoma a fantasmática humana e a castração pelo parêntese maternal, situando a função do pai à parte. Segundo Miller (1984), o Nome-do-Pai, que advirá como ponto de capitonagem da estrutura, já se encontra enunciado aqui sob o termo *imago do pai*. A imago do pai introduz uma ordem diferente da função materna em todas as suas fantasmagorias relativas à morte.

A palavra *fantasma* denota o momento em que a cola narcísica se dissolve e o corpo se parte em pedaços. A castração como fantasma refere-se à eleição de uma parte do corpo na qual o despedaçamento se realiza. O pai tem aí uma função reparadora, sublimatória. Ele positiva a castração, entendida como fantasma de parcialização ou de desmembramento efetuado sobre uma parte do corpo. Além disso, regula a maturação da sexualidade. A operação identificatória paterna intervém como um obstáculo ao desejo incestuoso. Se o desejo reatualiza a mãe enquanto objeto primordial mortífero, a identificação ao pai é um obstáculo à satisfação do desejo e promove a sublimação.

Freud definiu a sublimação como processo referido à libido investida no objeto: "consiste no fato de a pulsão se dirigir no sentido de uma finalidade diferente e afastada da [...] satisfação sexual" (Freud, 1914, p. 111). Tal como Freud, Lacan mostrou que a intervenção paterna concorre para o recalque, pois promove a renúncia à satisfação pulsional e a identificação ao pai. No entanto, ela também opera no sentido de promover uma transformação no âmbito da própria pulsão. Diferentemente do recalque, esta operação não exige a renúncia ao gozo. Ao contrário, ela propicia uma mudança relativa ao gozo. Do valor sexual da satisfação obtida surge a sublimação, que é outra forma de satisfação.

Essa concepção da imago paterna, enquanto encarregada da função idealizante e sublimatória, prepara o terreno para o conceito de Nome-do-Pai (Miller, 1984). Lacan retoma aqui a questão deixada por Freud sobre como tratar o que ele só conseguiu explicar através das relações quantitativas. Situa as intensidades na relação primordial da criança com a mãe e localiza o pai à parte, como uma barreira à pulsão de morte.

É importante observar que, em 1938, Lacan já se refere ao declínio da força da autoridade depositada na figura paterna. Segundo ele, "as formas de neurose dominantes no final do último século", a partir das quais Freud pôde criar a psicanálise, se deviam às novas condições da família. Mas essas formas "evoluíram no sentido de um complexo caracterial no qual [...] pode-se reconhecer a grande neurose contemporânea". À carência simbólica do pai soma-se a sua completa ausência. Isso faz com que o núcleo familiar fique "reduzido à mãe e à fratria". Dessa redução decorre um prejuízo na função de repressão e na dialética das sublimações, favorecendo "a eclosão das psicoses" (Lacan, 1938, p. 60-61, 41).

O mundo moderno foi instaurado pela cisão entre a crença e a razão. O advento da ciência moderna produz um corte que priva o universo simbólico do sentido cosmológico, introduz a perda da causa e a homogeneização da diferença sexual. Esta é a razão que conecta inexoravelmente o surgimento da psicanálise ao advento da ciência moderna. Com a teorização do complexo de Édipo, Freud devolveu ao campo da ciência o sentido sexual recalcado através da nostalgia do pai: as diferenças sexual e geracional. A ascensão da razão promove a morte de Deus no mundo. Por isso, o pai se torna um representante leigo da lei, sem o amparo do sagrado, um mero semblante separado do real.

No mundo antigo, os representantes de Deus eram a encarnação de sua presença revelada, e não simplesmente um nome que encarna e ancora precariamente o resto de fé. Por essa razão, Lacan (1953) pôde afirmar, já no início dos anos cinquenta, que o pai se situa entre a degradação e a mestria moral que institui a dimensão das relações humanas fundamentais. Eis por que o pai é uma figura que não se encaixa em sua função: ele nunca está à altura dela. Seu nome não está à altura da causa, do fosso aberto pelo advento da ciência a partir da substituição significante que se deu na passagem do mundo antigo ao moderno. O pai na modernidade não está mais à altura de Deus. Dizendo isso, queremos ressaltar que o complexo de Édipo, assim como a formalização lacaniana da função paterna, se escreve sobre o pano de fundo de sua decadência. Lacan não ignora esse fato, mas as consequências conceituais que dele decorrem só aparecerão mais tarde.

Destacamos, portanto, que o primeiro passo de Lacan em relação ao pai freudiano é o de explicitar a lógica do complexo paterno. Enquanto obstáculo à experiência de desmembramento experimentada pela criança em sua relação primitiva com a mãe, é possível afirmar que o pai:

- Repara o dano propiciado por esse vínculo,
- Promove a identificação,
- Indica o caminho da satisfação sublimatória,

- Regula a maturação sexual, e
- Instaura a verticalidade das relações e a dessimetria dos gozos.

O pai tem o papel fundamental de posicionar-se como relé entre o privado e o público. No entanto, face à perda da dimensão do sagrado na cultura, é impossível que ele exerça essa função a contento.

O Nome-do-Pai no primeiro ensino de Lacan

O conceito de Nome-do-Pai percorre todo o ensino de Lacan sofrendo distorções[4], acolhendo modificações, porém sem efetuar uma ruptura com a sua concepção inicial. Embora essas alterações visem acompanhar as etapas da consideração lacaniana do real, do simbólico e do imaginário, não há uma clínica lacaniana que faça uso do Nome-do-Pai e outra que prescindiria dele. Trata-se, portanto, de um conceito descontínuo e o nosso desafio será o de acompanhar essas descontinuidades, recolhendo o que dele se mantém a partir do que é superado.

As teorizações de Miller (1999, 2002) acerca da totalidade da obra de Lacan permitem afirmar que a doutrina das relações entre o significante e o gozo é um dos principais eixos do ensino de Lacan. A pulsão freudiana foi traduzida em termos

---

[4] Cottet (2005, p. 29) nos faz lembrar "uma pequena lição de epistemologia: uma prática esclarecida não se degrada, nem abandona em nada seus princípios, ao deformar seus conceitos para ampliar o campo da experiência". Trata-se de uma referência a Bachelard: "[...] a nosso ver, a fecundidade de um conceito científico é proporcional a seu poder de deformação" (Bachelard, 1938, p. 76).

de linguagem, enquanto o gozo foi definido como um mal que, em Freud, tem o nome de além do princípio do prazer.

Mostramos que Freud descreve a satisfação pulsional como podendo percorrer distintos caminhos. Pode ser encontrada pelas vias do recalque, onde o inconsciente se revela interpretável, mas também é observada nas fixações pulsionais. Nestas, a satisfação é autoerótica. A pulsão nasce nas zonas erógenas do corpo, onde o gozo ainda não está submetido à lógica fálica ou às identificações sexuadas que surgirão após o complexo paterno. Por essa via, o inconsciente é ato, é compulsão à repetição, é a pura presença de uma intensidade que dá testemunho de um gozo referido ao mais pulsional da pulsão, limite do inconsciente interpretável. Dizer que o ensino de Lacan problematiza as relações do significante com o gozo é, portanto, falar do modo como Lacan privilegia o resíduo da obra freudiana, que enunciamos através da seguinte questão: como tratar da pulsão quando ela comparece como exigência desmedida de trabalho?

O primeiro ensino de Lacan compreende o intervalo situado entre o *Seminário 1* e o *Seminário 10*, que também serve de passagem para o segundo ensino (Miller, 2002). Nesse intervalo é possível verificar uma série de movimentos teóricos que interessam a esta pesquisa.

No ensino de Lacan, os anos cinquenta são marcados pela introdução do campo do simbólico como responsável pela constituição de "uma dimensão distinta da experiência analítica e uma ordem própria de existência" (Lacan, 1954-55, p. 44). Este momento é organizado, segundo Miller (1999), por três grandes paradigmas em relação ao gozo: a imaginarização do gozo, a simbolização do gozo e o gozo impossível. Nesse campo, Lévi-Strauss (1982) é efetivamente uma das principais, senão a mais importante, referência de Lacan nesse período. Ao desmontar a estrutura dos mitos, Lévi-Strauss mostrou que eles podem ser reduzidos a um número limitado de elementos articulados em uma combinatória responsável por regular as permutações possíveis.

Assim, a partir das estruturas elementares, Lacan afirma que a ordem humana se caracteriza pelo fato de ser completamente atravessada pela função simbólica, cuja ordem é dada primeiramente a partir do seu caráter universal. A ordem simbólica "constitui um universo no interior do qual tudo o que é humano tem de ordenar-se" (1954-55, p. 45). O símbolo advém da introdução do universo de símbolos estruturado como um todo, como uma estrutura dialética completa que se sustenta. As estruturas elementares do parentesco mostram o lugar original do funcionamento das instâncias simbólicas na sociedade. Elas fornecem uma ordem desde o momento em que a sociedade surge enquanto humana. Lacan mostra que é mesmo isso o que é suposto ao inconsciente tal como é descoberto e manipulado na análise.

Através de Lévi-Strauss, Lacan pode demonstrar que o sujeito é suscetível de um cálculo, isto é, pode ser reduzido a uma fórmula significante. Portanto, o sujeito da psicanálise tem afinidade de estrutura com o real da ciência moderna e com o sujeito cartesiano. O discurso da ciência moderna provoca dois efeitos inéditos:

- Extrai os objetos comuns do campo do sentido natural. Logo, os objetos são privados de suas qualidades sensíveis. Tornam-se objetos formais, despojados de seu sentido comum, de sua significação social ou da dimensão sagrada que os homens lhes atribuíam.

- Funda um real racional recusando o sentido religioso, cosmológico, natural, concebido no mundo antigo.

O exame do *cogito* cartesiano é suficiente para verificar que a dúvida metódica funda um sujeito sem qualidades, cuja existência é um produto do puro ato de pensar. Nesse sentido estrito, é possível dizer que sua existência depende da razão (*res cogitans*), da dedução lógica e não do fato empírico de gozar de um corpo (*res extensa*). No entanto, o que o símbolo decompõe, organiza e dialetiza são as relações de parentesco, os laços decorrentes da união de dois corpos sexuados. Ao reintroduzir o Nome-do-Pai na consideração científica, a psicanálise freudiana revela ser impossível separar a relação original do corpo sexuado com a linguagem. Portanto, o passo lacaniano, essencialmente estruturalista[5], permite:

[5] O estruturalismo constituiu uma figura da ciência moderna, que "dessubstancializa" o objeto. Nesse sentido, ele tem afinidade com a "matematização". É um método que visa reduzir as qualidades sensíveis dos objetos. Seu princípio remonta a Saussure e consiste em que só "existe sistema se e somente se existir diferença [...]" (Milner, 1996, p. 80). A noção de estrutura parte da linguagem compreendida como condição da passagem da natureza à cultura (Lévi-Strauss, 1982). É o antecedente lógico de tudo o que é humano, uma herança da época precedente (Saussure, 1995). Trata-se de um sistema articulado onde "a diferença existe como elemento de origem (ou impossibilidade de origem), necessariamente irredutível a um princípio de unidade" (Prado Coelho, [19-], p. XV). A estrutura é o "nome do sistema reduzido à sua relação mínima", de diferença (Milner, 1996, p. 80). Para Saussure (1995), não há elementos positivos na linguagem porque cada elemento se define pelas diferenças estabelecidas com os outros elementos do sistema, ou seja, se define *negativamente* em relação a outro elemento. Por isso, Lacan (1998, p. 235) estruturou o axioma: "o significante é o que representa o sujeito para outro significante".

- Separar os registros do real, do simbólico e do imaginário, que não são distintos em Freud.
- Situar o plano simbólico, o desejo do Outro, como transindividual, uma vez que ele é anterior ao sujeito e a única garantia de sua existência.
- Localizar o plano simbólico em oposição ao imaginário.
- Reduzir o sujeito aos elementos lógicos que enraízam a determinação subjetiva como puro pensamento. Estes elementos precedem e garantem sua existência vinculada à seguinte fórmula: o par ordenado S_1-S_2.
- Inscrever o Nome-do-Pai no campo do simbólico como instância pacificadora em relação às armadilhas do imaginário, como responsável por "ordenar um universo de sentido sob o qual se ordena o mundo das coisas, instaurando-se assim vínculos entre significante e significado" (Maleval, 2002, p. 76).
- Identificar o inconsciente ao simbólico, como discurso do Outro, o que o coloca em oposição às resistências encontradas no registro egoico.
- Opor o campo do Outro (A) ao campo das relações imaginárias (*a*), fato cuja consequência é que as relações entre os sujeitos sejam sempre verticais e dessimétricas.

A "imaginarização" e a "significantização" do gozo

O valor do paradigma da *imaginarização do gozo* (Miller, 1999) é delimitado pela oposição do imaginário ao campo simbólico da linguagem, no qual reina a ordem necessária à abordagem da existência humana. Com isso, Lacan localiza o trabalho psicanalítico em um plano radicalmente distinto do da comunicação e das relações intersubjetivas. O lugar do analista é situado no campo do Outro, do simbólico, por isso não é simétrico ao do analisando. O analista deve se orientar pela dessimetria estrutural, entre as relações intersubjetivas e as relações simbólicas, pois é impossível apagá-las.

O Esquema L formaliza essa dessimetria. Distingue o sujeito do inconsciente como dependente da ordem simbólica e o eu como lugar das fixações libidinais. Desse modo, demonstra que o plano do simbólico e de suas leis funciona para além do imaginário. Esta é a razão pela qual o eixo *a-a'* é o lugar da libido conceituada por Freud, a qual, para Lacan, é o campo do gozo.

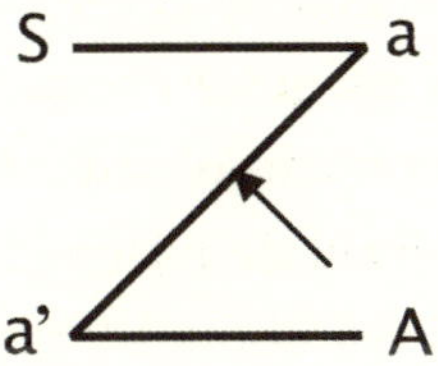

Eixo imaginário: *a-a'*

Eixo simbólico: A → $

Na oposição entre o imaginário e o simbólico, a "fala verdadeira" se situa no eixo A→S. É o que justifica a ênfase de Lacan na satisfação simbólica encontrada pelo sujeito nas decifrações da fala. No entanto, isso não esgota todo o impasse deixado por Freud sobre como tratar o tipo de satisfação pulsional excluída do circuito da fala, que ele só conseguiu explicar pelas relações de intensidade. Por isso, Lacan mostrou que, ao se dirigir ao Outro, o sujeito acaba atingindo os outros especulares (*a*, *a'*...) abrigados no espelho simétrico no qual os objetos se organizam (Lacan, 1954-55). Isso permitiu deduzir que as fantasias, a libido e as pulsões também realizam um certo tipo de satisfação que foi, então, relegada ao imaginário. Desse modo, Lacan formula a existência de dois tipos de satisfação: uma, imaginária, que para Freud seria engendrada pela aderência da libido e que, para Lacan, nasce da inércia própria à linguagem. A outra satisfação seria propriamente simbólica. Nela se encontraria o reconhecimento do desejo do Outro (Miller, 1999).

Segundo Miller (1999), esse paradigma implica um equívoco. Situar o imaginário fora da apreensão predominante do simbólico cria uma tensão entre o que persiste da suposta autonomia imaginária (propriedades próprias, fonte própria diferente da linguagem) e o que começa a se esboçar e a se expandir em Lacan no âmbito do domínio do imaginário pelo simbólico. A ausência de relação entre o lugar da libido freudiana e o da pureza simbólica lacaniana tem o mérito de destacar que a ordem simbólica é uma dimensão prévia ao advento do sujeito.

Fica demonstrado assim que a releitura lacaniana dos fundamentos da psicanálise depende da equivalência entre o sujeito da ciência e o da psicanálise. No entanto, essa mesma lógica impõe que se abra mão da referência ao gozo do corpo. Se a "pureza do simbólico só quer dizer uma coisa – sua não-relação com o imaginário enquanto lugar do que, em Freud, se chama libido" (Miller, 1999, p. 89) –, isso traz um problema para pensarmos tudo o que é relativo ao corpo. Se Lacan transcreveu o conceito freudiano de desejo sexual em termos de relações entre pulsão e linguagem, o que fazer com a libido enquanto um afeto que não se reduz a ser um sinal no ego? O que fazer com o que não se conecta ao campo da fala?

A dessimetria estrutural é garantida pela ordem simbólica que propicia a exclusão do gozo para o campo do imaginário. No entanto, não se trata de um imaginário fora do corpo, mas de um corpo unificado imaginariamente no espelho do Outro. A ordem simbólica é o operador que repara o dano imaginário, ou seja, a diferença entre a experiência do corpo próprio fragmentado, vivida pelo sujeito, e a unificação experimentada através da imagem. Como operador, ela indica o caminho da satisfação substitutiva e instaura a diferença sexual e geracional. Nesse sentido, ela pode ser equivalente à função paterna. Se o fantasma é o laço que articula transitivamente o eixo *a-a'*, só a ordem simbólica pode sobrepor–se a este eixo como uma outra ordem. É ela que responde pela consistência, pela articulação e pela regulação do que está em jogo no laço imaginário.

É por isso que Miller (1999) afirma que o paradigma da *significantização do gozo* se mistura ao da *imaginarização*, completa-o e domina-o progressivamente. Trata-se de provar que o imaginário não tem uma existência em si. Tanto sua consistência quanto sua articulação são simbólicas. A própria ausência de relação entre esses registros torna evidente a autonomia do simbólico para além da satisfação imaginária. É verdade que o sujeito desfruta de um tipo de satisfação jubilatória quando encontra sua imagem unificada no espelho. Entretanto, não se pode esquecer que o plano do espelho corresponde ao campo da linguagem. Portanto, a imagem unificada que conforma o sujeito e seus semelhantes é suportada pelo campo do Outro. Nesse sentido, o plano do objeto é um plano dividido: há um objeto relativo à imagem do outro unificado, a imagem do semelhante. Há também um objeto de natureza libidinal que, por isso mesmo, não tem imagem especular, razão pela qual Lacan poderá situá-lo como causa do desejo.

Referir a pulsão ao campo da linguagem implica a passagem do que é da ordem do imaginário para o campo do simbólico, passar do gozo libidinal à palavra. Ao ultrapassar as qualidades sensíveis para alcançar a lógica formal, o significante reduz as intensidades do gozo à sua estrutura. Se até aqui a transferência podia ser compreendida como imaginária, agora ela é vista em suas coordenadas simbólicas. O termo imaginário (*a*), que localiza o campo libidinal, é retomado pela via do simbólico. Portanto, é preciso que o analista falte como par imaginário do sujeito para que o trabalho analítico alcance a relação do eu do sujeito com o Outro e dê lugar ao sujeito do inconsciente.

Nesse sentido, o lugar do analista tem a mesma estrutura da ordem simbólica e foi formalizado por Lacan mediante as mesmas ferramentas do discurso da ciência: a extração de estruturas lógicas que se opõem ao ilusório, ao religioso, ao sensível. Entretanto, é preciso lembrar que o andamento do ensino de Lacan irá acentuar outra coisa: o fato de que é impossível desvincular o corpo e a linguagem. É impossível extirpar completamente do simbólico sua contaminação pelo imaginário, lugar da ilusão.

O conceito de Outro é a tradução lacaniana da superposição lévi-straussiana entre a ordem simbólica, a sociedade humana e o inconsciente. É o lugar onde Freud inscreve os traços de memória estruturantes do sujeito e se manifestam as leis simbólicas que condicionam a indestrutibilidade do desejo no inconsciente. Lacan torna equivalente o lugar do Outro e o do inconsciente como uma ordem simbólica anterior ao advento do sujeito. A preexistência do Outro em relação ao sujeito é a tese fundamental de Lacan nos anos cinquenta: "Essa exterioridade do simbólico em relação ao homem é a noção mesma de inconsciente" (Lacan, 1998, p. 471). Ela se opõe radicalmente aos mitos de autoengendramento do sujeito que muitos preferem acolher para minimizar a tese de Freud do sujeito descentrado em relação à consciência, ao eu. É a linguagem que opera hierarquias e dessimetrias na constituição das relações humanas.

No *Seminário 2* Lacan conceitua o gozo como imaginário, mas também fornece as bases necessárias à sua passagem ao significante. Através da ordem simbólica, são retomados os planos materno (mortífero) e paterno (regulador e sublimatório), já distinguidos em 1938. O aspecto libidinal decorrente do gozo que se encarna nos fantasmas derivados da figura materna é localizado, agora, no registro imaginário. A função paterna é definida como barreira ao gozo experimentado pelo sujeito antes do domínio da fala. Tornar o gozo significante é fazê-lo passar do campo dos mitos e das intensidades para a ordem simbólica. Como consequência, evidencia-se cada vez mais o descentramento do eu em relação ao sujeito do inconsciente, o plano da satisfação é reduzido ao simbólico e o gozo fica limitado ao período pré-edípico, razão pela qual deve ser barrado pela função paterna enquanto função universal.

O caráter universal do simbólico apresenta, no entanto, um paradoxo. De um lado, não há nada que garanta a universalidade dos seres humanos. De outro, a formação de um sistema simbólico qualquer é, como tal, universal. Entre os anos de 1930 e 1940, Lacan demonstrou que o eu depende inteiramente da imago do outro para obter alguma unidade. Porém, nos anos 1950, a introdução progressiva do livro da primazia do simbólico prova que, sem a intervenção do símbolo como um terceiro regulador que limita o princípio do prazer, os sistemas universais dos diferentes eus se resumiriam a alucinações concêntricas. Se toda relação imaginária é, por definição, excludente – "ou você ou eu" –, ela não comporta alteridade, apenas alternância, transitivismo, pois a experiência humana de apreensão do objeto é sempre da ordem de uma miragem.

Sem a intervenção do elemento simbólico como princípio organizador da realidade, sem a nomeação, o sujeito ficaria desorientado em relação ao objeto no qual reconhece sua unidade, pois a relação objetal ficaria paralisada por uma incerteza fundamental. A percepção precisa da nomeação para estruturar-se porque é ela que faz com que os objetos obtenham uma certa consistência. Caso contrário, eles seriam sempre instantâneos. A nomeação do objeto responde a essa dimensão temporal. Ela constitui "um pacto pelo qual dois sujeitos ao mesmo tempo concordam em reconhecer o mesmo objeto". Segundo Lacan, "o pacto do jogo é fundamental para a realidade da experiência levada adiante". É a relação simbólica que, mesmo antes da fixação da imagem própria do sujeito, constitui seu corpo através do significante (Lacan, 1954-55, p. 230).

Embora Lacan ainda não tivesse formalizado o conceito de Nome-do-Pai na época do *Seminário 2*, já se pode afirmar que sua função operava nesse *pacto* que possibilita o laço social entre os seres humanos. A função paterna se refere ao eixo simbólico. Pela via dos ideais da civilização, o pacto instaura a função universal do "*todos os*" – o homem universal, a mulher universal, a "encarnação do parceiro do casal humano" (Lacan, 1954-55, p. 327). Essa função é equivalente àquela que foi introduzida pela Declaração dos Direitos do Homem. Neste sentido, o Nome-do-Pai é o operador universal da constituição subjetiva de *todos os* homens. No entanto, ele não produz um sujeito sem qualidades porque a libido torna isso impossível, na medida em que deixa sempre um resto ineliminável.

O primeiro ensino de Lacan é totalmente orientado pela primazia do simbólico. Segundo Coelho dos Santos (2004c), isso é idêntico a afirmar que o advento do sujeito depende da constituição *pelo próprio sujeito* do que é *para ele* o campo do Outro. No caso da psicose, o campo do Outro não contém um significante específico, o Nome-do-Pai, que assegura a função isolada por Freud no complexo de Édipo como sustentáculo do sujeito. A função paterna garante o elemento exterior que faz consistir os limites do mundo de linguagem onde o sujeito advém. Quando esse significante não está articulado no simbólico, ele retorna no real.

Sem esse limite, o próprio simbólico devém real na experiência sensível e lança o sujeito em um discurso desencadeado, metonímico. Há um paradoxo interno ao conceito de Nome-do-Pai: ele é um significante entre outros, mas, para fornecer ao desejo o caminho para outras possibilidades de satisfação, precisa estar em posição de exceção. Como é que um significante do conjunto pode ser, ao mesmo tempo, a exceção requerida para fundar e garantir a função "todos os", necessária à existência de um conjunto? Trata-se de um problema lógico que questiona a natureza do conceito de Outro neste momento.

Se, em 1938, o declínio da função paterna fomenta a neurose contemporânea e sua ausência na estrutura familiar fomenta a psicose, isso mostra que o Outro que contém o significante do Nome-do-Pai não se separa, nesse momento, da figura do pai de família. No entanto, ao mesmo tempo, é possível afirmar que aquele que encarna essa função já comparece, até certo ponto, separado de seus suportes. O pai sempre se apresenta carente, humilhado. O complexo de Édipo é, nesse tempo, "correlativo de uma estrutura social" (Maleval, 2002, p. 74).

Em sua formalização primária, o Nome-do-Pai confunde-se com o patronímico. Os sobrenomes transportam algo da cultura, que se articula para o sujeito através da família. Como elemento que caracteriza um grupo em particular, o sobrenome insere o grupo na ordem social ao localizar as relações de filiação. Se a lei preexiste à esfera desejante, o Nome-do-Pai é universal, pois sua atribuição passa pelo pai de família como encarnação simbólica do Nome-do-Pai presente na cultura. Por essa razão, como traço ideal, o Nome-do-Pai funda uma comunidade hierarquicamente identificada a esse traço e dá lugar a um modo específico de constituição subjetiva, orientado por uma tese: o imperativo de renúncia ao gozo do objeto incestuoso, válido para todo homem, e seu correlato, o mal-estar na civilização, são a marca neurótica da eficácia da função paterna e do significante do Nome-do-Pai.

Assim, o sujeito se constitui como barrado ($), identificado à significação fálica e sujeitado à castração. O significante da identificação tem um efeito mortificante sobre o corpo porque a pulsão é reescrita em termos simbólicos. Por isso, o campo do gozo se reparte entre o desejo e o fantasma. Para se inscrever, o significante anula o gozo (*a*) e o restitui como desejo significado de uma demanda inconsciente, onde o próprio desejo se aliena. Se, por um lado, o fantasma concentra o vivo do gozo através da imagem (*a*) incluída na estrutura significante, por outro, comporta o sujeito como função significante ($), portanto, ser de morte (Miller, 1999). A disjunção entre o significante e o gozo equivale à disjunção entre o eu e o sujeito do inconsciente.

Essas considerações permitem afirmar que, em relação aos anos de 1940, os anos de 1950 comportam uma superação importante no que se refere à teoria da constituição subjetiva. Trata-se da superação da primazia das imagos pela primazia da linguagem, ou seja, a passagem do inconsciente estruturado por imagos ao inconsciente estruturado pela linguagem. Nesse rastro, a função paterna sai do regime das imagos para o do significante, situando o pai como uma encarnação de Deus.

Dessa forma, o equívoco religioso, favorecido pela ambiguidade sonora no termo *Nome*-do-Pai em francês entre as palavras *nom* (nome) e *non* (não), faz da função do nome na nomeação um equivalente da função do não na proibição. Desse modo, o fundamento da lei ecoa: "a atribuição da procriação ao pai só pode ser efeito de um significante puro, de um reconhecimento [...] daquilo que a religião nos ensinou a invocar como Nome-do-Pai" (Lacan, 1998, p. 562). A proibição assegura uma ordem no simbólico porque a função paterna encontra-se sobreposta ao simbólico. Daí decorre o caráter universal e alteritário capaz de submeter e transcender as relações imaginárias.

Sair do regime imagético para o do significante tem a consequência de separar a instância paterna, simbólica, e seu suporte. Embora nesse momento Lacan ainda tome o Nome-do-Pai como um operador universal, distinguir paternidade biológica e simbólica já produz o efeito de mostrar que o que funciona como pai só pode ser definido caso a caso. O Nome-do-Pai permite diferenciar os efeitos inconscientes oriundos da função do pai e as relações narcisistas, isto é, separar os efeitos inconscientes "e as relações reais que o sujeito mantém com a imagem e a ação da pessoa que a encarna" (Lacan, 1998, p. 279-280). Segundo Cottet (1989b), o Nome-do-Pai, enquanto pai simbólico, acaba com a oposição simplista entre o pai real e o pai imaginário.

Como o pai simbólico opera para moderar e pacificar as trapaças e os enganos oriundos do imaginário?

Sobreposto à ordem simbólica, o Nome-do-Pai ordena o universo do sentido que determina o mundo das coisas instaurando pontos de capitonagem, leis que dão a razão pela qual o significante se ancora ao significado. Ele permite ressaltar que a consistência do símbolo é um fator indispensável à inserção do sujeito na cultura, na ordem das trocas coletivas. É o que justifica que o inconsciente possa ser inspirado nas *Estruturas elementares do parentesco* (Lévi-Strauss, 1982). Isto implica:

- A ligação da paternidade com a morte – "[...] o verdadeiro pai, o pai simbólico, é o pai morto" (Lacan,

1998, p. 472). Por isso, o significante paterno ocupa uma posição primordial.

- A instauração da lei por meio do ancestral morto. A herança se transmite através de um Nome separado da voz que o enuncia. Portanto, a morte não é requerida de fato, pois o significante se encarrega de fazer esse trabalho.

Por um lado, "Totem e tabu" (1913 [1912-13]) é a referência freudiana fundamental de Lacan em relação ao Nome-do-Pai: o assassinato do pai "é o momento fecundo da dívida através da qual o sujeito se liga à vida e à Lei" (Lacan, 1998, p. 563). Por outro, a teoria do significante permitirá guardar o distanciamento correto em relação ao mito, uma vez que o próprio significante é, em sua essência, responsável pela morte da coisa, abrindo assim espaço ao desvelamento da estrutura.

As imagens do mito freudiano permitem a Lacan extrair a estrutura que une o desejo à lei. Segundo Maleval (2002), as teorizações iniciais de Lacan sobre o Nome-do-Pai situam-no como um significante inerente ao campo do Outro, portador de uma interdição sobre o gozo primordial, gerador de uma culpabilidade originária, instaurador de enlaçamentos essenciais e, simultaneamente, um elemento difícil de conceber por estar vinculado, essencialmente, a uma questão de fé, a uma palavra que o nomeia como autêntico: "não podemos jamais saber o que é o pai. [...], é uma questão de fé" (Lacan, 1968-69, p. 152).

A questão da incerteza da origem, que pesa sobre pai – *pater semper incertus* –, indica que ele é uma atribuição significante. Dizer que o pai é aquele que é nomeado como tal é uma vertente inovadora do ensino de Lacan em relação a Freud. A nomeação tem como efeito um laço não incestuoso. Somente uma concepção estrutural permite que, do pai real, seja destacada sua função simbólica de significante no discurso. Isso só foi possível porque, em seu retorno a Freud, Lacan privilegiou sua descoberta de que o plano da sexualidade, o pulsional, tem relações com a linguagem.

Da valorização do pai como nome decorre a valorização da palavra que nomeia, em relação à qual está implicada uma crença e, consequentemente, uma questão sobre a garantia da nomeação. O gesto que nomeia e a crença que acolhe a nomeação supõem um terceiro termo entre quem nomeia e quem é nomeado. Esse lugar terceiro mostra que tomar o pai pela vertente da atribuição significante comporta duas interrogações: uma sobre a verdade ou a falsidade da nomeação e outra sobre sua garantia. Se, por um lado, o pai é Outro porque não é da ordem da natureza, por outro, sua nomeação como pai supõe a existência de um Outro que garanta a veracidade do gesto que o nomeia. Ser simultaneamente o Outro nomeado e o representante do Outro que garante a nomeação, não é essa a estrutura que permite afirmar, tal como Freud, que a crença no pai tem a mesma natureza da crença em Deus? Somente aquele que acredita que uma palavra possa testemunhar uma verdade pode crer em Deus.

Desde Freud, o sagrado foi reintroduzido na consideração científica pela via da paternidade. O eixo do mundo medieval é uma ordem cosmológica, fechada na qual os nomes dos objetos e seu lugar guardam uma relação com o sagrado, com a palavra de Deus. A palavra de Deus ancora o objeto ao seu lugar, o gozo ao significante e, assim, torna a verdade dependente da fé. O aspecto sagrado preserva a relação do sujeito com o campo da enunciação. Essa relação torna o campo do saber dependente da transmissão das experiências dos antecessores e engendra a sucessão geracional. Nesse sentido, reintroduzir o Nome-do-Pai na consideração científica pode significar restituir o peso sagrado da palavra baseada na fé naquele que nomeia. Isso só é possível se, na cultura, o pai ocupar um lugar simbólico equivalente ao de Deus.

É exatamente isso o que significa afirmar que a função paterna em Lacan coincide com a primazia do simbólico. Ela superpõe dois eixos: o antropológico – que destaca a passagem da natureza à cultura, a sociedade, a família e a tradição – e o linguístico, que permite enfatizar a pulsão, as estruturas de linguagem e o significante. Nessa superposição, o pai é simultaneamente o Outro das leis da natureza e da cultura e o Outro que garante a verdade. "A Lei primordial [...] é aquela que, ao reger a aliança, superpõe o reino da cultura ao reino da natureza, entregue à lei do acasalamento" (Lacan, 1998, p. 278).

O recurso ao conceito de Nome-do-Pai funciona como chave que permite a Lacan decifrar a obra freudiana. No lugar da abertura à dimensão mítica, há a restituição de seu verdadeiro sentido estrutural, situado para além das interpretações culturalistas e religiosas. O Nome-do-Pai foi alçado por Lacan à categoria de conceito após a extração de duas teses essenciais: "a falta em Schreber do significante masculino primordial e a função de capitonagem do Pai" (Maleval, 2002, p. 75, n.5).

Como designador do que encarna a lei no campo do simbólico, o Nome-do-Pai distingue definitivamente a operação do recalque e a que produz a psicose. A expulsão primordial de um elemento que, simultaneamente, afirma a própria ordem simbólica e permite o acesso do homem à realidade é uma operação diferente da que afeta o significante que encarna a própria lei simbólica. Retomado assim, o Nome-do-Pai torna-se o operador da constituição subjetiva, "um princípio de organização fundante" (Tendlarz, 2005), que evidencia a descontinuidade entre as estruturas subjetivas. A extração do mecanismo psíquico específico permite identificar o próprio mecanismo a uma posição subjetiva em relação à castração. Com isso, Lacan situa, mais do que nunca, a função diagnóstica das entrevistas preliminares no nível do advento do sujeito como assunção dessa posição.

A metáfora paterna

A metáfora paterna é a formalização mais precisa do Nome-do-Pai no primeiro ensino de Lacan. É relativa à função do pai no complexo de Édipo, na medida em que opera a substituição do lugar da mãe pelo pai como símbolo, ou significante, produzindo a simbolização primordial do lugar da mãe pela criança. Para isso, é preciso que a criança tenha podido inscrever, num momento prévio ao advento da metáfora paterna, a oposição entre a presença e a ausência da mãe. Esse passo é essencial na afirmação do desejo da criança porque lhe abre a dimensão imaginária do que a mãe pode desejar para além da própria criança. Opera-se, desse modo, um deslocamento no plano do objeto do desejo, transformando-o em objeto do dom de amor. É desse modo, confuso e virtual, que o "desejo de Outra coisa" que não seja satisfazer a criança faz sua entrada no mundo do sujeito.

Para que a simbolização primordial ocorra, a mãe deve estar inscrita na ordem simbólica e o falo instaurado como objeto do seu desejo. É pela identificação a esse objeto que a criança terá acesso ao falo. A posição do significante paterno na ordem simbólica faz a mediação entre a criança e o desejo da mãe e funda a posição privilegiada do falo no registro imaginário como significado das idas e vindas da mãe. Ao interpretar o desejo como marcado pela castração – o filho não é o falo, mas seu substituto –, o pai priva a mãe de usá-lo como tal. Com isso, permite à criança atingir o para além que o desejo da mãe comporta. Como metáfora do falo que a mãe não tem, o Nome-do-Pai libera a criança do capricho e das significações imaginárias induzidas tanto pelo desejo da mãe quanto pela posição narcísica que a criança aí ocupa por identificação.

O falo é o significante da diferença sexual para ambos os sexos. Ele separa e institui homem e mulher como significantes que se inscrevem pela diferença dos lugares que ocupam e não por seu significado. O campo do significante é organizado pela diferença sexual. É a castração que ordena a cadeia e organiza a significação. Portanto, a significação fálica dá a medida, a razão do sujeito e permite sua inserção na partilha dos sexos e das gerações e o localiza no laço social. Lacan define a assunção do próprio sexo como o "que faz com que o homem assuma o tipo viril e com que a mulher assuma um certo tipo feminino, se reconheça como mulher, identifique-se com suas funções de mulher" (Lacan, 1957-58, p. 171).

O desejo é algo que se articula. Mas ele entra em ação e progride em um mundo onde o que impera é a fala. Isso quer dizer que o desejo de cada sujeito é sempre subjugado à lei do desejo do Outro. O Outro primordial de cada sujeito é a mãe. O fato de que ela seja um ser falante já situa o seu desejo como submetido à ordem de uma lei sustentada totalmente no seu bem-querer ou no seu malquerer. A criança fica aí inteiramente sujeitada. Mas o essencial é que a mãe possa fundar o pai como mediador entre a criança e uma outra ordem mais além da lei que ela encarna e de seu capricho. O pai, como Nome-do-Pai, está ligado à enunciação dessa outra lei.

Embora o pai seja o mediador entre a criança e o desejo da mãe, a relação entre o significante do pai e a criança é mediada pela mãe. Se não há sujeito sem que um significante o funde, a simbolização primordial da mãe responde à questão sobre como se inscreve "no psiquismo da criança a palavra do ancestral, da qual a mãe será o único representante e o único veículo" (Lacan, 1957-58, p. 386). Por essa razão, Lacan valoriza não só o modo como a mãe se arranja com a pessoa do pai, mas também que lugar e importância ela dá à palavra dele, à sua autoridade, ou seja, que "lugar ela reserva ao Nome-do-Pai na promoção da lei" (1998, p. 585).

Os passos teóricos que propiciaram a construção da metáfora paterna foram os seguintes: a tese do inconsciente estruturado como linguagem; a relação do sintoma e da condensação com a estrutura da metáfora; a relação do desejo e do mecanismo do deslocamento com a estrutura da metonímia (Maleval, 2002, p. 82); a localização da relação de objeto como o lugar onde se vê surgir a posição fundamental do sujeito; a localização do sujeito em posição de objeto na sua relação com o objeto especular, na qual a identificação imaginária é o pano de fundo (Lacan, 1956-57); a ênfase no complexo de castração como operação que instaura o falo (j) como significante do desejo (Lacan, 1957-58); a ênfase na mãe como um sujeito correlativo à falta de um objeto privilegiado, o falo (-φ) (Miller, 1995); a renúncia, o sacrifício do gozo implicado na função simbólica do falo e também sua recuperação como gozo imaginariamente simbolizado.

A metáfora paterna se caracteriza pela produção de um sentido novo através da substituição de um significante por outro, ao qual se vincula um valor fálico: NP (A/Φ) (Lacan, 1957-58). A definição freudiana de sublimação ensina que esta substituição não se refere ao recalque da satisfação pulsional, mas à sua transformação em um valor positivo. Está em jogo a mudança do valor de uso da criança pela mãe por um outro tipo de valor, simbólico, significante. Essa operação é condição de inserção da criança na rede simbólica das trocas. O falo simbólico (Φ) é o que serve de medida da passagem do lugar previamente simbolizado pela operação da ausência da mãe ao significante do Nome-do-Pai. O falo torna-se o significado dessa ausência enigmática. Como o Nome-do-Pai sustenta a ordem significante, o falo se torna o significante que, por retroação, reúne todos os significados sob a égide do desejo. Essa resposta interpreta o desejo no campo da linguagem e recobre a ausência de saber sobre o sexo.

Metáfora paterna[6]

$$\frac{\text{Nome-do-Pai}}{\text{Desejo da mãe}} \cdot \frac{\text{Desejo da mãe}}{\text{Significado para o sujeito}} \rightarrow \text{Nome-do-Pai}\left(\frac{\text{A}}{\text{Falo}}\right)$$

[6] Este matema encontra-se no texto "De uma questão preliminar a todo tratamento possível da psicose", publicado em *Escritos* (Lacan, 1998, p. 537).

Segundo Miller (1998, p. 103), como significante designador de todos os significados, o falo é a matriz de todas as questões enunciadas no *Seminário 5* e que podem ser resumidas do seguinte modo: "como obtemos o todo do significante? Como obter o para todo x?".

A resposta é simples. Enquanto estrutura, a metáfora paterna prescinde dos mitos porque coincide com a ordem simbólica, ou seja, é anterior ao mito. Do lugar de exceção às formulações imaginárias, ela produz o "todos os" porque reduz toda constituição subjetiva a uma operação na qual o pai intervém como operador lógico, isto é, significante sem qualidades. Todavia, convém lembrar que: o gozo com o objeto interditado ao sujeito se torna propriedade do pai (morto), portanto, é enquanto exceção que ele goza; a interdição só permite subjetivar a impossibilidade de gozo como impotência; graças à interdição do incesto, o sujeito não é um sujeito sem qualidades e, sim, significação fálica, desejo de outra coisa como resultado do princípio do prazer/princípio de realidade; o Nome-do-Pai é um conceito dúplice: não apenas interdita, mas também presentifica a questão do desejo sexual no campo do Outro.

Como significação fálica, o Nome-do-Pai fornece o significado sexual necessário à solidificação do tripé imaginário estrutural e ao nó que impede a fluidez na relação entre significante e significado. Por isso, é um "ponto de basta" que concerne à identificação, ao simbolismo e ao estabelecimento do vínculo posicional entre as gerações e a partilha dos sexos. Esse vínculo heterogêneo se opõe ao vínculo de similaridade, homogêneo, que caracteriza a sociedade moderna desde a Declaração dos Direitos do Homem, segundo a qual *todos* nascem livres e iguais. Se, por um lado, essa formulação teórica ratifica o sujeito da ciência como um sujeito sem qualidades, por outro, mostra que a igualdade entre os homens é impossível.

Miller (1999) nomeou o terceiro paradigma do gozo como gozo impossível porque, levada a seu termo, a significantização isola um gozo real. Eis para que serve a evocação de *das Ding* no *Seminário 7*, sobre *A ética da psicanálise*. Nesse paradigma, a satisfação verdadeira, a pulsional, se aloja fora da ordem simbólica e das relações imaginárias que a montagem do andar inferior do grafo do desejo exibe como barreiras contra o gozo real. Nesse momento, Lacan valoriza um gozo fora do sistema, uma profunda oposição entre o significante e o gozo.

Essa oposição permite outra, interna ao conceito de libido (prazer x gozo): a libido transcrita como desejo, ou seja, a que figura entre os significantes, e a libido tomada como *das Ding*, como realidade muda, que retorna sempre ao mesmo lugar. A mãe ocupa esse lugar enquanto objeto protegido pela barreira do Édipo. A lei pensada como interdição do objeto engendra um gozo fora do sistema, em relação ao qual ou o sujeito renuncia a alcançá-lo ou transgride a lei. Essa tese, que tem sérias consequências sobre o termo de uma análise, exigirá de Lacan redefinir a noção de significante, incluindo algo da ordem do gozo – caso contrário, o percurso analítico terá como horizonte um ponto que só poderá ser alcançado graças a alguma forma de transgressão (Coelho dos Santos, 2002b).

O desejo no campo do Outro e a função do Nome-do-Pai

Quais as consequências conceituais da introdução do desejo no campo do Outro? Na observação de Maleval (2002), o tempo compreendido entre o *Seminário 5* (1957-58), o *Seminário 6* (1958-59) e o texto "A subversão do sujeito..." (1960), contemporâneo ao *Seminário 8* (1960-61), marca um giro na concepção do Nome-do-Pai. Esse giro é correlato da descoberta de uma hiância no campo do Outro, que prepara o terreno para a introdução de um novo paradigma nas relações do significante com o gozo, o paradigma do *gozo normal* ou fragmentado. É também o ponto de partida para a formalização do segundo ensino de Lacan.

O *Seminário 5* introduziu a questão do desejo como hiância no campo do Outro porque inscrever o falo (Φ) em A é dizer que ali há desejo. É afirmar que a operação do recalque, responsável pela inauguração do pensamento científico, por seu progresso bem como pelo florescimento dos ideais de igualdade e liberdade, funciona também a serviço do princípio do prazer. O desejo é o resíduo da operação lógica do recalque que prova que o sujeito é marcado pelo significante mestre no mesmo lugar em que é habitado pelo desejo do Outro e o sintoma é a manifestação da face de objeto do sujeito, que o impede de se reduzir à cadeia significante S_1-S_2, "penso, sou".

A inclusão da significação fálica, ou da sexualidade e do desejo, no campo do Outro, torna impossível a passagem pelo código sem que o desejo se faça presente enquanto objeto vazio de imagem, resto do encontro do sujeito com a linguagem. Isso esclarece o fato de a elaboração do campo do Outro por

Lacan como código, tesouro dos significantes (A), não ser sinônima da concepção do saber como um cosmo fechado. Pelo contrário, o Outro lacaniano pode ser equivalente ao universo infinito (Ⱥ).

A ampliação da dimensão do Outro é consequência da influência estruturalista da linguística de Saussure e da concepção de significante promovida por Lacan: "A estrutura do significante está [...] em ele ser articulado. Isso quer dizer que suas unidades [...] estão submetidas à dupla condição de se reduzirem a elementos diferenciais", letras (Lacan, 1998, p. 504-505). Portanto, se o inconsciente possui a mesma estrutura radical da linguagem, isto quer dizer que, nele, só há diferenças.

Por conseguinte, surge a concepção de que o que se inscreve em A como sincronia contém rupturas. O significante é o que representa o sujeito para outro significante, portanto há entre eles uma hiância que faz com que à cadeia significante deva sempre se juntar um outro significante. Essa hiância é o desejo. Isso quer dizer que "não tudo no ser [do sujeito] pode ser simbolizado" (Maleval, 2002, p. 88) e, ainda, que nada mais garante que o significante seguinte possa funcionar como um verdadeiro ponto de basta para a significação.

Conforme desenvolvido anteriormente, essa formalização do Outro está de acordo com o campo do saber constituído a partir do advento da ciência moderna. A dúvida metódica de Descartes, por ter posto em questão todo o saber proveniente da tradição, teve como efeito tornar infinito o horizonte do saber. Desde então, todo saber é, potencialmente, um saber em questão, um saber sobre o qual nunca se tem a última palavra. O campo do saber não é mais absoluto porque o universo do discurso não pode mais ser considerado um cosmo fechado. Assim sendo, o grande A barrado (Ⱥ) é o modo como Lacan escreveu o universo infinito do discurso introduzido pelo advento do discurso da ciência moderna, cabendo ao desejo a responsabilidade de dar provas disso no plano psíquico. O desejo introduz uma falha no campo do saber. Trata-se do primeiro passo para que o Outro, lugar do saber, venha a ser tomado a partir de um ponto de vista lógico.

Com base nesse raciocínio, é possível afirmar que, se a ciência introduziu uma falha no campo do saber, isso teve a propriedade de constituir um sujeito que também contém essa falha. De acordo com o que foi desenvolvido no capítulo anterior, a tese de Freud é a de que o advento do sujeito é acompanhado da perda de uma parte da realidade. A divisão do eu (*Spaltung*) no processo de defesa é equivalente à inconsistência do universo infinito da ciência moderna. A exclusão de Deus do mundo priva o campo do saber do significante que lhe conferia sua consistência.

Se o Outro moderno é inconsistente e se, na definição de Lacan, o sujeito só alcança precariamente alguma significação por meio da relação entre dois significantes (S_1-S_2), então o sujeito em questão se encontra privado de um saber sobre si mesmo. É por essa razão que "o Outro, lugar da fala, é também o lugar dessa falta" (Lacan, 1998, p. 633). Essa propriedade aponta a necessidade teórica de que, no lugar da disjunção entre o significante e o gozo, algo venha suplementar a hiância estrutural que denuncia a incompletude do Outro como fato de estrutura.

A inconsistência progressiva do conceito de grande Outro em Lacan acompanha a inconsistência dos ideais e das figuras que o encarnam. Esse processo é um efeito do progresso do discurso da ciência e afeta a família e o laço social. O declínio da diferença sexual e da dessimetria das gerações decorre das mudanças discursivas introduzidas pelos movimentos sociais desde maio/1968. Isso se verifica por meio do progressivo apagamento da verticalidade nas relações e da dessimetria entre os sexos (Coelho dos Santos, 2001).

Tomando como referência a clínica dos laços sociais, tal como eles se dão na contemporaneidade, como conceituar a função paterna? Presentifica-se aqui um impasse teórico: como interpretar a função paterna quando já não existe nenhuma garantia da antiga equivalência entre o simbólico antropológico e o simbólico da linguagem?

O sujeito na contemporaneidade – S(Ⱥ), que deve ser lido como significante do Outro barrado ou inconsistente –, por conhecer essa inconsistência e já ter sofrido seus efeitos, questiona essa superposição, interroga a constituição do lugar do Outro e, consequentemente, põe o Nome-do-Pai sob suspeita. Mostra sua falha enquanto instância promotora da sublimação, uma vez que "nem toda sublimação é possível no indivíduo" (Lacan, 1959-60, p. 117) quando a função paterna não se encarrega mais de promovê-la.

Freud ensinou que nem toda libido pode ser sublimada. Mas afirmar isso não é o mesmo que admitir que não exista mais a menor garantia de encontrarmos na família ou na cultura um agente capaz de promover a sublimação. No entanto, é possível que a pulsão compareça, cada vez mais frequentemente, como um acontecimento de gozo na cultura e que o sintoma, por sua vez, se instale cada vez mais fora do circuito da fala e da linguagem.

Também para Lacan, "alguma coisa não pode ser sublimada, há uma exigência libidinal, a exigência de uma certa dose [...] de satisfação direta" (1959-60, p. 116-117). Trata-se da satisfação inerente ao movimento pulsional, a algo desse movimento que não consegue ser metaforizado pela significação fálica e que se repete sem poder ser reduzido à cadeia significante. O que está em jogo é algo indecifrável, excessivo, porque não inscrito sob o domínio do falo.

Para precisar esse tipo de satisfação "direta", convém lembrar que Freud (1905) dá o nome de autoerotismo à etapa na qual o objeto da pulsão coincide com sua fonte, em que o mundo externo não se diferencia do próprio sujeito e a satisfação em jogo se situa no próprio movimento pulsional. Trata-se de um tempo completamente inconsciente, no qual o corpo não goza de uma unificação porque a libido é reversível. O eu unificado do narcisismo é uma operação secundária, a partir da qual se pode definir seu caráter original como "um precipitado de catexias objetais abandonadas" que nunca alcançaram unificação e que contêm a história das primitivas escolhas de objeto nas quais a pulsão encontrou satisfação (Freud, 1923). Do ponto de vista econômico, a libido transita entre o "corpo próprio" do sujeito, corpo originalmente fragmentado, e o objeto, ao qual só se tem acesso pelo espelho do Outro.

Segundo Lacan (1962-63), pelo fato de não haver sujeito nesse momento – a não ser em vias de advir – torna-se possível afirmar que é o próprio objeto que deseja, isto é, que causa o desejo. Os objetos em questão são anteriores à constituição dos objetos partilháveis, comunicáveis, socializáveis.

A passagem do autoerotismo ao narcisismo deixa um resto que se refere à simbolização primordial do lugar da mãe como lugar de uma presença e de uma ausência. Quando Freud declina os três tempos da atividade pulsional, ou seja, das relações da sexualidade com a linguagem através do par escopofilia-exibicionismo, ele indica, no segundo tempo, a existência de um resto nomeado como objeto estranho: "Alguém olhando para um objeto estranho" (1915, p. 151). Este "estranho", que é também o mais familiar ao sujeito, implica um pedaço de corpo o qual, tendo sido destacado pela privação que a metáfora paterna impõe à mãe, não obtém integração narcísica no segundo tempo do Édipo porque "a estrutura dos objetos os torna impróprios à egoização" (Lacan, 1962-63, p. 134).

A metáfora paterna não metaforiza toda a operação do narcisismo, todo o retorno libidinal sobre o eu que o leva a assumir uma posição passiva como objeto da pulsão. Esse resto não metaforizável permite correlacionar o narcisismo, o masoquismo, o segundo tempo da fantasia inconsciente e a castração do Outro materno. O gozo de se fazer apreender como objeto que falta ao Outro, como objeto que vem no lugar do falo que falta à mãe, gozo relativo ao retorno pulsional sobre o ego, é impossível de ser simbolizado falicamente e tem o mesmo caráter masoquista presente na frase fantasmática, impossível de ser rememorada, "Estou sendo espancado por meu pai" (Freud, 1919).

A incidência da operação paterna no complexo de castração tem como efeito um corte que promove a separação entre a criança e o Outro original. No entanto, a ligação libidinal primária do sujeito com o Outro como objeto é recuperada pelo inconsciente no nível fantasmático. Este outro, semelhante (*a*) – que inclui e é incluído no desejo pois se torna um objeto com o qual o sujeito se confunde –, comparece como impasse quando Lacan formaliza o Outro como $\not{A}$ porque traz um problema relativo à verdade.

Se algo escapa à ordem fálica denunciando a falha da operação paterna, a definição do pai como significante do Outro da lei inserido no campo do significante não passa de um semblante porque $\not{A}$ não permite que se obtenha o significante do desejo do Outro primordial. Em outras palavras, o campo do Outro não contém o significante do sexo feminino. Por isso, fica-se sem saber o que nomearia o valor libidinal, o *ser* do sujeito no desejo do Outro. É por essa razão que, representado entre dois significantes, o sujeito surge como falta no nível do ser.

A concepção por Lacan do grafo do desejo em dois planos contempla, então, uma importante transição. No piso inferior, a metáfora paterna concebe o Nome-do-Pai como o significante do Outro da lei inserido no Outro do significante.

Nesse plano, o Outro não é nada mais do que o "puro sujeito da moderna estratégia dos jogos", um sujeito acessível pelo cálculo, um sujeito suposto, na medida em que o sujeito real "não tem que levar minimamente em conta nenhuma aberração dita subjetiva no sentido comum, isto é, psicológica, mas a simples inscrição de uma combinatória cujo esgotamento é possível" (Lacan, 1998, p. 821). No piso inferior do grafo, o sujeito é efeito da significação fálica ($\not{S}$). Atravessado pelo campo da linguagem, ele se orienta em direção às identificações secundárias, I(A).

Grafo do desejo[7]

GRAFO COMPLETO:

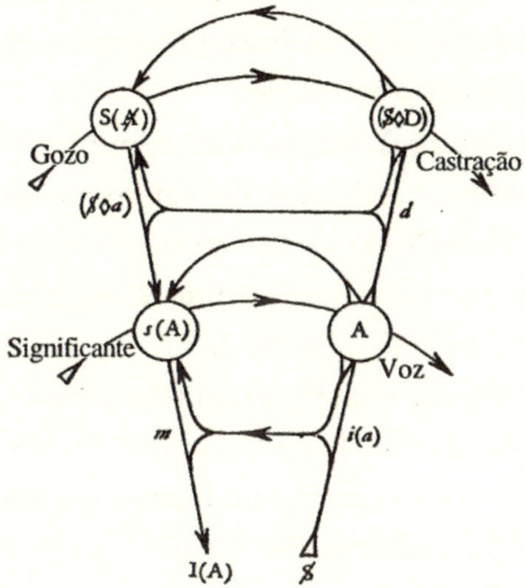

Já o piso superior do grafo indica que a quadratura do piso inferior é impossível porque "o sujeito só se constitui ao se subtrair", ao descompletar o campo do Outro, onde ele precisa, simultaneamente, contar-se e desempenhar uma função de falta. Significa dizer que a constituição subjetiva comporta um significante a menos, o significante do sexo feminino. A consequência disso é a localização do *fading* como constitutivo da identificação. O significante identificatório, este cuja falta faz com que os outros não representem nada, "só pode ser um traço que se traça por seu círculo, sem poder ser incluído

[7] Este grafo encontra-se no texto "A subversão do sujeito e a dialética do desejo", publicado em *Escritos* (Lacan, 1998, p. 831).

nele. Simbolizável pela inerência de um (-1) no conjunto dos significantes" (Lacan, 1998, p. 821, 833). Lacan responde à questão da existência com a teoria do nome próprio impronunciável e com propriedades lógicas que o distinguem em relação às propriedades empíricas que gera.

O significante S(Ⱥ) denuncia a inconsistência no Outro. Essa inconsistência é inerente à sua função de ser o tesouro dos significantes e deve ser tomada em relação à diferença sexual. Solicitado a responder pelo valor desse tesouro – *Che vuoi?* –, surge o impasse: como responder de seu lugar de Outro (o nível inferior do grafo do desejo) nos termos em que os significantes constituem a cadeia superior? Como o Outro do significante pode responder àquilo que se passa enquanto satisfação pulsional se, do ponto de vista teórico, o gozo foi isolado fora do significante?

A inscrição do falo em A implica uma perda de gozo porque o falo, como significante do desejo, substitui, recalca o gozo autoerótico relativo àquilo que o sujeito foi em relação à castração materna. Aqui S(Ⱥ) remete à falta de um significante especial que pudesse colmatar, em A, a falta do significante do sexo feminino. Se o Outro é definido como um mar de nomes próprios, S(Ⱥ) indica o *ser* que aparece faltando nesse mar, indica o "que falta ao sujeito para se pensar esgotado por seu cogito, o que ele é de impensável" (Lacan, 1998, p. 834).

O matema S(Ⱥ), fórmula do Outro inconsistente, é decorrente da exclusão do feminino, ou seja, da exclusão das ligações libidinais, autoeróticas, entre o sujeito e o objeto, que forneciam o peso sexual em jogo. Essa interpretação é produto da análise dos efeitos do discurso da ciência no laço social contemporâneo, desde a Declaração dos Direitos do Homem, e que culminou nos eventos de maio de 1968 (Coelho dos Santos, 2001).

A ordem simbólica está articulada ao redor desse furo. Essa é a razão pela qual Maleval considera "S(Ⱥ) como um matema do Nome-do-Pai", cujo surgimento é secundário em relação à castração no Outro. Se "todo enunciado de autoridade possui como garantia única sua [própria] enunciação" é porque nenhuma linguagem permite articular toda verdade (Maleval, 2002, p. 91). Tal como S(Ⱥ), o Nome-do-Pai é impronunciável. Portanto, não pode mais ser confundido com o patronímico. Trata-se agora do Nome-do-Pai tomado em sua *função de nome próprio* caracterizado, desde Saussure, pelo valor diferencial[8] peculiar a todo significante. O nome próprio tem afinidade com a marca, com a designação direta do significante, com o objeto, com a letra e com o traço unário. Segundo Lacan (1961-62), o nome próprio implica uma identificação regressiva ao traço unário do Outro.

A introdução de uma barra no campo do Outro marca sua incompletude e produz, como efeito, um corte decisivo no modo de compreender o conceito de Nome-do-Pai, pois este não é mais, a partir de então, garantia da existência de uma verdade própria ao sujeito, uma verdade articulável no vai-e-vem dialético, que garanta a consistência da palavra que o sujeito enuncia, que garanta "que à dita palavra é inerente

---

[8] Para Saussure (1995), "a língua não pode ser senão um sistema de valores puros" (p. 130) e o "mecanismo linguístico gira todo ele sobre identidades e diferenças" (p. 126). Desse modo, "o valor de qualquer termo que seja está determinado por aquilo que o rodeia" (p. 135), ou seja, é definido "negativamente por suas relações com outros os termos do sistema. Sua característica mais exata é a de ser o que os outros não são" (p. 136).

uma [e apenas uma] articulação regulada do simbólico com o real" (Maleval, 2002, p. 93).

O Nome-do-Pai possui, portanto, duas vertentes: a que se refere à formalização do Édipo pela metáfora paterna, responsável por excluir o gozo e indicar a série constitutiva do desejo, e outra, relativa à nomeação, a uma articulação particular do sujeito com o Outro primordial pelo complexo de castração, feita uma a uma, e não mais de modo universal. Nessa última, ele se liga à função da escritura, função que se refere ao signo lido como objeto.

No primeiro ensino, Lacan formalizou o Édipo freudiano através do conceito de Nome-do-Pai, quando o tomou como equivalente a um significante da tradição que localizaria o sujeito no laço social, por isso sua superposição com o simbólico. Na sequência de seus seminários, o esforço de Lacan será o de pensar a relação do significante com o que está fora da simbolização por intermédio da metáfora paterna. Trata-se de dar lugar a uma relação que, ao mesmo tempo, é necessária à consistência da própria simbolização. A relação entre o gozo e o campo do Outro deve ser retificada.

Em decorrência, o Nome-do-Pai precisará incluir algo relativo ao gozo. É a isso que responde a consequente promoção do conceito de objeto *a* como resposta à questão enunciada pelo matema S(Ⱥ): *que queres?*. Permanecer no gozo maciço impede conceber um novo relacionamento entre o gozo e o Outro. Será necessária uma elaboração topológica de uma falta irredutível ao significante, uma falta que o simbólico não pode suplementar e que equivale à falta de saber sobre o sexo (feminino). Essa estrutura é inerente ao objeto *a* e implica um furo diferente daquele deixado por S(Ⱥ).

A introdução do desejo no Outro implica a consideração do complexo de castração. Consequentemente, o Outro deixa de ser a instância portadora de uma verdade completamente passível de ser formulada, garantidora da boa fé do sujeito. A relação do sujeito com o Outro não é recíproca, mas inteiramente engendrada por uma hiância. O sujeito do inconsciente não está referido ao ordenamento significante extraído a partir do sentido que a ordenação adquire porque, se não há garantia, o vínculo entre os significantes é estabelecido pelo próprio sujeito. Não se trata de um vínculo adquirido, mas de um vínculo criado, não universal, que depende da inscrição particular da função do Nome-do-Pai por cada sujeito.

No entanto, se esse sujeito só comparece dividido entre dois significantes, se demonstra estar sempre em posição de resto em relação à sua representação e se sua vacuidade só se sustenta mediante algo situado em exterioridade a si mesmo, que sujeito é esse e o que lhe serve de referencial para estabelecer a conexão entre os significantes? Esse sujeito deve ser distinguido de qualquer sujeito descrito pela filosofia, do indivíduo biológico e também de qualquer desenvolvimento psicológico que o classifique como objeto da compreensão.

O objeto *a* e a fórmula da fantasia respondem precisamente a essas questões. A teoria do objeto *a* torna-se necessária para que a função da verdade possa ser corretamente integrada como causa. No segundo ensino de Lacan, a teorização do objeto *a* leva à pluralização dos Nomes-do-Pai, à passagem do pai como tradição à função de nomeação exercida pelo pai, função que engendra uma ligação particular do significante com uma fatia de gozo.

O NOME-DO-PAI NO SEGUNDO ENSINO DE LACAN

A ciência moderna operou uma mudança discursiva no mundo: tratar a existência do homem como dedução do pensamento e não mais como fruto da vontade de Deus ou obra da Natureza. O surgimento da psicanálise dependeu dessa mudança. Ao formalizar o sujeito do inconsciente como efeito da determinação do significante que o representa para outro significante, Lacan conceituou o sujeito como transindividual, portanto, sem qualidades. Se o objeto da psicanálise é um objeto sem qualidades, isso permite afirmar que a psicanálise participa do gesto da ciência.

No entanto, a psicanálise não se ocupa apenas de extrair o par ordenado S_1-S_2, a fórmula lógica na qual se enraíza a determinação subjetiva. A prática da psicanálise implica operar sobre o sujeito e, nesse ponto, ela se diferencia da ciência, uma vez que o sujeito sem qualidades sobre o qual a psicanálise opera é um sujeito encarnado em um corpo, afetado pela inscrição do significante, e não um sujeito sem qualidades. Ele é alguém cuja existência não se exaure na atividade do pensamento veiculado pela consciência de si. Afirmar a existência do inconsciente é afirmar que *isso pensa* independentemente da consciência.

Entre o *Seminário 1* e o *Seminário 9*, Lacan se esforçou para demonstrar que tudo o que está em jogo na constituição subjetiva e, por conseguinte, na experiência analítica só toma seu devido lugar quando repensado como significante. Porém afirmar que tudo é da ordem do significante é idêntico a dizer que há algo que não é, que há algo que se apresenta como função de exceção, antinômica e paradoxal, ao esforço de fazer tudo passar para o significante. Esse ponto corresponde à falta de significante para o sexo da mulher ou para a sua castração.

O sujeito do significante é efeito da operação da metáfora paterna, na qual o pai é o operador que ratifica a produção do sujeito sem qualidades porque, ao circunscrever o desejo materno por meio da razão fálica, ele separa a criança em relação a esse desejo. No entanto, o desejo da mãe é um ponto opaco contra o qual a potência metafórica do pai se choca. O Outro materno diz respeito à libido expulsa do aparelho psíquico. Por isso, se mostra irredutível à metáfora. Portanto, se por um lado o pai dá provas de sua potência simbólica, por outro, ele falha enquanto agente da lei que sublima toda contingência. Por isso, produz um sujeito que sonha com esse ponto impossível. Quando se reduz o sujeito a um puro significante, ele pode ser conceituado universal posto que, como tal, ele seria indiferente ao gozo. Porém o sujeito sobre o qual incide a prática analítica resiste a essa redução porque tem um corpo no qual o significante se encarna de forma singular, contingencial.

Foi porque o campo do saber ainda se encontrava dependente do campo da transmissão que Lacan pôde partir de uma equivalência significante entre o Nome-do-Pai e Deus a fim de conceituar a função paterna como responsável por assegurar a ordem do simbólico no que se refere à constituição subjetiva e ao laço social. A primazia do simbólico vigente na cultura permitia equivaler o Nome-do-Pai aos significantes da tradição, preservar a relação do sujeito com o campo da enunciação e, assim, fazer o Nome-do-Pai operar como garante da verdade.

Entretanto, o axioma lacaniano que faz equivaler o sujeito sobre o qual a psicanálise opera ao sujeito da ciência já situa o surgimento da psicanálise na dependência de uma profunda transformação da relação do sujeito com o campo do saber, promovida pelo advento da ciência. Trata-se do questionamento de toda figura de autoridade e do nascimento de um modo inédito de fundação da verdade. Se todo saber se tornou um saber em questão, a verdade que dele emana depende da razão, portanto, só se autoriza a partir de procedimentos racionais e não mais da chancela de Deus.

Freud situou o laço do sujeito com o pai como eixo da subjetivação humana. Lacan manteve esse lugar axial com o conceito de Nome-do-Pai, mas pôs em relevo as novas condições familiares decorrentes do advento da modernidade como razão das neuroses que levaram Freud a descobrir a psicanálise. O declínio simbólico do pai, cujo progresso vai até a sua completa ausência, favorece o surgimento de psicoses. O conceito de Nome-do-Pai em Lacan acompanha essas mudanças.

O pai é inicialmente localizado no campo dos ideais. No *Seminário 7* de Lacan, ele é apresentado como degradado, um idiota, um ladrão, um pobre diabo, um velho caquético. No *Seminário 8*, encontra-se o ápice dessa desidealização. Através da trilogia contemporânea de Claudel, Lacan descreve um modelo de pai especialmente referido aos anos sessenta: sem escrúpulos, um canalha repulsivo, degradado, degenerado e, finalmente, humilhado. No *Seminário 9*, o pai se reduz ao nome próprio, cuja natureza é da ordem da letra: como *traço unário*, ele caracteriza o laço com a escritura. Dizer que o nome próprio é da ordem da letra é idêntico a afirmar que ele tem afinidade com a marca, com o vínculo direto do significante com o objeto perdido. A função do pai enquanto nome próprio é apenas a de inscrever a perda de realidade, relativa à castração, que funda a ordem simbólica por meio de uma marca assemântica. É por essa razão que o nome próprio conserva sua estrutura de uma língua para a outra.

Entre o plano da existência do sujeito e o do sentido da vida, entre o campo do ser e o campo do Outro, a questão em jogo é sobre como pensar agora o inconsciente como lugar da interseção entre a linguagem e o corpo. Lacan definia o inconsciente como discurso do Outro, do Outro como linguagem. Isso permitia que ele fosse decifrado. No entanto, há algo que não permite decifração.

O ponto de passagem do Nome-do-Pai aos Nomes-do-Pai é condicionado pela introdução do objeto *a* e pelo fantasma. Juntos, esses dois conceitos produzem um deslocamento referido ao gozo tomado como objeto que impede a redução de tudo ao significante e permite reatualizar a objeção de Freud à aspiração da ciência de banir completamente a ilusão do campo do conhecimento. O conceito de Nome-do-Pai, o objeto *a* e o fantasma provam que a constituição da subjetividade sempre mantém algo do imaginário infantil, impedindo que o sujeito possa ser reduzido ao sujeito sem qualidades. É nesse sentido que a teoria lacaniana do Nome-do-Pai mantém uma interlocução com o texto freudiano sobre a *Weltanschäuung* (1933[1932]).

Falar sobre este deslocamento teórico em Lacan implica retomar os eixos desta pesquisa necessários para sustentar agora um pequeno percurso pela conceituação do objeto *a* e pelos desdobramentos teóricos que permitiram a passagem do Nome-do-Pai aos Nomes-do-Pai. Trata-se da passagem do mito edípico, universal, aos mitos particulares que, assim como o mito de Édipo, também explicam a perda do gozo ou seu deslocamento em direção ao Outro.

Conforme enunciamos ao início deste capítulo, nosso objetivo é responder à pergunta sobre a razão que levou Lacan a afirmar a necessidade da psicanálise de reinserir o Nome-do-Pai na consideração científica. Até aqui, reinserir o Nome-do-Pai implicava a reintrodução da dimensão alteritária da constituição subjetiva que havia sido recalcada, o funcionamento psíquico nos moldes do Outro tomado como universal. Isso corresponde à reintrodução, no eu, do recalcado que retorna através do supereu herdeiro do complexo de Édipo. No entanto, a inconsistência do Outro levou Lacan à conceituação do objeto *a*, fato que introduziu uma nova objeção da psicanálise ao discurso da ciência: a necessidade de se pensar que o sujeito do significante é um sujeito encarnado em um corpo.

O sujeito reduzido ao puro significante, ponto onde havia uma convergência entre a psicanálise e a ciência, é uma ilusão, quando se considera a relação do desejo do Outro com a perversão. O perverso eleva o objeto de uso à dignidade de objeto de troca ao substituir o objeto (o pênis) que falta à mãe por outro, em relação ao qual realiza um lucro ao atribuir-lhe a condição de fetiche. A relação do desejo com a perversão põe contra a parede a apreensão da função do pai como Ser Supremo. Nesse sentido, homem e mulher não podem mais ser reduzidos a puros significantes.

A gênese do objeto a *e o Nome-do-Pai*

Durante todo o seu ensino, Lacan esbarrou com um obstáculo sempre notificado com a letra *a*. Miller (2005-06a) deu o nome de *objeto obstáculo* ao inconsciente como objeto excluído, não simbolizado pela máquina simbólica. Trata-se de um novo estatuto do inconsciente que contempla as ligações libidinais primitivas, autoeróticas, do sujeito com o Outro, que restam fora do alcance da metáfora paterna. O objeto *a* é algo primário, anterior ao desejo e ao objeto do desejo, à lei e à sua simbolização, ou seja, anterior à função paterna. Trata-se da consideração do inconsciente formalizado por Freud como processo primário, o *isso*, sede das pulsões, anterior ao narcisismo e ao Édipo.

É preciso lembrar que a descoberta por Freud de que há pensamento no sonho contrariou a consciência de si e toda a tradição filosófica decorrente do cartesianismo. Essa tradição converte a consciência em uma propriedade do pensamento. Milner demonstrou que o passo freudiano comporta um teorema ("se há pensamento no sonho, há inconsciente") e um lema ("o sonho é a via real do inconsciente"), cuja conclusão é uma equação: afirmar que o inconsciente existe é afirmar que *isso pensa* sem a consciência (Milner, 1996, p. 34). Porém a separação entre o pensamento e a consciência não implicou para Freud a inexistência de um sujeito. Segundo Milner, Lacan estendeu a Freud a proposição do *cogito*: se há pensamento, há algum sujeito. Isso significa que a verdade depende de duas condições: a existência do pensamento implica uma teoria do sujeito separada da consciência de si, mas tal pensamento precisa ser sem qualidades. É exatamente isso o que se vê em Freud:

- o trabalho da formação onírica não pensa – *isso não pensa*;
- no entanto, o sonho é uma forma de pensamento – *isso pensa*.

Ao afirmar que o trabalho onírico não pensa, Freud (1900) nega ao sonho o pensamento qualificado decorrente do processo secundário, do estabelecimento de relações pelo qual cálculo e julgamento transformam os traços mnêmicos em pares dialéticos. Mas, ao dizer que o sonho é uma forma de pensamento, ele assevera que o sonho se caracteriza pelo pensamento sem qualidades, o processo primário, que não é sem propriedades ou sem lei. Nele, os processos em jogo se caracterizam pela mobilidade das intensidades catexiais, combinadas via condensação e deslocamento, sem ordenação temporal, sem contradição ou influência mútua e também sem dar atenção à realidade compartilhada. A realidade é, desde sempre, psíquica.

Descartes distinguiu as modalidades de pensamento (uma coisa que pensa é uma coisa que duvida, concebe, afirma e nega, quer e não quer, imagina e sente) e também seus polos opositivos (querer/não querer, afirmar/negar, etc.). Mas, se Freud estava correto em dizer que o trabalho do sonho ocorre pelo processo primário, então não se trata do trabalho de uma coisa que pensa. Se, ao contrário, ele sustenta que o sonho contém pensamentos, então será necessário considerar que "existe pensamento ali mesmo onde a diferença entre dúvida e certeza, entre afirmação e negação, entre querer e recusar, entre imaginação e sensação é problemática, até mesmo suspensa" (Milner, 1996, p. 59, n. 9).

Milner demonstra que, para Lacan, o freudismo repousa sobre uma tríplice afirmação: há inconsciente; o inconsciente não é estranho ao pensar; portanto, não é estranho ao sujeito de um pensar. O inconsciente não é estranho nem ao sujeito nem ao pensamento, sendo que nem o sujeito nem o pensamento requerem a consciência. Essa conclusão legitima a primariedade do objeto *a* e também sua relação com o sujeito e o inconsciente.

De acordo com Miller (1991-92), o registro imaginário é o berço do que mais tarde Lacan conceituará como objeto *a*. Em um primeiro momento, destacar os objetos imaginários era apresentar ao sujeito sua própria relação, também imaginária, com os pequenos outros. O obstáculo imagem se situa no eixo *a-a'*, contra o qual o registro simbólico se opõe, e não na experiência. O objeto se caracterizava por impedir a realização do sujeito, uma vez que a imagem refletida é discordante em relação à imagem real porque algo fica sem imagem. Nesse momento, o Nome-do-Pai garantia a amarração do sujeito à linguagem, isolando esse resto fora do simbólico, no registro imaginário.

Logo em seguida, Lacan destacou a natureza simbólica desse elemento imaginário para dizer que nenhuma relação imaginária se sustenta fora de uma base simbólica. O esquema ótico evidenciava a sustentação simbólica de todo aspecto vivido como exterior, embora destacasse uma dificuldade em relação ao objeto. Trata-se do fato de que ele é relativo a uma parte distinguida do corpo: a diferença sexual, realidade perceptível que o significante fálico permite equacionar e substituir, fazendo com que certas partes do corpo adquiram valor fantasmático.

Para articular o imaginário com um simbólico dominante, Lacan precisou mostrar que o objeto está centrado em um vazio, que corresponde à castração materna. Se o desejo é a metonímia da falta-a-ser, o objeto é a metonímia do desejo porque se refere à castração, comparecendo como seu véu. O Nome-do-Pai retoma a falta de pênis da mãe e, através do falo, articula essa falta à falta-a-ser. "Dessubstancializar" o objeto, ou seja, negá-lo, é condição para que ele seja elevado a uma função significante. A metáfora paterna opera essa significantização porque o falo transforma o objeto em significante. Assim, ele pode funcionar em circuito, articulado a outros significantes. O obstáculo surge como fantasma conectado à relação do sujeito com os pequenos outros como objetos parciais, múltiplos.

Sob a modalidade de objeto do desejo, o objeto *a* é, desde a origem, um elemento da estrutura constitutiva do sujeito. Por isso, Lacan poderá situá-lo como complemento de ser do sujeito definido como falta-a-ser ($). Aprendemos a escrever isso por meio da fórmula do fantasma: $ ◊ *a*. Nesse momento, o fantasma é uma formação imaginária decorrente do fato de que a palavra falha. Nessa perspectiva, o objeto *a* corresponde ao ser que falta no sujeito, àquilo que o sujeito foi para o Outro no momento de sua constituição como ser vivo. O objeto determina um certo *status* do sujeito recebido a partir do exterior, dependente do desejo do Outro. O fantasma carrega esta marca de um tempo primitivo que permite repercutir no presente o que o sujeito teria sido no seu ponto de partida (Miller, 1991-92).

Até o *Seminário 10: a angústia*, os objetos tomados como imaginários eram passíveis de se tornarem significantes porque todo sistema conceitual lacaniano estava inscrito no contexto edípico. Esse momento do ensino de Lacan marca, porém, uma mudança de coordenadas porque os termos fundamentais da psicanálise são retirados do enredo edípico. Por que isso foi necessário? Foi uma resposta a quê?

Lacan elevou o Édipo à dignidade da estrutura em resposta aos impasses causados pela confusão dos pós-freudianos, no que se refere à condução do tratamento nos quadros denominados *borderline* (Coelho dos Santos, 2004b). Ele mostrou que a ordem simbólica é anterior, alteritária e constitutiva da subjetividade. Portanto, o tratamento analítico deve manter essa estrutura, privilegiando o simbólico e não aquilo que se passa no imaginário. Mesmo porque, o imaginário é unificado pelo simbólico. Por essa via, Lacan mostrou que, na vertente edípica, a angústia se deve à castração em jogo no Édipo.

Portanto, a resposta do sujeito à operação paterna é o que o identifica a uma estrutura psíquica e não a outra. Entretanto, quando os analistas não conseguem mais diferenciar a angústia real do paciente e as suas necessidades reais, a angústia se torna um obstáculo conceitual. Como efeito, eles ficam tentados a perigosas manobras para habitarem contratransferencialmente o horizonte do ser (Coelho dos Santos, 2004b). Contrariam a direção indicada por Lacan (1998, p. 648) de manter esse horizonte vazio para que a interpretação possa desdobrar sua virtude alusiva.

O incremento da contratransferência como técnica foi o obstáculo que moveu Lacan a teorizar sobre outra vertente da angústia, gerada pela insistência pulsional e conectada à feminilidade repudiada por ambos os sexos. Por esse caminho, pôde relacionar o tema do gozo com a angústia, o afeto e também com a pulsão de morte enquanto exigência, vontade de gozo, puro funcionamento simbólico.

Ao passar a referir a castração ao funcionamento do órgão masculino na cópula e não mais ao pai, Lacan conseguiu saltar esse obstáculo. A detumescência do órgão torna-se teoricamente correlata do apagamento da função fálica. Essa correlação é o princípio da angústia de castração. Por isso, a castração pode ser pensada como separada de um agente, não se constituindo mais por ameaças, portanto, sem depender do Édipo. Ela é "ressituada como um caso particular de uma função geral, a da desaparição de um órgão" (Miller, 2004b, p. 35-36).

Lacan introduz o termo *separação* (de órgãos) nesse contexto e o distingue da castração, que é deslocada para o registro imaginário como interpretação fantasmática da operação de separação. Como efeito, a primariedade do falo simbólico é questionada (Lacan mostra que o falo falta em relação "ao que poderia ser atingido de real na visada do sexo") e a lista dos objetos freudianos ampliada. O objeto é algo do qual o sujeito precisa se separar para constituir-se como tal (Lacan, 1964, p. 100, 101).

Diante do declínio da função paterna, Lacan desloca o eixo do Édipo para o da castração a partir da separação entre o sujeito e o órgão. A libido, vivificada como órgão, reaparece como novo paradigma do objeto perdido porque substitui o falo em causa na castração. Através do mito da lâmina, Lacan mostra no *Seminário 11* que, quando a vida se reproduz pela conjunção de dois sexos, a separação do órgão é inevitável e dispensa um agente. Enquanto "puro instinto de vida", a libido é um órgão isolado, efeito de uma perda natural da qual todas as formas pelas quais o objeto *a* pode ser enunciado são equivalentes, representantes (Lacan, 1964).

Dois pontos elaborados por Lacan no rastro do objeto perdido freudiano tornam decisivo o papel do *Seminário 10* na passagem do Nome-do-Pai aos Nomes-do-Pai: a criação do matema do objeto *a* como causa real do desejo e a designação do objeto primário do gozo, ou seja, a libido em sua afinidade estrutural com os objetos do corpo localizados a partir das zonas erógenas. Para Maleval (2002), isso torna a pluralização dos Nomes-do-Pai correlata da pluralização dos objetos *a*. A passagem do Nome-do-Pai aos Nomes-do-Pai responde à questão sobre de que modo o inconsciente pode começar a ser pensado como lugar de interseção entre a linguagem e o corpo.

Definido como discurso do Outro, o inconsciente se estrutura como linguagem. No entanto, conforme já demonstrado, o pensamento se origina a partir de um lugar vazio de sentido. O inconsciente como processo primário é puro pensamento sem qualidades. Lacan (1962-63) revelou que, nesse momento, o sujeito está em vias de advir, portanto, quem pensa, quem deseja é um objeto (que não se sabe quem é porque é invisível ao sujeito) e não propriamente um sujeito. Isso permite afirmar que o objeto que causa o desejo é anterior ao sujeito.

Para falar tanto da função de resto que faz do objeto, causa, quanto do lugar da angústia em relação ao desejo, Lacan explora, no *Seminário 10*, as estruturas do *acting out* e da passagem ao ato. A verdade em jogo no *acting out* não se liga à substituição significante porque não conta com a estrutura metafórica. Ela se torna, então, "objeto à deriva, uma verdade sem amarração". O *acting out* tem relação com o que da verdade é "não todo" regido pela lógica fálica, isto é, o gozo.

A angústia atualiza o gozo próprio aos processos pulsionais inconscientes primários, que não têm qualquer localização temporal, sendo sinal da destituição subjetiva, ou seja, prova de que o sujeito aí é um objeto causa do desejo do Outro (Coelho dos Santos, 2000b). Ela se antecipa ao sujeito no ponto em que ele não é ainda, e presentifica a castração como objeto entre o real e o fantasma. Quanto menos a castração ocorre, mais ela se faz presente no fantasma sob a forma de ameaça. Esse fato mostra que o objeto da angústia é inconsciente e se liga à linguagem através de um pedaço do corpo, isto é, de modo parcial. No *Seminário 10*, a linguagem "parece [estar] estruturada, no aparelho do corpo, pelas grandes aberturas essenciais" – as do corpo e a da linguagem (Miller, 2005-06a, 25/01/2006).

O *Seminário 10* é o ponto de giro entre o primeiro e o segundo ensinos de Lacan porque se caracteriza pela separação entre o Édipo e a castração; pela generalização da castração sob as formas da separação entre o sujeito e o Outro; pelo declínio do falo como valor universal primário que fornece a garantia da cadeia significante; pelo efetivo deslocamento do pai como agente da castração para o exercício da função de nomeação, entendida como nomeação do objeto causa, localização do gozo, e não apenas referida ao patronímico; e pelo início da elevação do objeto *a* ao zênite da civilização.

Até aqui, a metáfora paterna fornecia, retroativamente, sentido e valor fálico ao sujeito, recalcando sua posição de objeto. O pai traçava as vias do desejo ao enunciar a lei. Com o objeto *a*, entra em jogo uma função topológica e sincrônica que fundamenta a equivalência entre o desejo e a lei, porquanto eles têm o mesmo objeto e não há mais pai que ouse interditar. Se o objeto *a* resulta de uma separação (a desaparição do órgão fálico no orgasmo) e não de uma interdição, ele questiona o pai e também a exclusão do gozo, cujo ápice se encontra no *Seminário 7*.

Com isso, o Édipo ganha o estatuto de elucubração de saber sobre a separação interpretada como castração operada pelo pai. O objeto *a* é anterior ao desejo, ao objeto do desejo, à lei, à sua simbolização pela via fálica, enfim, à função paterna teorizada pela metáfora paterna. Ele questiona a unicidade do Nome-do-Pai porque a operação da separação destitui a castração de sua função final, doadora de sentido universal, e o falo de sua posição primária, abrindo "o catálogo dos objetos *a*" (Miller, 2004b, p. 40).

Se o objeto *a* é anterior ao objeto do desejo e se a angústia "não é sem objeto" (Lacan, 1962-63, p. 113), a consideração pela angústia se torna importante para a condução do tratamento analítico porque permite o acesso ao que é anterior ao desejo. Referimo-nos aos objetos condensadores do gozo que não se deixam metaforizar pela função paterna e com os quais o sujeito se confunde porque está em jogo outro tipo de identificação: ao eu ideal, e não ao ideal do eu. Ao contrário do amor, a angústia não engana porque não produz enredo. Isso faz dela sinal do real e não do desejo do Outro.

A angústia instala a necessidade de que haja a separação do objeto para que, depois, ele possa vir a ter alguma relação com a falta, com o desejo do Outro. É nesse sentido que ela precede o sujeito. Enquanto a via amorosa desemboca no objeto simbólico, na simbolização do desejo materno pelo falo e no desejo como desejo do Outro, a da angústia permite o acesso ao objeto real, à satisfação pulsional, que é gozo. Por isso, permite separar o campo do desejo e o do gozo. Não se atinge a mesma dimensão do objeto ao abordá-lo pela via do amor ou pela da angústia.

A via do amor é enganosa. Nela, o objeto é objeto do desejo, e o desejo é busca do objeto como substituto fálico que tenta compensar a insatisfação simbólica do amor. A *Aufhebung* – "procedimento inerente à razão que supera e, portanto, conserva aquilo que é negado"[9] (Coelho dos Santos, 1999a, p. 51) – é a operação pela qual o objeto real se torna simbólico. Enquanto símbolo do dom do amor materno, o objeto proporciona uma satisfação real, razão pela qual pode ser agalmático. Segundo Miller (2004b), o *Seminário 8* mostra os últimos brilhos da dialética da castração através dos estádios oral, anal e genital ordenados em um movimento progressivo. Ali, Lacan retoma o limite freudiano da experiência analítica, o complexo de castração, sublinha-o e aceita-o.

Por isso, Lacan pode transcrevê-lo em termos significantes e resolver o impasse relativo ao gozo através de uma

---

[9] "O que é uma *Aufhebung*? De acordo com Garcia-Roza (1995), o termo *Aufhebung* designa, para Hegel, a negação do que é dado como natural à certeza sensível pelo discurso (*logos*), procedimento inerente à razão, que supera (portanto conserva) aquilo que é negado. *Aufheben*, em alemão, ainda segundo Garcia-Roza, é uma palavra com significado antitético de negar e conservar. Concordamos que não é fácil encontrar uma palavra que a traduza; ainda assim, nos arriscaríamos a promover o verbo *sobrestar* como seu equivalente em português. Sobrestar, de acordo com Holanda (1984), pode ser empregado no sentido de 'não prosseguir, parar, deter-se, suspender até segunda ordem, demorar, retardar' e também no sentido oposto de 'perseguir, não tentar abster-se, ameaçar, permanecer iminente'". Ver Coelho dos Santos, 1999a.

fórmula que tira do jogo qualquer consideração pelo órgão em apreço no complexo: é somente quando é transformado em significante que o órgão é trazido e abordado (Lacan, 1960-61). O significante fálico, identificatório, supre o ponto onde, no Outro, a significância desaparece e, com isso, pode garantir a cadeia significante.

No entanto, a consideração pelo gozo em detrimento do desejo requer que Lacan recuse qualquer dialética entre os estágios do desenvolvimento. A partir do *Seminário 10*, o acento recai sobre o caráter disjunto dos objetos. Isso permite ressaltar que, no lugar de aceder ao significante identificatório, que exclui o gozo, o sujeito precisa aceder ao significante que "sublima o órgão" e, ao sublimar, positiva a satisfação obtida justamente porque a afasta do seu sentido originariamente sexual. A positivação do gozo é outra forma de satisfação pulsional. O objeto *a* é inscrito, portanto, onde Lacan escreveu Φ no *Seminário 8*. Isso permite dar uma resposta inédita à questão sobre a garantia da função do Outro: "isso só pode ser assim porque, em algum lugar há gozo" (Miller, 2004b, p. 43).

Essa importante retificação teórica ilumina a gênese do traço unário definido, no *Seminário 9* (1961-62), como o que há de mais destituído, de mais apagado de um objeto porque, se o traço surge do objeto, ele retém algo desse objeto, sua unicidade. Fica claro agora que é o vínculo do significante com o objeto entendido como causa do desejo que permite ao Nome-do-Pai funcionar como ponto de basta e estancar a infinita remissão de um significante a outro que caracteriza o funcionamento automático da máquina simbólica ($S_{1,}$ S_2, S_3,...). Esse é o segredo da metáfora paterna e a razão pela qual o sujeito da ciência não pode ser um sujeito sem qualidades.

Ao reter algo do objeto, o significante, que se distingue por ser material sem ter substância, retém algo do gozo e, com isso, ganha substância. Por isso, o nome próprio especifica como tal o enraizamento do sujeito.

O que está em jogo é a face do sujeito que a operação da *Aufhebung* não consegue abolir, ou seja, a ligação do sujeito do significante com sua face de gozo. Portanto, no exercício da função de nomeação, o que se produz pela via do pai não é só um desejo normalizado nos caminhos da lei, mas "o fato de que, na manifestação do seu desejo, o pai sabe a que [objeto] *a* esse desejo se refere". O pai não é uma *causa sui* tal como Deus ou os mitos freudianos fazem crer, mas "o sujeito que foi longe o bastante na realização de seu desejo para reintegrá-lo no que há de irredutível na função de *a*" (Lacan, 1962-63, p. 365-366). Então, no lugar de excluir totalmente o gozo, o pai o localiza em um objeto causa do desejo (*a*).

O início do ensino de Lacan foi marcado por um esforço visando recompor a estrutura subversiva da psicanálise freudiana em relação à cultura. Ele iniciou esse trabalho restituindo ao simbólico o seu caráter de anterioridade em relação a qualquer experiência e localizando o pai como eixo de toda constituição subjetiva, caracterizada pela produção de um sujeito mortificado que sonha com um gozo impossível de ser alcançado. Em contrapartida, o pai que vemos ser introduzido ao final do *Seminário 10* não produz mais um sujeito desconectado do gozo. Pelo contrário, o pai é alguém que dá testemunho de que o gozo é acessível em pequenos fragmentos. Isso só é possível se o sujeito do significante for substituído por um corpo vivo e sexuado. Como Lacan operou esse deslocamento em relação à definição de sujeito?

Para considerar a libido como objeto que repara a perda de vida em jogo na reprodução sexuada, Lacan precisou redefinir o conceito de Outro. A mortificação era uma necessidade lógica inerente à cadeia significante e à constituição subjetiva. No entanto, como demonstrado, a introdução do desejo no Outro torna necessária sua consideração como um campo onde o vivo do sujeito é chamado à subjetividade. Além disso, questiona a relação da pulsão com a sexualidade. Como a sexualidade se presentifica no psiquismo se nenhuma pulsão é capaz de representar a função da reprodução? Se é no campo do Outro que o sujeito deve aprender o que fazer como homem ou mulher, como ele aprende, como resolve o problema da identificação se não há significante do sexo feminino? Lacan responde a essa questão afirmando que o que orienta o sujeito é o gozo da pulsão como pulsão parcial (Lacan, 1964).

Lacan chegou à pulsão parcial desmontando o conceito freudiano de pulsão. Por oposição ao campo narcísico do amor, o campo pulsional implica uma circularidade na qual a satisfação é obtida pelo contorno que denuncia a hiância e impede a reciprocidade. Ele reduz a pulsão a uma pura atividade gerenciada pela forma verbal reflexiva *se fazer* (sugar, defecar, ver...). Com isso, mostra que o gozo pulsional é parcial e implica, de saída, tanto a presença de uma falta quanto o sujeito na posição de objeto, fazendo-se contornar, suturando uma falta com outra. A função do objeto *a* demarca o vazio no qual a pulsão se satisfaz.

O *Seminário 11* marca o início de um período em que o inconsciente estruturado pela linguagem (S_1-S_2), o inconsciente como suposição de saber, é correlacionado ao inconsciente como máquina que abre e fecha, inconsciente pulsional, homogêneo a uma zona erógena, que introduz a lei do significante no domínio da causa e faz o sujeito equivaler à causa do desejo como algo que não se encaixa nessa lei ($ ◇ a). Por essa razão, o inconsciente é também repetição do fracasso da articulação significante. Isso dá um estatuto ético ao inconsciente em relação ao desejo. A ética em jogo é a do corte que constitui o circuito pulsional onde o desejo se realiza sem se satisfazer. Essa visada do inconsciente depende da nova definição que Lacan (1964, p. 194) dá ao conceito de Outro como "campo desse *vivo* onde o sujeito tem que aparecer".

Dizer que "é do lado desse vivo, chamado à subjetividade, que se manifesta essencialmente a pulsão" (Lacan, 1964, p. 194) é a novidade que promove o giro teórico de Lacan em relação à noção de gozo – a passagem do gozo impossível ao *gozo normal* ou *parcial*, quarto paradigma extraído por Miller (1999). Trata-se da reintrodução do vivo e de um novo dimensionamento, sobre qual a natureza do real que escapa ao simbólico. É o que permite pensar a pluralização dos Nomes-do-Pai. O simbólico não se reduz à transmissão de uma identificação válida para todos. Ele também cria, faz existir algo que não existia antes. Como efeito, a transferência não é pensada somente pela suposição de saber, pela decifração de algo que já estava lá. Ela também implica a presentificação do novo (Coelho dos Santos, 2005e).

O movimento de Lacan é de corte e ruptura em relação ao seu primeiro ensino. Entretanto, para Miller (2002) e Coelho dos Santos (2002b), não se trata de um abandono do inconsciente estrutural, mas da relativização do valor daquela abordagem à luz de outra perspectiva: a do inconsciente como pulsação temporal. Lacan distingue a causa e a lei e afirma que, contrariamente à lei, a causa implica sempre algo de anticonceitual, o que situa o inconsciente como tropeço entre a causa e o que a afeta. Na descontinuidade, o inconsciente aparece como fenômeno que introduz o Um da fenda, do traço, da ruptura sujeito-objeto, e não o Um da unidade egoica (Lacan, 1964).

A hipótese da "existência" em Lacan implica uma teoria da linguagem que é, em si mesma, suficiente para constituir o real, mesmo que ele não compareça como realidade empírica. Essa formalização é coerente com o discurso da ciência. No entanto, contrariamente ao *cogito*, a psicanálise não tem como deixar de considerar o corpo enquanto extensão do pensamento, lugar onde isso pensa, porque ele ressurge como obstáculo ao sujeito sem qualidades. Se, por um lado, o grafo do desejo permite que Lacan situe a pulsão como tesouro dos significantes, por outro, ao defini-la através do fantasma – $\$ \diamond a$ – ele mantém sua estrutura, ligando-a à diacronia, ao circuito no qual o gozo se inclui por meio da ligação do significante aos objetos pulsionais.

Lacan inicia uma revisão em relação à linguagem. Por um viés, a pulsão é o que advém da demanda (S_1-S_2) quando o sujeito nela se desvanece, ou seja, quando comparece como *fading* para surgir como objeto destacado do campo do Outro (*a*). Mas, quando isso ocorre, a demanda também desaparece uma vez que ela requer uma dialética. Quando a demanda desaparece, a pulsão é traço unário, pura diferença, corte que presentifica a distinção entre a pulsão e a função orgânica que ela habita. Esse corte se "beneficia do traço anatômico de uma margem ou uma borda". As reversões pelas quais a pulsão se articula com sua fonte e com o objeto revelam o artifício gramatical da pulsão e isolam a zona erógena em relação ao metabolismo da função à qual ela pertence (Lacan, 1998, p. 831-832).

O "traço do corte" se evidencia nos objetos que a teoria psicanalítica isola e descreve: o mamilo, o cíbalo, o falo, o olhar, a voz e o nada. A presentificação desses objetos não permite que a psicanálise tome o corpo cartesianamente, porque eles correspondem a uma parte de libido perdida, destacada, separada do corpo em decorrência da sexuação. A correlação entre S_1-S_2 e $ ◊ a identifica a nova topologia do inconsciente estruturado como linguagem que dá conta da constituição do sujeito. O fantasma não é uma gramática aplicada aos objetos parciais. Ele implica também o complexo de castração, agora sob o modo da separação. Mas será que isso ocorre do mesmo modo em homens e mulheres?

A pulsão parcial é a equivalente das consequências da sexualidade no psiquismo. É signo de "que a sexualidade se representa no psiquismo por uma relação do sujeito que se deduz de outra coisa que não da sexualidade mesma. A sexualidade se instaura no campo do sujeito por uma via que é a da falta" (Lacan, 1964, p. 194-195) – a falta do significante do sexo feminino ou, simplesmente, a castração materna. Se o sujeito sutura uma falta com outra, que faltas são essas e como a sutura acontece? Do que se trata nas operações de alienação e de separação?

As operações de alienação e separação são constituintes da subjetividade. Através delas, Lacan homologa duas faltas que se recobrem – uma no campo do sujeito ($) e outra no campo do Outro (S_2). Para representá-las, traça dois círculos: o do campo do sujeito e o do campo do Outro. Em seguida, liga o sujeito ao Outro e situa, de um lado, o ser e, de outro, o sentido.

Esquema da alienação e da separação[10]

Ser — Sentido

Campo do sujeito — Campo do outro

ALIENAÇÃO

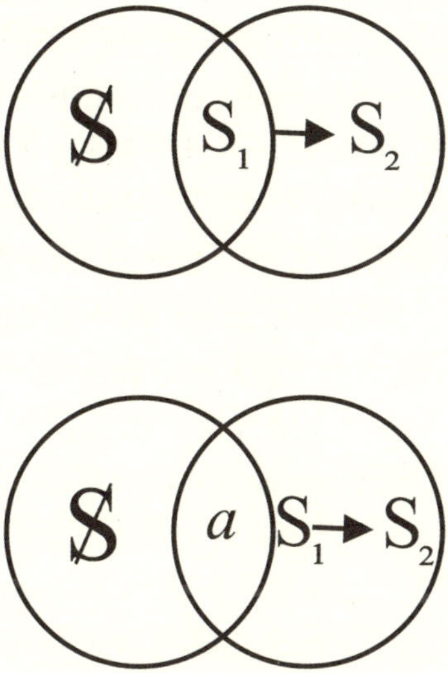

SEPARAÇÃO

A operação de alienação mostra que o sujeito só pode ser reconhecido no campo do Outro, razão pela qual não pode ser pensado como consciência de si. Entretanto, o Outro não pode representar totalmente o sujeito. Por isso, produz um resto, o sujeito barrado ($). Isso quer dizer que à identificação a um significante corresponde uma perda, ou ainda, que o preço pago pelo sujeito para encontrar-se no Outro pela via do sentido é a perda de uma parte que não se dobra ao sentido, o

[10] Esse esquema encontra-se em Laurent, 1997, p. 37.

objeto *a*. Trata-se da unificação dos conceitos de identificação e recalque (Miller, 1999) ou do *fading* inerente à identificação.

A alienação é uma escolha forçada que implica uma perda (Lacan, 1964). O cerne dessa operação fundante é a divisão subjetiva e a exclusão de uma parte da realidade do campo do sujeito. Assim, o sujeito elide, com a sua própria falta, a castração do Outro. Ele instaura uma questão nos intervalos do discurso do Outro (S_1-S_2): "o que ele quer?". Como efeito, o sujeito surge como desejo porque o desejo do Outro é transformado em falta de um objeto. Um vazio é localizado na interseção entre os dois conjuntos, no qual o objeto *a* vem se alojar. Como resultado, o campo do Outro se torna um campo inconsistente e o falo se torna o significante dessa falta posto que encarna a castração materna enquanto representante do Outro.

A operação de separação surge do recobrimento das duas faltas: a encontrada no Outro sob a forma de desejo e que suscita a questão "o que queres?", e a outra, indicada pelo fato de o sujeito responder a essa pergunta com a sua própria falta. O apagamento do sujeito faz com que ele compareça como objeto (que suplementaria a castração localizada no Outro) e pague sua "libra de carne"[11] pelo logro narcísico, através do qual o vivo sexuado é induzido à completude. A estrutura faltosa do Outro, ou sua inconsistência, deve ser tomada em relação à diferença sexual e é o lugar em que o objeto que causa o desejo comparece como perdido.

---

[11] Expressão utilizada por Lacan em "A direção do tratamento e os princípios do seu poder" a propósito da função do significante fálico em relação ao desejo (1998, p. 636).

Há um paradoxo intrínseco à operação de separação: se, por um lado, ela tem lugar no ponto de falta do Outro no qual o objeto se instaura como causa, por outro, há um sujeito que quer encontrar um lugar para si ali onde, no Outro, encontra uma falta. O efeito é uma fixação no Outro através do fantasma (Antunes, 2002). Em outras palavras, trata-se da interpretação criada pelo sujeito acerca do seu valor de uso para o Outro. A questão ressurge: é possível que essas operações tenham o mesmo desfecho para ambos os sexos?

A suposição freudiana inicial de que a sexualidade se organizava simetricamente pelo complexo de Édipo mostrou-se um obstáculo clínico que só a teorização do complexo de castração permitiu reconfigurar. A diferença sexual questionou o Édipo e ajudou a isolar dois aspectos da enigmática feminilidade. Primeiro, o vínculo amoroso longo, estreito e exclusivo entre a menina e a mãe, seguido de uma separação ressentida, decorrente da descoberta da diferença sexual pela menina. Em seguida, o efeito dessa descoberta: a reorientação do desejo dela em direção ao pai, na espera de receber dele o falo que lhe falta. Ele tem, portanto, pode dar. Essa matriz não dá ao pai o lugar de interditor da satisfação com o objeto, tampouco o de transmissor do traço identificatório.

No caso do menino, a castração o alcança por meio de uma ameaça que o move a separar-se da mãe. Prefere renunciar ao objeto incestuoso do seu desejo e identificar-se com o rival paterno no lugar de arriscar-se a perder o órgão. Aqui, o pai é o interditor, é quem priva o menino de gozar do objeto do qual só ele pode usufruir. Por essa razão, é situado como exceção, o "ao-menos-um" que faz a lei do desejo. Esses dois modos distintos de localizar o pai provam que as relações dos homens e das mulheres com o inconsciente não é organizada da mesma maneira pelo objeto perdido. Essa evidência clínica é reconhecida por Freud quando acrescenta que as mulheres não têm supereu (Coelho dos Santos, 2005b; 2006c).

Ao introduzir a primazia do simbólico, Lacan contemplou a diferença sexual elevando homem e mulher à esfera da diferença simbólica situada entre os significantes e extraiu o sujeito como significação sexual, fálica, metáfora referida ao desejo da mãe, então interditada em relação ao uso da criança como falo. Mas a diferença sexual pode ser reduzida apenas à esfera dos significantes? Lacan sabe que não. Tal como Freud, ele nunca desconsiderou a diferença anatômica. Embora tenha privilegiado a vertente significante da sexuação, toda a teoria da metáfora paterna gira ao redor do falo e da castração. O Nome-do-Pai é um significante, mas só aquele que possui o pênis pode ser o suporte adequado para ancorá-lo porque, supostamente, o pênis/falo é o que a mulher deseja uma vez que ela não o tem – "[...] ela encontra o significante do seu próprio desejo no corpo daquele a quem sua demanda de amor é endereçada" (Lacan, 1998, p. 701).

O passo seguinte foi o de acrescentar que a nomeação feita pela operação do Nome-do-Pai recorta um buraco no campo do Outro e, ao mesmo tempo, aponta o elemento adequado para velar essa hiância e instaurar o campo da pulsão como campo onde a posição de objeto é inerente ao gozo. Aqui nossa pergunta se renova: considerando as consequências psíquicas descritas por Freud relativas à diferença anatômica entre os sexos, recortar a castração e apontar o objeto adequado a seu velamento, ou seja, a fórmula do fantasma – $\$ \diamond a$ –, é uma teorização que contempla a diferença sexual? A continuidade do ensino de Lacan mostrará que não, embora ele não formule esse problema neste momento de seu ensino.

Neste ponto, outro aspecto precisa ser destacado, a saber: o fato de ser possível pensar que, com a teoria da nomeação, estaria em curso a redução da função paterna ao simples ato de nomear (Lacan, 1964). Efetivamente, não é disso que se trata. A atividade pura e simples de etiquetar objetos deixa escapar toda a essência da linguagem porque não põe em questão o desejo de quem executa a tarefa, isto é, não considera sua posição como sexuada. Se o essencial da pulsão na alienação é o sentido do sexo, o objeto *a* é o que serve de suporte à nomeação. Ele estanca a vacilação do ser porque não responde à lei de representar o sujeito para outro significante. Portanto, ao incluir a causa, o pai recoloca no jogo da constituição subjetiva o valor de uso do objeto como objeto de gozo. Lacan reescreve o pai da metáfora paterna por meio de uma nova figura do pai: "aquele que sabe que o objeto *a* é irredutível ao símbolo. Um pai que não seria enganado pela metáfora paterna, que não acreditaria que ela possa realizar uma simbolização integral e que saberia, ao contrário, ligar o desejo ao objeto pequeno *a* como sua causa" (Miller, 2004b, p. 68).

A partir da conceituação do objeto *a*, o conceito de Outro sofreu modificações. Passou a ser o campo do "vivo onde o sujeito tem que aparecer", porque é nesse campo onde a pulsão essencialmente se manifesta (Lacan, 1964, p. 194). O objeto *a* implica uma reserva libidinal, um núcleo de gozo que comparece de modo autístico. Em razão disso, certamente não bastará que, em sua interpretação, o analista reconheça o inconsciente como discurso do Outro prévio e o sintoma como mensagem a ser decifrada.

Ao ressituar a castração no registro imaginário como interpretação fantasmática da diferença sexual, Lacan a separou da figura de um agente. Entretanto, essa mesma operação passou a incluir o objeto *a* como causa do desejo. Trata-se de uma verdade irredutível ao simbólico que, por isso mesmo, requer um testemunho encarnado. Até então, a relação S_1-S_2 mostrava o enraizamento da determinação do sujeito na representabilidade obtida pela relação entre dois significantes, e também a dessimetria entre eles. Mas o aprofundamento do discurso da ciência no mundo promoveu o apagamento das diferenças e incrementou o recalque.

Separado do valor libidinal, o simbólico desrealiza os objetos, que se tornam objetos sem qualidades, equivalentes entre si, aparentemente capazes de substituírem-se um ao outro sem promover qualquer tipo de perda. Sem a consideração pelo gozo, ou seja, pelo fato de que a produção dos objetos é feita por corpos vivos e sexuados, a máquina simbólica engendra substituições que promovem infinitamente a introdução de objetos novos na economia das trocas simbólicas como se todos fossem iguais. Ao encarnar um saber que remonta o objeto à causa sexual, o Nome-do-Pai estanca essa remissão, revelando que, em uma estrutura, os significantes não são tão substituíveis assim porque é impossível separar o significante e o corpo que o encarna. Essa é a razão da inércia sintomática encontrada no sintoma.

A principal função do Nome-do-Pai consistirá cada vez mais em possibilitar que entre a linguagem e o gozo, entre a linguagem e o que não se deixa apreender pelo falo, haja uma coordenação capaz de cifrar o gozo, localizando-o em um objeto. A articulação dos Nomes-do-Pai aos objetos *a* conforma um giro decisivo que estabelece as bases para uma nova abordagem da psicose: "o esquema do desencadeamento significante [em função da *Verwerfung* do Nome-do-Pai] será suplantado cada vez mais pela não localização do gozo" (Maleval, 2002, p. 194).

O mecanismo da alienação e da separação mostra a íntima articulação que o simbólico tem com o gozo, já que o gozo não aparece mais fora do sistema simbólico (no real ou no imaginário). Ele é distinguido como tal e inserido no próprio funcionamento significante, sendo-lhe conexo. Coordenado ao "abre e fecha" das zonas erógenas, esse mecanismo se configura como uma superação da metáfora paterna e da metonímia do objeto tomado como objeto do desejo. Consequentemente, abre o caminho para a abordagem da linguagem como produtora de mais-de-gozar e, portanto, para um novo paradigma relativo ao gozo, o do *gozo discursivo* (Miller, 1999).

Neste momento, faz-se necessário saber por que e como isso acontece, a que impasses responde e, ainda, que mudanças e/ou superações introduz no conceito de Nome-do-Pai.

Miller (1999) observa que, até o quinto paradigma, Lacan descrevia a estrutura, a articulação significante, o Outro e a dialética do sujeito. Em seguida, começou a perguntar-se de que modo a estrutura capturava o ser vivo, o organismo e a libido. Mas essa visada só é possível de ser apreendida quando se parte da hegemonia simbólica em relação aos outros dois registros e da consequente dependência do campo do saber em relação ao da transmissão. O aprofundamento do discurso da ciência torna metonímico o campo do saber, impedindo que se pense a existência de uma estrutura prévia capaz de "capturar" firmemente os corpos. Sem tradição, sem mestria, a captura simbólica dos corpos torna-se débil. Se não é mais possível reintroduzir a mestria prévia da determinação do simbólico, o que reintroduzir, então?

A noção de discurso, utilizada a partir do final dos anos sessenta, trouxe a ideia de que a relação entre o significante e o gozo é primitiva e originária porque todo discurso é movido por uma causa (Miller, 1999). Por isso, Lacan faz a passagem do significante aos discursos. O ponto de partida nessa direção é o *Seminário 11*. Ao axioma "o significante é o que representa o sujeito para um outro significante", Lacan acrescentará a definição de que o significante é aparelho de gozo. Se o aparato simbólico é um aparato de gozo, então, não seria mais possível falar em "autonomia" do simbólico? Em "O seminário sobre 'A carta roubada'" (1998, p. 13-66), Lacan demonstrou, pelo esquema apresentado com as letras gregas α, β, γ e δ, a existência de uma lógica autônoma dos significantes – a ordem simbólica –, que funcionava independentemente dos corpos, chegando, de certo modo, a transcendê-los. Nesse âmbito, a lei que dirige e sujeita os discursos e os corpos é uma lei sólida. Não é mais disso que se trata agora?

Miller (1999) afirma que, com a conexão do significante com o gozo através do objeto *a* e do mais-de-gozar, Lacan promove um retorno ao corpo, fazendo da linguagem um veículo de gozo. Entretanto, devido ao declínio da primazia do simbólico na cultura, esse registro não seria mais tomado como "a" ordem simbólica, mas como *uma* ordem simbólica. Estaríamos, segundo ele, no nível de *várias* ordens simbólicas e isso implicaria mais do que a unicidade da lei. Implicaria a "acumulação numerada, *uma* ordenação" (Miller, 2005-06a).

Será que isso corresponderia, então, a pensar a lei como um arranjo imaginário de elementos? Do ponto de vista da orientação de uma análise, isso seria possível? Seria esta uma formulação coerente com o axioma lacaniano da reintrodução do Nome-do-Pai na consideração científica? Quando a hegemonia simbólica declina, quais parâmetros sustentam a interpretação analítica? A que problema Lacan responderá com a conexão do significante com o gozo?

Conforme o ponto de partida deste capítulo, Freud isolou um tipo de economia além do princípio do prazer que comparecia como um paradoxo em relação ao espírito moderno, uma vez que se presentificava como uma tendência oposta ao progresso, à adaptação, ao bem-estar e até à própria vida do sujeito. Ele situou essa economia em dois planos: o da pulsão de morte tomada como retorno ao inanimado e o de uma tensão originada pelas moções pulsionais recalcadas, em relação às quais as formações reativas, substitutivas ou sublimatórias não bastam como solução. Essa tensão decorre da "diferença de quantidade entre o prazer da satisfação que é exigida [pelo aparelho psíquico] e a que é realmente conseguida". Essa diferença, que é uma espécie de resto das soluções que ele cita, "fornece o fator impulsionador que não permite qualquer parada em nenhuma das posições alcançadas, mas [...] 'pressiona sempre para frente'" (Freud, 1920, p. 60). A questão deixada por Freud implica, portanto, saber como a insistência pulsional, produtora de diferenças, se transforma em obstáculo à análise quando se apresenta sob a forma da repetição e como é possível tratar disso que se repete.

Nesse sentido, o passo teórico dado por Lacan em relação ao ponto de detenção de Freud implicou uma positivação desse resto. Novamente, o caminho da angústia é o que melhor orienta essa passagem, pois indica que, no mesmo ponto onde algo do corpo foi perdido, destacado, algo do desejo se encontra em vias de advir sob a forma do mais-de-gozar. É que o traço que modela a perda em jogo na constituição subjetiva é também o que permite engendrar a função do vazio como causa e mover o aparelho psíquico na direção do que não é ainda. A estrutura tem afinidade com a forma, com o traço, cuja função de corte contorna, enforma um vazio potencialmente criador. Nesse sentido, o inconsciente não presentifica somente a repetição do gozo mortificado (S_1-S_2), perdido, mas é também causa do gozo recuperado ($\$ \diamond a$). Assim, o que era obstáculo (a repetição) é retomado como atividade básica do sistema, como repetição de gozo.

Nome-do-Pai: do moderno ao contemporâneo

Nos anos cinquenta, o Nome-do-Pai foi conceituado no nível antropológico. Ele é o suporte da função simbólica que identifica a pessoa do pai à lei. É o significante da lei que pacifica o registro imaginário e ordena o simbólico. Em seguida, inserido como metáfora, introduziu a consideração pelas noções estruturais de lugar e de elemento e convida à distinção de um lugar que denota uma função, e de um elemento que pode ser substituído por outro no mesmo lugar. Com a introdução de uma hiância no Outro, o Nome-do-Pai se converte no seu suporte e permite situar o gozo existente nessa hiância.

Esta mudança faz com que o pai se desloque da sua função de mestre, identificação ideal que funciona como ponto de basta capaz de fundar um valor universal, para o lugar de pai portador de uma falha ($) que garante a entrada de um elemento de gozo particular (*a*), heterogêneo ao campo do sentido (S_1-S_2). Isso organiza fantasmaticamente o ponto onde o Outro comparece como "não sentido". A fantasia empresta consistência à inconsistência do Outro. Insere um pedaço irrecuperável de corpo (o não formalizável da estrutura) na máquina linguística formal que, assim, tem seu sentido interrogado (Miller, 2006).

O segundo tempo do ensino de Lacan se caracteriza, de partida, pela redução da operação de constituição subjetiva à conjugação de quatro termos: S_1, S_2, $ e *a*, articulados segundo uma lógica que implica o sujeito não apenas como significação fálica, mas também como objeto do gozo do Outro recuperado sob a forma de mais-de-gozar (*a*). O próprio matema do fantasma já condiciona essa articulação, pois implica: o sujeito barrado ($) como efeito da inconsistência do Outro, onde S_1 assume o valor de representante do sujeito diante de um outro significante (S_2), e o objeto *a* como uma peça destacável do corpo, que vem em suplência aos vazios do sujeito e do Outro, conjugando o corpo ao inconsciente.

A fantasia – o modo particular pelo qual o sujeito se sustenta em relação a um conjunto significante complexo – é a nova formalização do que funciona como obstáculo ao tratamento analítico. Nesse sentido, a análise deve dirigir-se ao seu atravessamento. O alvo são as identificações relativas ao ideal do eu – S_1 ou I(A) – e também as de natureza diferente do significante. Essas são introduzidas pelo processo de separação, se referem ao eu ideal (*a*) e suportam o sentido do sexo, definido e especificado pela entrada do significante na vida do sujeito. Para alcançar esse objetivo, o analista precisa manter a distância fundamental entre o ideal do eu e o objeto *a*. Portanto, seu desejo precisa ter a particularidade de trazer de volta o campo pulsional não sob a modalidade de uma gramática articulada ao redor dos objetos parciais, mas orientada pela diferença sexual.

Segundo Coelho dos Santos (2007), a tendência da sociedade, que progride em direção à democracia e ao individualismo, é a de despersonalizar cada vez mais o Outro ao qual o Nome-do-Pai, como agente da castração, esteve ligado desde sua conceituação. Hoje, essa função reguladora do gozo é incerta porque a mestria sagrada do pai deu lugar à diversificação de saberes.

A pesquisa, iniciada neste capítulo, sobre o conceito de Nome-do-Pai encontra-se agora na passagem do *Seminário 11* (1964) aos *Seminários 16* (1968-69) e *17* (1969-70). Perseguimos, neste novo momento do ensino de Lacan, o objetivo de saber o que significa a afirmativa de Lacan segundo a qual: "a psicanálise é essencialmente o que reintroduz o Nome-do-Pai na consideração científica" (1998, p. 889). Para prosseguir, faz-se necessário interrogar alguns pontos novos:

- Nesse momento, Lacan ainda dialoga com a ciência moderna ou houve alguma mudança em relação ao discurso da ciência?
- Como a ciência moderna e a ciência contemporânea lidam com o sentido e com o objeto? Na passagem de uma a outra houve o abandono da razão?
- O progresso do campo da ciência afetou a relação subversiva original da psicanálise com a própria ciência?

A psicanálise sempre lê o sintoma na sua contemporaneidade porque não toma o sujeito como indivíduo. Para

Freud, o mal-estar subjetivo acontece *na* civilização. "Não há clínica do sujeito sem clínica da civilização" (Miller et Milner, 2006, p. 30). Lacan localizou a origem da psicanálise em uma relação de exclusão interna ao advento da ciência moderna, mas o que está em jogo nesse momento é a relação da psicanálise com a ciência contemporânea.

O paradigma da concepção clássica da ciência é a lei de Newton. Seu princípio reduz o complexo ao simples e extrai as leis universais que unificam o campo da experiência. Ao aplicar as leis matemáticas ao campo da natureza, a ciência moderna quebrou a tradição aristotélica. No entanto, em consequência da simplificação das primeiras geometrias, o determinismo das leis produzidas reafirmava, de certo modo, a noção de universo e de conhecimento do objeto, que podia ser completamente definido (Antunes, 2002, cap. II). O dispositivo experimental era o responsável pela construção e definição do objeto mediante um determinado recorte do real pelo simbólico e não outro.

O século XIX é marcado pelo surgimento da termodinâmica[12], através da qual a física se desloca do campo das

[12] Segundo Antunes (2002, cap. II), a termodinâmica "representa o retorno dos problemas que a dinâmica rejeitou: a questão da irreversibilidade e da complexidade. Na sociedade industrial emergente do século XIX, as máquinas térmicas colocam para a ciência o problema das transformações que o calor produz sobre os corpos. A termodinâmica nasce, precisamente, da questão de como utilizar a ação do calor. Trata-se de saber em que condições o calor produz energia mecânica, ou seja, é capaz de fazer um motor funcionar." Na dinâmica, o sistema é definido pela posição e pela velocidade dos seus constituintes. Já na termodinâmica, ele é "definido por uma série de parâmetros macroscópicos (pressão, volume, composição química, temperatura e quantidade de calor), a partir dos quais estabelece-se a composição dos sistemas e as suas relações com o meio. A termodinâmica seria o estudo das variações dessas propriedades".

certezas e regularidades para o das incertezas, das probabilidades e do indeterminismo, e o objeto passa a constituir-se por propriedades relacionais e não mais substanciais. Ele se torna uma teia de relações e não uma coisa relativa a uma lei universal. Sua realidade é estruturada por operações discursivas. Isso quer dizer que o objeto é extraído como produto experimental, podendo ser pensado pelas flutuações e possibilidades, sendo mais realização do que realidade (Antunes, 2002, cap. II). Quando se trata de fótons, elétrons e átomos é preciso falar de realização e não mais de realidade. Nesse sentido, "o realismo da estrutura" simbólico-real se sobrepõe ao "realismo da [própria] partícula" (Bachelard, 1934, p. 73). Antunes (2002, cap. II) esclarece que o objeto não é apreendido visualmente, mas constituído pela relação entre o simbólico e o real. É por essa razão que não pode ser considerado uma abstração pura.

As diferenças existentes entre as físicas clássica e contemporânea, no que se refere ao seu campo e objeto, suscitam a questão sobre a permanência de sua ligação com o cartesianismo. A ciência contemporânea não baniu o cartesianismo porque o campo da razão não foi abandonado. O estado de inacabamento da nova física não é índice de que ela tenha deixado de "manter uma espécie de dúvida recorrente aberta sobre o passado de conhecimentos certos". O "racionalismo aberto", que caracteriza a nova física, se refere à "conquista da razão nova sobre o irracionalismo" (Bachelard, 1934, p. 141, 148-149).

Se, por um lado, a operação científica realizada pela ciência contemporânea não tem como perspectiva o abandono da razão, por outro, seu progresso altera o sentido da palavra saber porque a mesma operação que gera o saber engendra, necessariamente, desconhecimento. No entanto, é importante ressaltar que esse desconhecimento não se encontra fora do campo da razão. Ele se situa em inclusão externa à própria razão.

O surgimento da mecânica quântica desloca o campo da física das certezas para o das probabilidades e "impõe o fim do objeto galileano e da ambição da física clássica de produzir uma descrição completa da natureza" e dos fenômenos. A ciência contemporânea é um sistema aberto que produz um saber que não se fecha, que não se totaliza. Ela se caracteriza pela imprevisibilidade e pela incerteza como efeitos do aprofundamento do saber e não por sua deficiência (Antunes, 2002, cap. II).

A passagem da ciência moderna à contemporânea requer o destaque da sua principal consequência: a ciência contemporânea radicaliza a autonomia do significante, inaugurada com a ciência moderna, ao produzir, ao criar o objeto como resposta real do dispositivo experimental. Acrescentamos que está em jogo também a radicalização da *separação entre o sujeito*, que usa o simbólico, *e o objeto* produzido por esse uso, o que representa o aprofundamento da noção de *sujeito sem qualidades*.

Com o objetivo de continuar esta pesquisa sobre o conceito de Nome-do-Pai, julgamos importante destacar dois pontos relativos à passagem da ciência moderna à contemporânea: o progresso da noção de sujeito sem qualidades e a alteração do sentido da palavra "saber".

À radicalização da noção de sujeito sem qualidades, Lacan respondeu com a teoria do traço unário. Com ela, provou que a autonomia do simbólico é aquilo com que sonha o cientista, pois não há funcionamento simbólico separado do ato de enunciação executado por um sujeito. A teoria do traço unário traz no seu bojo uma discussão sobre a natureza do eu. Mostra que o sujeito é barrado ($) porque é representado por um significante (S_1) junto a outro (S_2). Se o sujeito só encontra em S_2 uma resposta para o que ele é enquanto S_1, então, é porque algo do que ele é, enquanto eu, cai sob o peso do recalque. Como falta-a-ser, o sujeito é, então, um objeto perdido. Portanto, o traço unário carrega consigo algo do objeto *a*, algo do *ser* do sujeito, perdido quando S_1 se articula com S_2. Isso permite afirmar, com Freud, que há uma clivagem no campo do eu e, com Lacan, que o sujeito nunca será reencontrado no campo do saber (S_2), mas no do objeto (*a*), justo onde se encontra impossibilitado de pensar, uma vez que o trabalho do inconsciente não julga, não calcula, é um "trabalho sem qualidades" (Milner, 1996).

O que se encontrava ausente nessa formulação até o *Seminário 11* era o corpo. Essa ausência fazia com que a falta-a-ser do sujeito só fosse ouvida como efeito da articulação significante. O campo do gozo deve ser conceituado a partir do corpo e da sexuação. Se não há simbólico desencarnado, então, não é possível que exista um sujeito sem qualidades. Mesmo que o objeto seja inventado, inédito, mesmo que ele compareça como significante puro, esse significante traz a marca do que ele foi como objeto-causa em relação ao desejo do criador. Ao traço unário e ao objeto *a*, Lacan acrescentará o conceito de mais-de-gozar, desenvolvido a partir da noção de discurso como um dispositivo que aparelha o sexual pautado nas relações sociais (Coelho dos Santos, 2007). Esse ponto será objeto de maiores considerações um pouco mais adiante.

Sobre a alteração do sentido da palavra "saber", Lyotard (1989) lembra que a ciência, no sentido moderno, "está originalmente em confronto com as narrativas" e que a "pós-modernidade"[13] sofre os efeitos das transformações que afetaram as regras da ciência moderna, da literatura e das artes, a partir do final do século XIX. Essas transformações têm relação com uma crise no campo das narrativas mestras totalizadoras, fato que define o pós-moderno como "incredulidade em relação às metanarrativas". Para esse autor, a pós-modernidade se caracterizaria, então, por narrativas menores e múltiplas que não visam qualquer estabilização ou legitimação universalizante e suscitam a questão: "onde pode residir a legitimidade, acabando as metanarrativas?". Lyotard defende a tese de que o saber muda de estatuto quando as sociedades entram na era pós-industrial e as culturas, na época pós-moderna. O conhecimento passa a ser traduzido em quantidades de informação. Traduzir o conhecimento em números é o mesmo que

[13] Lyotard (1989) usa o termo "pós-modernidade" onde preferimos usar "contemporâneo". Nossa escolha decorre da necessidade de destacar a mudança da estrutura discursiva ocorrida na civilização ocidental, a partir de 1950, com os movimentos sociais, de vocação individualista, que contribuíram para o esvaziamento da função paterna como função de exceção e que permitem falar em avanço do discurso da ciência. Esta pesquisa se integra ao âmbito mais amplo da pesquisa do Núcleo Sephora, para o qual o termo contemporaneidade enfatiza o corte existente entre a hegemonia do complexo de Édipo na constituição do laço social e os laços inéditos, que não se utilizam necessariamente da primazia do registro simbólico, sobre os registros imaginário e real. Tomamos a data de maio de 1968 como a "referência histórica importante para localizar e encarnar uma mudança discursiva. Essa mudança se observa na clínica psicanalítica, pois é nada menos do que os efeitos do declínio da diferença geracional, da diferença sexual, e o crescimento da tendência a uma sociedade de pares". Segundo Coelho dos Santos, a progressiva igualdade entre os gêneros e as gerações expressa a feminização da cultura (Coelho dos Santos, 2004d).

tomar o significante como elemento puro, sem qualidades. Com essa operação, o saber passa por novos canais e se torna operacional (Lyotard, 1989, p. 11-18). Como efeito, o saber se separa do sábio e o antigo princípio, bachelardiano, da indissociabilidade entre a aquisição do saber e a formação do espírito cai em desuso.

Lyotard faz uma correlação entre o modo como o homem se relaciona com o conhecimento, tanto quem o fornece quanto quem o usa, e a forma como produtores e consumidores se relacionam com as mercadorias. Ele afirma que o saber passa a ser produzido para ser vendido e consumido, sendo que o consumo o valoriza como nova produção. Em ambos os casos, ser vendido e ser consumido, está implicado ser trocado. Como efeito, o saber deixa de ser, para si mesmo, a sua própria finalidade. Perde o seu valor de uso e se torna a principal força de produção. Enquanto "mercadoria informacional, indispensável à capacidade produtiva, o saber já é, e será, uma aposta maior, talvez a mais importante, na competição mundial pelo poder" (Lyotard, 1989, p. 20).

Quando se expulsa a autoridade do significante mestre, a consequência é o rebaixamento do valor de uso do saber e sua entrada no mercado das trocas. Se o Outro se torna o campo das verdades pluralizadas, todo discurso é sem consequências e todo saber pode ser colocado no mercado. Como qualquer outra mercadoria, pode ser comprado e vendido sem que precise ser incorporado. Quando o saber devém mercadoria, ele fica separado da verdade. Torna-se um "saber sem qualidades", um enunciado desvinculado de toda enunciação.

O mestre antigo era mestre porque "permanecia fora de toda posição no laço social" (Milner, 1996, p. 102). Seu lugar de exceção fornecia o peso sagrado necessário à constituição do conjunto dos que deveriam se submeter à sua palavra. Convertida em propriedade, essa virtude o positivava enquanto termo e o tornava insubstituível. O mestre moderno, por sua vez, só pode ser chamado de "mestre" porque ocupa uma posição em um discurso. Isso quer dizer que ele é um elemento como outro qualquer. Como à sua tarefa de transmitir um saber não se acoplam mais as características pessoais tomadas como virtudes, ele pode ser substituído por outro muito facilmente. Suas propriedades não têm peso. A lenta absorção da ciência pela universidade mostrou que todo sábio é tão somente um elemento intercambiável, mas na qualidade de um professor e não de um mestre. Para a ciência, os nomes próprios têm *status* precário, "só são admitidos a título de estenogramas das proposições que lhes são atribuídas; não apontam, em nenhum caso, um insubstituível" (Milner, 1996, p. 102). Portanto, enquanto representante de um saber, o professor é um *mestre sem qualidades*.

A esses dois pontos, deve-se acrescentar um terceiro, abordado no *Seminário 16*: a concepção de *mais-valia*, de Marx, à qual Lacan faz equivaler o seu conceito de *mais-de-gozar*. Segundo ele, o ponto de estofo entre um conceito e outro é "o traço de tesoura do discurso" (1968-69, p. 45), o ponto de não fechamento que impulsiona ao trabalho, o vazio cuja potência leva à *introdução de objetos novos na economia das trocas simbólicas*.

Mais-valia é o nome dado por Marx àquilo que forma a base da exploração no sistema capitalista, à diferença entre o valor que o trabalho produz e o salário que o trabalhador recebe pela produção. Enquanto no capitalismo essa diferença é embolsada pelo capitalista sob a forma de lucro, no campo do sujeito, ela é reincluída no sistema como mais-de-gozar, como suplência à inconsistência do Outro, comparecendo como aquilo que, "do discurso não serve à comunicação, nem é útil aos propósitos da vida ou ao bem-estar do indivíduo" (Antunes, 2002, cap. II).

Marx demonstrou que o valor recebido pelo trabalhador não paga a grandeza concreta de quem o realiza (a força ou a habilidade do trabalhador, suas qualidades) porque o progresso de modernização do trabalho garante um padrão uniforme de produtividade física para cada ramo de atividade e para cada tipo de ocupação. Esse padrão iguala, até certo ponto, habilidosos e obtusos. Milner (1996, p. 117) assinala que Marx produz uma teoria sobre "um trabalho indiferenciado", que designamos como "trabalho sem qualidades".

É porque o trabalho é sem qualidades que seu valor é abstrato, é dado pelo mercado, ou seja, pela demanda agregada dos capitalistas. Portanto, a causa do lucro é concreta: o capital como propriedade privada. Uma vez investido, ele funciona tal como o objeto para o fetichista: o sujeito supõe que um objeto possa gerar sua própria remuneração, que o capital possa produzir lucros e/ou juros do mesmo modo que uma árvore frutífera produz seus frutos. A teoria de Marx se preocupa mais com a gênese social do lucro, com o modo como é gerado, do que com o lucro capitalista enquanto tal e o modo como é realizado e dividido. Para Karl Marx, o lucro capitalista não é um mero excedente, mas o próprio excedente enquanto mediado por uma relação social historicamente determinada. A relação social em apreço é o processo de industrialização do trabalho, iniciado no final do século XIX, que deixou fora do circuito o valor de uso do trabalho e o reintroduziu como mais-valia.

Mostrar que o trabalho também pode ser tratado como mercadoria elucida o que é próprio ao homem: o aparelhamento do sexual pelas relações discursivas, ou seja, pelo laço social, e a elevação dos objetos à dimensão do significante. Tomar um objeto é sempre fazer dele alguma outra coisa. Trata-se de renunciar ao seu uso imediato e, por meio do significante, fazê-lo passar à rede das trocas como objeto fálico, objeto que vem no lugar de um vazio. Freud já havia demonstrado, em "O mal-estar na civilização" (1930 [1929]), que a civilização é constituída pelo próprio trabalho civilizatório, portanto, já supõe uma renúncia ao gozo. A novidade que Lacan aporta é a de evidenciar que, enquanto discurso, a psicanálise articula essa renúncia que produz um vazio à causa do funcionamento simbólico. Com isso, faz aparecer o mais-de-gozar que lhe é próprio. Lá onde o gozo falta, o sujeito fabrica um mais-de-gozar. A entrada do trabalho – e, por analogia, a do sujeito, a do saber e a do mestre – no mercado mostra a potência do vazio como causa da produção de objetos novos e de sua inclusão na economia simbólica. É por essa via que Miller (2004) pode afirmar que o objeto *a* ascende ao zênite da civilização.

A subversão em relação ao saber feita pelo progresso da ciência, que o incluiu na rede de trocas, tem o efeito de torná-lo metonímico, deslocável, substituível. A consequência disso sobre o valor da vida e dos corpos é que eles também se tornam deslocáveis, substituíveis, passíveis de entrarem nesse mesmo mercado.

No campo da ciência, sob o ângulo da equivalência entre o saber e a nomeação, o Nome-do-Pai ainda abrigaria, para a psicanálise, a importante função de revelar a relação subversiva de seu discurso em relação ao discurso da ciência? Trata-se de uma questão importante porque, afinal, foi essa estrutura subversiva que sempre manteve a coerência interna entre os conceitos psicanalíticos e também o lugar da psicanálise em inclusão externa à ciência.

Quando o Nome-do-Pai era um significante da tradição, ele portava o peso simbólico necessário para constituir o sujeito como determinado por uma ordem antecedente que o localizava na hierarquia das relações sociais. O modo acelerado como o discurso da ciência se introduz no mundo, pondo todo o saber à prova, produz efeitos de destituição de hierarquias, portanto, de homogeneização. Disso decorre que não há saber que valha mais que outro por seu valor de uso. A crescente posição de igualdade entre os significantes que poderiam servir como norteadores faz com que se tenha a impressão de que eles são intercambiáveis.

Isso torna toda localização subjetiva sempre fluida, questionável. A homogeneização dos saberes é correlata da homogeneização dos homens sob o peso dos ideais modernos da liberdade e da igualdade. Sem a posição de exceção que encarna a coincidência entre o eixo simbólico e o antropológico, o campo do Outro vacila, se mostra inconsistente, a verticalidade das relações imposta pelo pai enquanto metáfora torna-se pouco visível e as referências identificatórias são menos passíveis de sustentar as dessimetrias necessárias à constituição subjetiva normal. "A incompletude do Outro rompe com toda possibilidade de considerar o pai simbólico como um mestre" (Maleval, 2002, p. 93).

Despido o pai dos ideais, como manter, então, o caráter subversivo da função paterna? Onde ancorar a dessimetria? É a isso que responde a separação entre o Édipo e a castração, a localização da castração como estrutural porque situada na própria linguagem, bem como a primazia do complexo de castração sobre o complexo de Édipo. Esses remanejamentos teóricos feitos por Lacan deslocam a função paterna de seu lugar primário para considerá-la uma operação secundária, porém correlata à operação da linguagem.

A noção de estrutura implica o vazio como causa, ou seja, a castração, e a repetição articulada ao gozo com o vazio. Isso é o mesmo que dizer que é impossível ao significante ser sem qualidades. Nesse sentido, a repetição inconsciente não produz apenas gozo perdido, falta de gozo, pois é causa de um gozo recuperado sob a forma de um lucro. Homologado à mais-valia de Marx, o conceito de mais-de-gozar marca o excedente a partir de uma nova perspectiva, porque positiva a diferença que não se inseria no circuito das trocas reintegrando-a como objeto novo a ser consumido. Essa positivação é, segundo Antunes (2002, cap. II), o "próprio princípio da perda". Isto permite afirmar que o objeto perdido e o lucro se situam em inclusão externa.

Lembramos que Lacan formalizou o problema da repetição freudiana como obstáculo à análise a partir da separação entre o significante e o gozo. Essa formalização dava continuidade à separação freudiana entre o desejo e sua satisfação e deixava um problema homogêneo ao de Freud com o rochedo da castração: um resto de gozo irredutível à análise. Disso decorria um impasse clínico relativo ao desejo do analista: promove-se a renúncia ao desejo ou promove-se a transgressão pelo incentivo a não ceder do seu desejo? Com a introdução do fantasma, a partir do *Seminário 11*, essa relação vai sendo alterada. O "gozo todo" é impossível porque só há gozos parciais, em pequenas parcelas, e é isso o que a operação paterna passa a incluir. A partir do *Seminário 16*, o objeto *a* não tem mais a natureza de uma extração corporal, que apenas implica uma perda. Ele é uma consistência lógica relativa à inconsistência do Outro, vez que o campo do Outro não possibilita mais a inteira consistência do discurso (Lacan, 1968-69). O mais-de-gozar é o conceito que caracteriza o que é próprio à atividade discursiva: a produção de objetos novos.

Neste momento de seu ensino, além de recorrer a Marx para afinar a relação do significante com o gozo, Lacan também se serve da lógica matemática, através da série de Fibonacci. Na matemática, os Números de Fibonacci são uma sequência definida por uma fórmula. Sua formação começa com 0 e 1. A produção do próximo número é o resultado da soma dos dois anteriores. Os primeiros números de Fibonacci para $n = 0, 1,...$ são: 0, 1, 1, 2, 3, 5, 8, 13, 21, 34, 55, 89, 144, 233, 377, 610, 987, 1597... A taxa de crescimento destes números tende à Proporção Áurea[14], denominada φ.

---

[14] Chama-se Proporção Áurea, Número de Ouro ou Número Áureo a uma constante real algébrica irracional, que também é conhecida como razão áurea, razão de outro, divina proporção, etc. O Número de Ouro tem relação com a natureza da ordem do crescimento proporcional das coisas (por exemplo, das conchas), dos seres humanos (por exemplo, o tamanho dos ossos dos dedos), etc. Justamente por isso, torna-se tão frequente, razão pela qual o Número de Ouro obteve um estatuto de ser "quase mágico", tendo sido objeto de pesquisadores, artistas e escritores. O que o torna fascinante é o fato de ser encontrado através de um desenvolvimento matemático.

A propriedade singular dessa série de fazer seu sucessor a partir de uma lei de formação que tende sempre a um mesmo limite – o número φ – permite a Lacan definir o objeto *a* de um modo lógico: 1/-j, uma consistência (lógica) sobre um menos de gozo. Deste modo, torna-se possível criar séries a partir desse "-j" e seus múltiplos. Essa relação permite que o objeto *a* passe "a ser calculável de lugar em lugar", adquirindo um valor repetitivo que se aproxima de um limite.

Assim, a natureza do objeto *a*, sua heterogeneidade em relação ao significante, é eliminada. Ele se torna um elemento calculável (Miller, 2005-06b), o que não é sem consequências sobre a direção do tratamento analítico porque localiza o real em jogo e retira de cena toda a abordagem do gozo como comportando uma possibilidade de transgressão. Isto permite que a análise mostre que "não se transgride nada". O esforço de recuperação do gozo perdido empreendido pelo aparelho psíquico não é uma transgressão, do mesmo modo que "ver uma porta entreaberta não é transpô-la". Lacan sugere que, no lugar de transgressão, devemos pensar em "irrupção, na queda no campo de algo que é da ordem do gozo, um bônus" (Lacan, 1969-70, p. 17)

O gozo não está mais fora do sistema; participa dele porque o significante é causa do gozo. Entrar na linguagem supõe uma perda e também o retorno desta perda como mais-de-gozar. O mais-de-gozar e o objeto perdido estão situados em inclusão externa, sendo o primeiro o retorno do segundo sob novos custos.

Com a série de Fibonacci, Lacan visa "indicar um fenômeno de repetição no qual há um repetido no primeiro nível, uma sequência de números obedecendo a uma regra de formação, e se formando sob a repetição de um elemento diferente que vai na direção de um limite" (Miller, 2005-06b, p. 33). O efeito será uma mudança conceitual: a repetição não visa o encontro com o objeto perdido, mas o desperdício porque é gozo com a falta desse objeto. Portanto, a repetição é repetição de gozo e o mais-de-gozar é o lucro, o bônus que se obtém quando se goza com a falta. Eis como Lacan faz uso da série de Fibonacci, no *Seminário 17*, para mostrar que o ser se afirma inicialmente pela marca do 1 e tudo o que vem logo a seguir é sonho (*Mehrlust*).

$$\cfrac{1}{1+\cfrac{1}{1+\cfrac{1}{1+1}}} = \gamma \qquad\qquad \cfrac{1}{a+\cfrac{1}{a+1}} = a$$

(Lacan, 1969-70, p. 148, 149).

No trajeto da formalização do objeto *a* como consistência lógica, Lacan utiliza, ainda, a teoria dos conjuntos. Através dela, torna o objeto *a* equivalente ao conjunto vazio (Ø). A busca por esta equivalência se deve ao fato de que o conjunto vazio "é um valor que surge de todo significante inserido num conjunto". O conjunto vazio é inerente a todo conjunto. Ele não é um elemento do conjunto, mas um subconjunto (Miller, 2005-06b). Portanto, desde que haja conjunto, qualquer que seja ele, há sempre conjunto vazio.

A lógica matemática permite a Lacan situar o pai sob a forma de um número que é encontrado como o princípio regulador de toda cadeia que tenha o vazio como ponto de partida. O conjunto vazio revela a constituição do Um pelo lugar de uma falta. Portanto, o unário, ou o Um contável, opera com o zero. Isso quer dizer que o princípio de ordenação da cadeia é o próprio corte. O real é ordenado pelo recorte simbólico. O Um que pode ser contabilizado implica a pura diferença porque é nela que ele se funda. Isso permite situar o Um unificador como uma ficção cujo ideal é o de constituir uma comunidade que totaliza e apaga as diferenças (Maleval, 2002). É nessa via que o discurso da ciência aposta cada vez mais. Aliada à técnica, a ciência contemporânea faz do Um unificador a porta de entrada para os sistemas de avaliação. Só que "a avaliação não é uma ciência, mas uma arte de gerenciamento. Com o pretexto de que há medida, mede-se, escalona-se, conta-se, compara-se, etc., imagina-se que é científico" (Miller e Milner, 2006, p. 16).

É correto afirmar que a perda do objeto (voz de Deus) é também o vazio, a representação da falta em gozar, a diferença pura que permite equacionar o significante ao número e passar à contabilidade. Mas essa perda, ou esse vazio, se organiza como saber definido como "gozo escandido pelo significante" (Coelho dos Santos, 2001, p. 240). Isso implica que alguém segura a tesoura que faz o corte. Portanto, há uma singularidade em jogo, um excesso que resiste a qualquer contrato ou gerenciamento.

A chave de tudo o que Lacan apresenta no *Seminário 16* é a apreensão do objeto *a* como pura função lógica, consistência que responde à inconsistência do Outro. Aquilo que comparece como resto da operação significante está, na verdade, articulado à atividade do sistema simbólico. O Um se relaciona, necessariamente, com a perda. Todo Um é sempre 1 + *a*, traço unário + efeito da perda estrutural. Todo conjunto de um elemento {1} se faz acompanhar de um conjunto vazio {1, ∅}. Lacan faz uma reflexão sobre a perda como efeito do discurso (*a*) e o Nome-do-Pai como traço unário. O objeto *a* é o nome da perda correspondente à inscrição do traço unário (Miller, 2005-06b).

Trata-se de demonstrar que à radicalização da autonomia do significante corresponde necessariamente a produção de um mais-de-gozar. O mais-de-gozar enforma, transforma em ganho o que se produz como perda no interior do sistema simbólico. Isso permite a Lacan deslocar o gozo para o campo do inconsciente e situar a castração como estrutural e não mais como resultado da operação paterna. "A castração é função essencialmente simbólica, ou seja, concebida exclusivamente na articulação significante" (Lacan, 1969-70, p. 117).

A separação entre o significante e o gozo encontra seu termo porque o significante passa a regular o gozo por meio de um aparelho, o discurso. Essa regulação define o discurso como uma interpretação do real, uma submissão do real à lei do significante unário (e não "unificador"). No *Seminário 17*, Lacan isolou a existência de quatro discursos – do mestre, da histérica, do universitário e do psicanalista. Esses discursos são caracterizados por uma sucessão e uma combinatória de letras que inclui sempre uma impossibilidade interna. Ao incidirem sobre o corpo, os significantes engendram um saber acerca da verdade que o causa: a ausência de relação prévia entre os significantes. É desse modo que a hiância estrutural ressurge como mais-de-gozar.

Coelho dos Santos (2001, p. 231) define o discurso como "uma forma de vincular o sujeito e suas pulsões, sempre parciais, com o Outro". Essa definição está estreitamente ligada à tese freudiana (1921), que articula a psicologia do sujeito à psicologia do grupo, e à defendida por Miller quando separa sujeito e indivíduo porque o primeiro é inseparável da civilização (Miller e Milner, 2006, p. 30).

Para elaborar os quatro discursos, Lacan parte do discurso do mestre. Todos os outros discursos são formados a partir desse, quando os elementos giram na proporção de ¼ de volta. No discurso do mestre moderno, um sujeito (S_1) se localiza em uma posição exterior ao campo do Outro, campo do saber (S_2), caracterizado pela inconsistência. Para que se encadeie como um enunciado, o significante S_1 deve intervir sobre uma bateria de significantes (S_2) que, justamente por serem prévios e se organizarem como saber, não constituem a bateria dispersamente. Ao intervir sobre S_2, S_1 passa a representar o sujeito como mortificado ($\$$) (Lacan, 1969-70). O nome próprio comanda o processo identificatório a partir do lugar de agente do discurso e se torna, então, "o significante em nome de quem eu falo [...], o índice da dívida [do sujeito] com o fundador" (Coelho dos Santos, 2004b, p. 7).

Enquanto marca, S_1 "não é da mesma ordem daquilo que o sujeito faz entrar [no jogo] em virtude do estatuto do saber" (Lacan, 1969-70, p. 11-12). Quando S_1 intervém sobre S_2, ele produz um sujeito dividido ($\$$) e um resto, que se perde nessa operação (*a*). O discurso do mestre grafa simultaneamente o que se perde com a mortificação do sujeito quando o significante mestre incide sobre a bateria de significantes e o que se consegue recuperar como mais-de-gozar.

$$\frac{S_1}{\$} \rightarrow \frac{S_2}{a} \quad \text{($\$ \diamond a$)}$$

Nossas perguntas se renovam:

- Essa teorização abrange a sexuação masculina e feminina? Se Freud afirmou que as mulheres não desenvolvem o supereu herdeiro do Édipo, como conceituá-las enquanto sujeito dividido desejo de *a* ($\$ \diamond a$)?
- Se a castração é primordialmente simbólica, se ela está na linguagem, se é uma "operação real introduzida pela incidência do significante [...] na relação do sexo" (Lacan, 1969-70, p. 121), qual é, então, a *função* do pai? Para que ele serve agora?

Retomaremos o primeiro ponto sempre de modo tangencial ao longo deste trabalho. No que se refere ao segundo, o pai não pode servir para outra coisa senão para dar provas da castração à qual também ele está submetido. A verdade mascarada pelo mito do assassinato do pai em Freud, que comparecia como impasse para o sujeito sob a forma do gozo impossível de ser alcançado, era a castração do pai. É porque o pai é castrado que ele sabe a que objeto *a* o seu desejo se refere: uma mulher. O objeto *a* substitui a mulher que o homem deseja (Lacan, 1969-70). O Nome-do-Pai implica um recorte simbólico que dá um sentido sexual ao real em jogo.

A passagem dos mitos freudianos sobre o pai à estrutura da linguagem descortina que o operador estrutural da constituição subjetiva é a castração, e não o Édipo. Portanto, a castração não é uma fantasia e o pai só opera secundariamente, como metáfora (Lacan, 1969-70). Sob o modo da nomeação, ele oferece um sentido sexual à castração estrutural experimentada pela via da linguagem. Desse modo, reitera a estrutura homogênea da linguagem e a da sexualidade. Não há acesso à posição sexuada senão pela via do significante em sua função de nomeação, de extração de mais-de-gozar a partir de uma perda inevitável. Não há sexuação fora da linguagem.

O verdadeiro trauma que a sexualidade impõe ao humano é a submissão do desejo a um objeto caracterizado por uma escolha contingente, que é sempre incompreensível. Não há pai senão enquanto função simbólica secundária, função que, assim como a da linguagem, também se escreve pelo testemunho da sua fraqueza diante do objeto causa de seu desejo (*a*). A função paterna é efeito – e não causa – da castração instaurada pela linguagem.

A distinção entre a castração estrutural e seu comparecimento fantasmático como interdição efetuada pelo pai permite a Lacan formalizar o Nome-do-Pai de um modo novo sem que se perca sua eficácia simbólica. O progresso da função de nomeação ligada ao Nome-do-Pai evoluirá em direção à localização da eficácia da nomeação na palavra do pai, no fato de que "alguém se levanta para responder" (Porge, 1998, p. 147). Ele apontará cada vez mais para o fato de que para além do pai encontramos um homem e que, para além do sujeito, encontramos o ser falante, sexuado como homem ou mulher.

Reintroduzir o Nome-do-Pai na consideração científica

Desde o advento da ciência moderna, uma só questão se torna central para pensar o campo do saber bem como o do sujeito que o engendra: "Deus existe?". Querer saber se Deus existe corresponde a buscar a garantia de que uma determinada formalização lógica se sustente como verdade. A "exclusão de Deus" do mundo, derivada do gesto cartesiano, é sinônima de inconsistência no campo do saber tomado como verdade porque, no limite, não há mais nada de que não se possa duvidar. Como Descartes não é um cético, é diante do problema da inconsistência do saber que ele recupera a existência de Deus. Não podendo mais ser procurado no mundo, o Deus de Descartes e dos filósofos, está referido às ideias claras e racionais – "a consciência de si implica a consciência de Deus" (Koyré, 1986, p. 87). Se, por um lado, a ciência é dependente da expulsão de Deus, por outro, Descartes demonstrou que não é possível fazer ciência sem "crer em Deus".

Isso que parece se constituir como paradoxo – duvidar de todo saber antigo, garantido pela ordem divina e, em seguida, recuperar Deus como garantia da existência enquanto decorrência do pensamento – só pôde ter sua estrutura demonstrada em 1930, por Gödel[15], através de dois teoremas que visavam esclarecer a incompletude no campo das matemáticas, campo desde sempre suposto como completo por ser o mais despido da possibilidade de erros subjetivos. Gödel provou que, em um sistema lógico formal, existem assertivas verdadeiras que *não podem ser comprovadas*. Os teoremas que

[15] Kurt Gödel (1906-1978), matemático austríaco, naturalizado americano. Seu trabalho mais famoso foi o Teorema da Incompletude, no qual afirma que qualquer sistema que seja axiomático o suficiente para incluir a aritmética dos números inteiros não pode ser simultaneamente completo e consistente. Portanto, a todo sistema autoconsistente corresponderão proposições impossíveis de serem comprovadas ou mesmo negadas pelo próprio sistema axiomático. Um sistema completo não pode validar a si mesmo. É um sistema inconsistente.

provam que há indecidíveis no interior dos sistemas formais são os seguintes:

- Em qualquer formalização consistente das matemáticas que seja bastante forte para definir o conceito de *números naturais*, se pode construir uma afirmação que não pode ser demonstrada nem pode ser refutada *dentro* desse sistema.
- Nenhum sistema consistente pode ser usado para demonstrar a *si próprio*.

Gödel mostrou ainda que, mesmo na matemática, os paradoxos são inevitáveis e que a manutenção da consistência de um sistema depende do reconhecimento das suas limitações internas para julgar falsas ou verdadeiras as afirmações veiculadas nos paradoxos. É esse reconhecimento que torna os paradoxos indecidíveis e também os responsabiliza pela consistência do sistema. "O preço da consistência é a existência de indecidíveis. A afirmação indecidível no sistema matemático não pode ser avaliada como falsa ou verdadeira dentro do próprio sistema, mas só por um agente exterior" (Kubrusly, s/d). Isso quer dizer que a formação de um conjunto, ou de um campo de saber, deixa fora aquilo que o reúne em um todo.

Nesse sentido, a recuperação de Deus por Descartes implicou o reconhecimento de que a garantia da existência pelo pensamento não pode ser dada por si só. Excluído do sistema de pensamento, Deus é o indecidível, o elemento externo indispensável do ponto de vista lógico, que torna consistente o *cogito* cartesiano. Esta é a razão que permite afirmar que Descartes testemunha a impossibilidade de se fazer ciência sem "crer em Deus", ou seja, sem a localização de um ponto em lugar de exceção ao saber que constitui. Trata-se de "um tipo de escolha forçada", estruturada tal como a que Lacan demonstra em seus esquemas da alienação e da separação. O sujeito da ciência entra no jogo fazendo uma aposta em Deus como garantia do pensamento e isso só pode ser feito porque a perda de Deus já ocorreu (Miller, 2005-06a).

O advento da ciência moderna foi sustentado, a princípio, pela produção de leis fortes que pareciam unificar o novo campo do saber, fundado pela destruição do cosmo fechado e pela abertura do universo do saber a uma infinidade de discursos. No entanto, justamente porque revelou o funcionamento automático da máquina simbólica, o sistema de pensamento moderno não podia mais ser completamente unificado. Para demonstrar isso, Lacan (1998, p. 879) grafou entre aspas a segunda cláusula do *cogito* cartesiano – *Penso: "logo existo"*. Com a perda de Deus como razão de todos os sentidos da vida, a certeza da existência e a garantia da felicidade ficam sempre suspensas à questão: "quem garante?".

A pergunta "Deus existe?" tem seu peso porque repousa sobre uma estrutura mais fundamental, concernente ao estatuto do saber e que só pode ser suportada como fato de experiência quando articulada ao significante do seguinte modo: "o saber se sabe a si mesmo, ou, de sua estrutura, ele é hiante?" (Lacan, 1968-69, p. 60). Com essa questão, Lacan assinala que o Outro em questão na modernidade torna-se, de saída, um campo próprio à deriva, à permanente experiência da falta-a-ser e, por conseguinte, à incitação a saber cada vez mais. Do ponto de vista estrutural da linguagem, o destino do sujeito deveria ser a própria errância porque ele se enraíza naquilo que S_1 *representa para* S_2. Dizendo de outro modo, ao partir de S_1, é só em S_2 que o sujeito encontraria consequências. No entanto, ao responder a S_1, S_2 deixa cair algo do sujeito sob o peso do recalque. Nesse deslocamento, o sujeito só percebe algo de si sob a forma de outro significante, que lhe diz apenas *o que ele terá sido frente ao que está em vias de advir.*

Se o destino do sujeito seria a errância, por que não é isso que acontece? Por que o sujeito não se mantém sem qualidades? A resposta é simples. Isso depende do fato de que, encarnado, o significante não é puro. O significante que representa o sujeito recupera como mais-de-gozar a perda relativa à sua conexão com S_2. Portanto, o sujeito daí derivado não é sem qualidades.

O discurso da psicanálise funciona na contramão da redução feita pelo discurso lógico da ciência para centrar-se naquilo que falha e, em seguida, formalizar a natureza dessa falha. A falha está estruturalmente implicada na própria função do significante. Por isso, toda intenção de significação tem como destino o relançamento da falta-a-ser, o encontro do sujeito com a inexistência de uma materialidade que possa dar consistência à sua condição de sujeito.

Quando, no primeiro ensino, Lacan recorreu à definição de Outro como tesouro dos significantes, ele pode ter dado a impressão de que o sujeito da psicanálise, transindividual, estaria condenado à mesma errância do sujeito sem qualidades. O mesmo poderia ser dito de Freud em relação ao trabalho do processo primário. Mas, o Édipo freudiano, e sua formalização pelo conceito lacaniano de Nome-do-Pai como um significante da tradição que localiza o sujeito em seu lugar na civilização, colocou em relevo o campo identificatório referido aos ideais da cultura, dos quais o pai era o representante. Enquanto Outro do Outro, ou seja, a partir de um lugar correlato ao lugar de Deus, o Nome-do-Pai interditava a relação primária entre o sujeito e o objeto. Além disso, garantia a consistência da inserção do sujeito na cultura e na partilha dos sexos identificando-o a uma significação fálica.

A operação metafórica efetuada pelo pai permitia, então, retomar o aspecto sacro que mantinha a relação do sujeito com a enunciação e garantia a impossibilidade da obtenção de um sujeito sem qualidades porque o definia como desejo de exceção (é preciso lembrar que o aspecto sacro havia sido recalcado pela ciência quando questionou todo o saber advindo da tradição). Enquanto representante da lei situada no Outro como lugar de uma alteridade absoluta em relação ao sujeito, a enunciação proveniente do Nome-do-Pai conferia consistência ao ser do sujeito. Com isso, o campo do saber manteve-se, até certo ponto, dependente da transmissão e, consequentemente, dava lugar à dívida simbólica. Nesse sentido, Deus, sob a forma do Nome-do-Pai, era o nome do sujeito suposto saber a razão e a ordem dos corpos e das coisas.

No entanto, o lugar do pai na modernidade é, desde o início, um lugar condenado ao declínio em função da impossibilidade de que alguém represente Deus a contento. Quanto mais a ciência se imiscui no mundo, quanto mais mostra seus efeitos, progressivamente associados ao incremento do capitalismo, mais desvela a precariedade dessa função porque S_2 é, cada vez mais, um saber opaco em relação à verdade como causa. Se, na cadeia significante, o sujeito só pode comparecer como recalcado, descompassado em relação ao que diz, onde e como ele pode surgir enquanto retorno do recalcado?

A resposta freudiana está vinculada à moral que respondeu à fratura ocorrida no plano identificatório. O advento da ciência moderna rompeu com o equilíbrio antigo e deu lugar a uma ética. A ética moderna é a da renúncia aos prazeres imediatos. Ela teria como efeito a promessa de outro tipo de gozo, a produção de sujeitos em busca de outro tipo de felicidade. Mas o mal-estar na civilização decorre de que no mundo moderno nada foi organizado para tornar a felicidade possível – "[...] a intenção de que o homem seja feliz não se acha incluída no plano da 'Criação'" (Freud, 1930 [1929], p. 95). Disso decorre um paradoxo: quem avança na direção do gozo encontra o limite da incompatibilidade do gozo com a manutenção da vida, e quem renuncia padece da exigência de que haja ainda mais renúncia.

A pulsão de morte introduz o supereu como um paradoxo, indicando que o gozo impossível tem como efeito o incremento do cálculo. Só que nenhum cálculo fornece como resultado um saber acerca do que é preciso ser para ser feliz na civilização. "A felicidade, a menos que seja definida de modo bastante triste, ou seja ser como todo mundo [...], a felicidade [...] ninguém sabe o que é [...]". Ela se tornou um assunto de política, entrou para o mundo do cálculo (Lacan, 1969-70, p. 69).

Houve uma mudança no estatuto do gozo como efeito da passagem do mundo antigo ao moderno. À renúncia ao gozo corresponde um sujeito dividido pelo significante. Esse sujeito encontra o que serve de complemento à sua castração de dois modos: no nível do próprio significante, através do ideal do eu, e por meio da recuperação do pedaço do corpo afetado pelo significante, via objeto *a*. O Nome-do-Pai é idêntico aos conceitos de identificação (S) e fantasma (*a*). Trazer à tona o plano identificatório tinha, então, o efeito de liberar o sujeito das amarras da exigência de renúncia desmedida. Os instrumentos teóricos freudianos (complexo de Édipo e complexo de castração) e sua formalização por Lacan (Nome-do-Pai) deram lugar a uma prática interpretativa que exibe o avesso da exigência de renúncia da civilização moderna: o desejo de exceção. As respostas de Freud e Lacan se coordenam à superposição da figura do pai aos modelos de autoridade simbólica presentes na cultura. São resíduos da ordem antiga, as medidas que restaram do mundo antigo no mundo moderno. Entretanto, se o simbólico declina, a autoridade do pai como significante identificatório sofre o mesmo destino.

O progresso da ciência incita ao gozo e não mais à renúncia. O supereu oriundo da intervenção paterna, parceiro que regula a atividade pulsional além do princípio do prazer, dá lugar pouco a pouco a outro imperativo, que passa ao largo do ideal da renúncia. Esse supereu incita ao gozo. Ele toca o corpo libidinal que não se separa do corpo revestido pelas identificações, toca o corpo que as excede. Como manter o lugar subversivo da interpretação psicanalítica se "a nossa civilização tende a fazer coincidir o ideal e o objeto da satisfação"? (Coelho dos Santos, 2001, p. 326).

No segundo ensino, Lacan desloca paulatinamente a operação paterna da função de identificação simbólica com o ideal em direção à função de localização, cada vez maior, do corpo como sexuado, do gozo enquanto ligado ao modo como a pulsão se articula à linguagem. Isso não seria possível sem uma mudança no estatuto do Outro que, como mostramos, passa a ser definido como campo onde o vivo do sujeito é chamado à subjetividade. Disso decorre que a função paterna passa também à tarefa de despertar e dar consistência ao corpo mortificado pela alienação ao significante unário. Se a reprodução sexuada exige uma "libra de carne", a função paterna transmite a castração como um saber sobre a causa sexual. Para que um homem transmita a seu filho um saber sobre o corpo como sexuado, e não apenas a identificação a um ideal, ele precisa ter alguma relação com o que causa o seu desejo.

O Nome-do-Pai restitui ao sujeito a tragédia própria à existência humana: o fato de que todo sujeito tem um corpo destinado à morte e um sexo que escreve no corpo esse destino. Lacan recortou a herança teórica legada por Freud – a exigência pulsional desmedida – formalizando-a pelas relações do significante com o gozo. O impasse freudiano ao tratamento analítico é a pulsão como exigência de trabalho, a satisfação pulsional que excede o princípio do prazer. O campo do gozo é o campo do impasse. Mas a visada freudiana relativa ao término das análises não avançou para além do rochedo da castração. Limitado pelos mitos paternos, ele circunscreveu apenas os diferentes impasses dos sujeitos masculino e feminino com o falo.

Na formalização dos mitos freudianos, através do estruturalismo antropológico e linguístico, a relação do significante com o gozo produziu dois efeitos: 1) a separação entre o campo do Outro (A) – campo do supereu herdeiro do complexo de Édipo – e o do gozo (*a*); 2) a suposição de que, no plano identificatório, homem e mulher jogavam o mesmo jogo, ou melhor, não passavam de significantes organizados por oposição. Esse ponto não sofreu modificações quando Lacan teorizou a fórmula da fantasia.

A topologia do Outro consistente (A) permitiu reduzir o sujeito a uma articulação significante (S_1-S_2). Mas o que parecia uma redução do sujeito a um par significante produzia um resto absoluto localizado, no *Seminário 7*, como fora do sistema. A linguística desvelou o Outro como campo propício à deriva porque, diante de uma articulação significante qualquer, é sempre possível perguntar "mas o que isso quer dizer?". A essa infinitização o Nome-do-Pai respondeu primeiramente com uma metáfora fálica e, logo depois, com o traço unário. Mas foi a conceituação do objeto *a* que permitiu localizar o Outro como lugar do obstáculo. O Outro não pode ser um conjunto de significantes porque é impossível reunir todos os significantes em um mesmo conjunto.

Lacan recorre à teoria dos conjuntos para demonstrar que "a classe de todos os catálogos que não contêm a si mesmos não poderia ser situada de maneira alguma sob a forma de um conjunto, pela boa razão de que ela não poderia de modo algum figurar nos elementos já inscritos nesse conjunto. Ela é distinta". Lacan afirma que "não há nenhum modo de inscrever em um conjunto o que vocês poderiam extrair designando-o como conjunto dos elementos que não contêm a si mesmos" (Lacan, 1968-69, p. 60).

O S_1 não requer mais um ideal separado do objeto *a* como seu complemento, mas apenas um outro significante (S_2). O passo que Lacan dá entre o texto "A ciência e a verdade" e o *Seminário 16* é o de deslocar a ênfase na divisão do sujeito em prol de privilegiar a manifestação do gozo em sua função estrutural como mais-de-gozar (Miller, 2005-06a). Isso permite dizer que o que é da ordem do saber não se funda no Um marcado pela identificação primária ao ideal do eu, na divisão do sujeito, mas no discurso do mestre. O S_1 é histórico e relativo a um S_2. Por isso, ele é, ao mesmo tempo, fundador e multiplicador. Se o saber não pode mais conter a si mesmo, então, o Outro é inconsistente. Ele é apenas um campo lógico. O Outro não é um campo fechado tanto quanto o universo da ciência não é finito.

Como consequência, o sujeito não pode ser senão o efeito de uma conexão significante que o priva de um saber fechado sobre si mesmo. O conjunto de significantes do sujeito não contém o próprio sujeito, não é um conjunto fechado. O que, então, o sujeito encontra no campo do Outro? Apenas sua topologia subversiva em relação à topologia do sujeito da ciência. Só há sujeito como efeito de um dizer, de um recorte simbólico. Ele é sempre inédito. Seu estatuto é o de ser uma interpretação. Isso quer dizer que o sujeito depende de outrem, uma vez que não tem nenhuma relação direta com a verdade, pois o real é impossível.

O que o Nome-do-Pai introduz pela vertente da nomeação é que não há saber e tampouco sujeito fora do *dizer de alguém*. Portanto, enquanto algo que nomeia, o significante não pode se escrever no campo do Outro porque a nomeação padece do gozo de um sujeito na sua relação particular com um objeto causa. A nomeação não é um S_1 puro, mas um S_1 ao qual se agrega um mais-de-gozar. Então, o sujeito é $1+a$ e não um sujeito sem qualidades, um homem universal, reduzido à qualidade zero e, por isso mesmo, capaz de fazer parte das estatísticas e das avaliações de massa. Quando a nomeação entra no jogo, ela produz o Um ($1+a$), e não o zero.

Freud inseriu a realidade psíquica no campo da ciência e, com isso, criou um saber novo. Disso decorreu a tese apresentada no primeiro capítulo de que a psicanálise freudiana nasceu do movimento de expansão da razão científica sobre o domínio da subjetividade uma vez que, estruturalmente, todos os homens são devotados à ilusão. Lacan formalizou a realidade psíquica via Nome-do-Pai. Esse conceito surgiu bastante alinhado à proposta iluminista de despir o campo do saber das concepções imaginárias, ilusórias, deixadas na psicanálise pelos mitos freudianos. Mas esse alinhamento nunca foi sinônimo de tornar a psicanálise cúmplice do ideal da ciência de reduzir toda forma de autoridade ao semblante e produzir um sujeito sem qualidades. Pelo contrário, é nesse mesmo ponto que a psicanálise visa retificar a ciência.

Lacan retomou a via freudiana resgatando o valor da razão científica e a potência da interpretação para mostrar que a via da razão não se opõe à da interpretação desde que a razão se oriente pela castração. A castração é, então, a redução de todas as medidas. Ela é a medida mínima, a regulação da qual não se pode abrir mão. A nomeação não é um semblante porque inclui o gozo relativo ao recorte do simbólico feito por *um* sujeito, inclui a castração. É por essa razão que, ao nos referirmos à Teoria da gravidade, acrescentamos o complemento "*de* Newton". Do mesmo modo, a Relatividade *de* Einstein, a Teoria quântica *de* Bohr, os Buracos Negros *de* Hawking, etc. Trata-se da marca da perda que, enquanto causa, sustenta a relação de um sujeito com o ideal. É como reintrodução da causa que compreendemos a *re*introdução do Nome-do-Pai na consideração científica e como tarefa da psicanálise, no segundo ensino de Lacan.

E o que foi feito de Deus?

Por fim, as últimas questões desse capítulo: o conceito de Nome-do-Pai ainda equivale à definição freudiana do pai situado estruturalmente para o sujeito como inesquecível? O pai é ainda o testemunho da aspiração humana relativa a Deus em consequência do desamparo? Se a resposta é afirmativa, onde localizar Deus?

Essas questões retomam o debate entre a psicanálise e a ciência, iniciado por Freud. O ponto de partida é o corte entre os mundos antigo e moderno. No primeiro capítulo foi mostrada a equivalência estrutural entre a falta constituída pela dúvida metódica cartesiana no campo do saber e a *Spaltung* do sujeito freudiano. Trata-se, em ambos os casos, da perda de uma parte da realidade que impede o acesso a um saber absoluto. A ciência tratou dessa perda constituindo o sujeito sem qualidades, ao passo que Freud provou que o estado de desamparo humano é substituído pela crença em Deus através da figura paterna. Deus se torna inconsciente. O supereu é inerradicável.

Lacan formalizou esse debate pela adesão da psicanálise ao estruturalismo de Lévi-Strauss[16] e ao de Saussure[17]; conceituou o Nome-do-Pai como o operador da constituição subjetiva que interdita a mãe do uso do seu filho como falo e faz o sujeito aparecer como significação fálica. Trata-se da substituição

---

[16] O texto "Mito individual do neurótico" (1953) é a principal referência.

[17] As principais referências são os textos "Função e campo da fala e da linguagem em psicanálise" (1953), "A instância da letra no inconsciente ou a razão desde Freud" (1957), ambos publicados em *Escritos* (1998), além dos seminários que compõem todo o primeiro ensino de Lacan.

do valor de uso da criança pela mãe por seu valor fálico. É o que permite que a vida do sujeito entre na rede simbólica das trocas.

No *Seminário 16*, esse debate é renovado. A dependência da psicanálise em relação à ciência é aprofundada pela inclusão do discurso da matemática – seu poder lógico é muito maior que o da linguística – e também pela vinculação do objeto *a* à mais-valia, de Marx, o que permitiu o enlace do campo do gozo aos modos de produção capitalista. A precisão das matemáticas e a relação entre sujeito, gozo e civilização capitalista endossam e tornam ainda mais densa a dependência da psicanálise em relação ao discurso da ciência. De que modo?

O advento da ciência moderna torna ainda mais constante a interrogação sobre a existência de Deus. Ele existe ou não? No final dos anos sessenta, Lacan (1968-69) retoma essa questão e a renova a partir do uso particular da aposta de Pascal[18]. Essa famosa "aposta" parte do seguinte ponto. Diante da impossibilidade de saber se Deus existe ou não, a questão é: "qual das alternativas devemos escolher? A razão não pode determinar nada: existe um infinito caos a nos dividir. No ponto extremo dessa distância infinita, uma moeda está sendo girada e terminará por cair como cara ou coroa. Em que você aposta?"[19].

Muito mais do que argumentar sobre a existência de Deus, Pascal põe em relevo o ato da aposta. No mundo moderno não há como entrar na vida sem fazer uma aposta. É só como consequência dessa aposta que a vida entra no campo

---

[18] Trata-se de Blaise Pascal (1623-1662), filósofo, físico e matemático francês.

[19] Pascal, B. *Pensamentos, 1844 (ed. póstuma). Disponível na internet em:* <http://www.geocities.com/Athens/4539/pascal_aposta.htm>. Acesso em 16/06/2007.

do discurso, que é um campo de cálculo sobre o que poderá tornar a vida mais feliz. Os termos da aposta são mais ou menos os seguintes:

- Acreditar em Deus e nas Escrituras e acertar = benefício da ida ao paraíso.
- Acreditar em Deus e nas Escrituras e errar = não perder nada.
- Não acreditar em Deus e nas Escrituras e acertar = não perder nada.
- Não acreditar em Deus e nas Escrituras e errar = ir para o fogo eterno.

Para Lacan, a ambiguidade na qual o mundo ocidental mergulhou não se refere à dicotomia entre a existência ou a inexistência de Deus. Essa dicotomia esconde a verdadeira natureza do problema legado pelo advento da ciência e que Pascal revela em sua aposta. "O que está verdadeiramente em jogo na aposta de Pascal é outra questão". O fato de que o eu resulta sempre de uma concatenação significante, impõe uma importante pergunta: "o *Eu* existe ou não?" (Lacan, 1968-69, p. 119).

Segundo Freud (1908), do ponto de vista da sexualidade, o advento do mundo moderno se caracteriza pela passagem de uma moral sexual natural a outra, civilizada. O mundo antigo não dava lugar a especulações sobre a *vida* e a *felicidade* porque ambas eram reguladas por uma ordem natural, uma sabedoria resultante da aliança do sujeito e do mestre antigo com o prazer, que não exigia do sujeito mais do que o necessário para sobreviver. No mundo antigo fazia-se *de tudo um pouco* (Miller, 2005-06a).

A ciência moderna excluiu Deus, significante ao redor do qual giravam todos os sentidos da vida. A impossibilidade de saber *o que Deus é* ou *se é* reduz sua existência a uma aposta individual, por isso mesmo, trágica. Apostar ou não na existência de Deus é uma escolha forçada, o verdadeiro momento de desamparo. Aqui o sujeito em vias de advir está efetivamente só. No sentido específico do estado de desamparo, é possível fazer uma correspondência estrutural entre:

- o corte existente entre o mundo antigo e o moderno,
- a abertura do Cosmo fechado ao universo infinito,
- a perda de Deus como garantia de todo o saber e toda razão de existência,
- a perda de todo o sentido prazeroso da vida,
- a perda da realidade (*Spaltung*) constitutiva da subjetividade como tal e
- o encontro do sujeito com o desejo do Outro, no qual Lacan situa a questão da Graça, de um "Que seja feita a Tua Vontade", latente em toda figuração ingênua da relação do sujeito com a demanda[20, 21].

[20] Nesse sentido, entendemos que a formalização lacaniana do desejo do sujeito como "desejo do Outro" já traz em si mesma a formalização da vocação estrutural do sujeito de interpretar a falta do Outro como demanda à qual responde com sua própria falta, em conformidade com as operações de alienação e de separação.

[21] "Ce que nous apprenons de la psychanalyse, c'est qu'il y a des effets que masque la pure et simple réduction du Je à ce qui s'énonce. Et quand il s'agit d'un jeu figuré sous la plume de Pascal, comment pouvons-nous négliger un seul instant la fonction de la Grâce, c'est-à-dire du désir de l'Autre? Ne croyez-vous pas qu'il peut aussi être venu dans l'esprit de Pascal que, même pour comprendre son pari assi ridiculement figuré, la Grâce était nécessaire? Je vous l'ai dit, un Que Ta Volonté soit faite est latent dans toute figuration naïve du rapport du sujet à la demande. [...]" (Lacan, 1968-69, p. 147-148).

Esses momentos têm a mesma estrutura. Eles exemplificam o ponto onde a angústia marca o fundamento da subjetividade no desamparo, na relação precária e absolutamente solitária do sujeito diante do irrecalcável desejo do Outro.

Pascal trata a questão da vida pela teoria dos jogos, cujo princípio é o de que só se aposta o que já se perdeu (Miller, 2005-06a). Trata-se, portanto, de reduzir o valor de uso da vida a alguma coisa que possa ser posta em jogo. A vida precisa valer nada para que se possa arriscá-la. Essa aposta se engaja sobre um discurso ao qual se incorpora uma promessa: a de que se possa viver "uma infinidade de vidas infinitamente felizes". A redução da vida a zero é o signo do que, doravante, dominará as relações do sujeito com o saber (Lacan, 1968-69, p. 119-120). Trata-se de buscar o sentido da vida, de fazer o cálculo que permita gozar todas as vidas prometidas.

A passagem do antigo ao moderno pode ser caracterizada pela entrada da vida na contabilidade. Na passagem do moderno ao contemporâneo, teríamos, então, o aprofundamento dessa contabilidade com a entrada do saber no mercado das trocas e a produção de objetos em escala industrial.

Lido à luz da teoria lacaniana, podemos afirmar que Pascal reduz a questão da fé em Deus à consequência de uma lógica que é preliminar: para entrar no jogo, é preciso apostar a vida. Esse aspecto encontra sua teorização nas operações da *Bejahung* e da *Austossung*, respectivamente, a afirmação e a expulsão, operadas no campo do ser. Trata-se do que Freud (1925) conceituou como função do recalque primário (*Urverdrängung*) na gênese do sujeito. Essas tendências produzem a primeira distinção dentro-fora, necessária às operações secundárias de ajuizamento. Representam duas forças primárias – de atração e de repulsão. Dominadas pelo princípio do prazer, elas fundam a primeira forma do que se pode chamar de juízo como função simbólica, oposição formal, primeiro mito do interno e do externo, primeira distinção entre o que comparecerá como estranho ao sujeito e o que poderá vir a ser qualificado como "si mesmo".

Segundo Hyppolite (1954), a operação de expulsão funda a perda de realidade. Resulta em uma oposição formal, pura, entre dois termos e torna-se em seguida alienação e hostilidade entre eles. Ela funda o juízo de atribuição, a primeira captura da pulsão de morte que, para Lacan, cria o pensamento inseparável do corpo pulsional. É uma admissão no sentido dado pelo simbólico, a origem, o começo da simbolização, o símbolo que, como correlato de uma expulsão original, é conotação simultânea da presença e da ausência do objeto, oposição por meio da qual a linguagem começa (Lacan, 1955-56).

Entrar no jogo ao preço de reduzir o valor de uso da vida a um traço separado do objeto de gozo é entrar na lógica do cálculo, da falta-a-ser. Nela, o Eu moderno resulta de infinitas coordenadas significantes. Ele é, de saída, desidentificado, sem qualidades. No entanto, deve obedecer a uma nova moral que exige a renúncia aos prazeres. O pai é o representante dessa nova moral no seio familiar, último reduto de sustentação da ordem antiga no mundo moderno.

Freud (1908) descobriu que o sujeito responde a essa moral com uma intensa produção cultural e científica, mas também com a doença nervosa moderna, capaz de pôr em risco os mais nobres objetivos culturais. A moral sexual moderna produz um retorno revelado a Freud de dois modos. De um lado, pela sublimação. Disso resulta a ênfase na produção intelectual. De outro, através de sintomas estruturados por complexos inconscientes que possuem conteúdo sexual e representam uma espécie de satisfação sexual substitutiva.

O método psicanalítico contribuiu para dissolver a moral moderna da renúncia aos prazeres, ao permitir que os laços de obediência entre o sujeito e o supereu pudessem ser afrouxados. Mas, se a moral da renúncia provocava efeitos danosos (a exigência de mais renúncia em prol de mais trabalho e maior acúmulo de capital), ela também oferecia "uma bússola, um corrimão aos desamparados" (Miller, 2004, p. 7). O supereu, herdeiro do Édipo, era uma barreira que protegia contra a pulsão de morte porque promovia a identificação fálica sobre as identificações primordiais.

Freud mostrou que o princípio do prazer faz contenção à tensão desmedida porque tem o poder de incluir uma retificação, uma temperança que concorre para reduzir o nível de tensão sempre ao menor possível. O princípio do prazer evita que as engrenagens psíquicas do sujeito se aqueçam demais e incendeiem tudo (Lacan, 1968-69). Se, por um lado, a ciência moderna expurgou a ordem sagrada da Antiguidade ao questionar toda a tradição, por outro, o supereu, herdeiro do Édipo e da castração, retorna como resíduo da dependência original do sujeito em relação ao desejo do Outro (Coelho dos Santos, 2001).

O Édipo embarreira o gozo desmesurado e dá sentido ao que comparece apenas como processo primário porque a nomeação do sujeito como significação fálica, metáfora do desejo do Outro, o inclui no discurso do Outro. O complexo de castração, por sua vez, coloca o corpo do sujeito em jogo porque o localiza como objeto fálico, substituto da falta de falo no corpo da mãe. O efeito dessa inclusão é a sexualização do corpo e do sentido do discurso. O debate entre a psicanálise e a ciência se refere à regulação do excesso pulsional pelo supereu herdeiro do complexo de Édipo e do complexo de castração. O pai era um Deus dessacralizado, mas não inoperante porque o campo do saber ainda se conectava ao da transmissão em função da hegemonia simbólica na cultura.

Na hipótese de Miller (2004), a intensidade da presença da moral civilizada vitoriana era diretamente proporcional à fenda que já se ampliava na civilização. Miller supõe que o estado de deslocalização característico dos sujeitos contemporâneos começa a se fazer presente desde a substituição da agricultura pela indústria. A primeira encontrava seus pontos de balizamento no céu e na própria natureza, pelo ciclo das estações. Seu real era celeste. Com o aprofundamento da ciência e o surgimento da indústria, esses norteadores foram sendo eliminados, tornados artificiais, trocados por saberes que produzem um novo real. O real artificial substitui e devora a natureza. Ele prolifera. Os meios de produção não estão a serviço do prazer.

O discurso da ciência, o mestre moderno, mostrou que toda regulação é um artifício, um semblante. E seu avanço promoveu uma "mutação" que lhe conferiu "seu estilo capitalista". Ele se desenvolveu "para mostrar sua clave no discurso do capitalismo, em sua curiosa copulação com a ciência" (Lacan, 1969-70, p. 160, 103). O incremento da ciência, somado ao aprofundamento do capitalismo e aos movimentos que criticaram o laço social formado por meio da renúncia, promove o saber ao lugar de agente do laço social. Como efeito, toda a forma de autoridade é reduzida a semblantes e se passa a apostar em um gozo suposto suplantar infinitamente os limites da civilização.

O enlace entre o campo do gozo e os modos de produção capitalista é importante para a psicanálise porque permite observar a passagem do objeto *a* do estado natural – um pedaço de corpo que se desprende, tal como foi conceituado por Lacan no *Seminário 10* – ao estado industrial, como produção desenfreada de mais-de-gozar, cujo ápice conceitual se localiza no *Seminário 17*. Esse deslocamento se organiza como metáfora: o pedaço de corpo, resto da sexuação, é recalcado sob as formas do mais-de-gozar. "A ciência produz certo tipo de objetos impossíveis que não são mais extraídos do corpo, mas do discurso da ciência como tal, e isso não é o sujeito da ciência mas o objeto da ciência enquanto fetiche" (Laurent, 2005, p. 48). Trata-se agora de uma moral hedonista. A redução do valor de uso dos objetos ao seu valor como fetiche é decorrente do corte entre o mundo antigo e o moderno. A junção da ciência ao capitalismo só a aprofundou.

O Outro moderno, consistente, cuja palavra tinha um peso regulador correlato à palavra de Deus, foi substituído por um Outro inconsistente, reduzido a ser apenas a conexão (S_2) que permite que um significante represente um sujeito para outro. Do Outro inconsistente já não se obtém medidas sólidas, tampouco leis. Dele proliferam saberes, sujeitos e objetos sem qualidade. Mas será que isso significa, então, que não há mais nenhuma medida? Nenhuma bússola? Que, finalmente, o sujeito se constitui sem qualidades? Que não se sente mais desamparado e, por isso, não precisa mais de Deus?

Miller (2004) aposta em outra direção, com a qual concordamos. Ele afirma que o objeto *a* subiu ao ponto mais alto da civilização, tocou o céu social e agora é o novo astro. Houve um forçamento dos limites descobertos por Freud. Ao se questionar tudo o que faz barreira ao desamparo estrutural, toda autoridade se torna um semblante desarticulado do seu peso sexual original. Portanto, os significantes passam a proliferar separados de sua relação à causa, como se fossem S_1 puros. Do ponto de vista da experiência subjetiva, há uma separação entre S_1 e *a*.

Ora, Lacan (1968-69) fez uso da lógica de Fibonacci para provar que à proliferação de um termo corresponde a proliferação proporcional do outro. Uma vez que todo Um é $1+a$, a série que parte de *a* sempre põe em jogo o aprofundamento de uma subtração porque *a* é uma unidade de perda. Do mesmo modo, a série que parte do 1 progride por acréscimo porque implica os efeitos de recuperação do gozo perdido como gozo suplementar, mais-de-gozar. Disso decorre que o sujeito jamais vi se apoderar daquilo que perdeu. Desconectados do seu valor de uso, valor essencialmente sexual, os objetos *a* proliferam como fetiche.

O forçamento que elevou *a* ao zênite resulta de um deslocamento ocorrido na cultura e a difusão da psicanálise contribuiu para isso. Em seu livro *Quem precisa de análise hoje?*, Coelho dos Santos (2001) faz uma análise sobre a entrada e a difusão do discurso psicanalítico no Brasil, através das revistas voltadas para o universo feminino, e analisa as consequências corrosivas dessa difusão no laço social. Esse estudo exemplifica os efeitos do declínio da função paterna, que Miller (2004b) define pela dispersão na cultura dos elementos que organizam as funções[22] dos discursos: S_1, S_2, \$ e *a*.

---

[22] Lacan (1969-70) diferencia as funções próprias do discurso e as posições que essas funções podem ocupar em cada discurso. Falaremos disso um pouco mais adiante.

Segundo Coelho dos Santos (2001), nos anos cinquenta a linguagem psicológica utilizada nas revistas de aconselhamento confirmava os valores religiosos que sustentavam a sociedade, reiterando as diferenças psicológicas "essenciais e naturais" entre os sexos. Assim, renovava o valor da vida e da subjetividade dirigidos ao cumprimento do papel de homem (esposo e pai) e de mulher (esposa e mãe). O teor do aconselhamento se identificava à moral religiosa e aos ideais da cultura vigente pensados como responsáveis pela modificação da subjetividade. Toda a dimensão do inconsciente era desconsiderada. A modificação do caráter seria derivada da força de vontade.

A partir de 1963, os aconselhamentos foram norteados por novas *ideias* associadas às críticas dos movimentos feministas à sociedade tradicional e patriarcal que oprimia e dominava a mulher. Essas *ideias* traduziam *conceitos* psicanalíticos (inconsciente, repressão, sexualidade, complexo de Édipo). Esse uso depreciado serviu à reivindicação, pelas mulheres, dos direitos universais dos homens: liberdade e igualdade. Além disso, ajudavam a criticar a opinião dominante de que as diferenças psicológicas entre os sexos obedeciam a desígnios divinos. Isso contribuiu para o aprofundamento da ideologia individualista em ascensão, cujas representações ideais giravam ao redor da autenticidade e da autonomia exercidas pelo diálogo e pela negociação.

A psicologia orientada pelas *ideias* da psicanálise usava seus significantes mestres como semblantes. A associação desses conceitos às críticas feministas concorreu para a promoção do apagamento da dimensão subversiva da psicanálise em relação à cultura. Estava em curso o rebaixamento das figuras representantes da autoridade na cultura; a redução da diferença sexual ao campo do domínio de um sexo por outro; o deslocamento dos significantes "homem" e "mulher" para "seres humanos", ou seja, a redução da diferença sexual à identidade de corpos supostos iguais; o rebaixamento da diferença sexual à prática da negociação entre os sexos com o objetivo de atingir a igualdade; o aprofundamento da ideologia individualista (se o significante mestre é semblante o uso da lei não é necessariamente correlato da renúncia); a redução da linguagem à comunicação, ao diálogo; a banalização do conceito de inconsciente na medida em que, por exemplo, o sentimento inconsciente de culpa poderia ser derivado de "atos apenas imaginariamente praticados" (Coelho dos Santos, 2001, p. 86).

A autora mostra como o uso depreciado da psicanálise ajudou a endossar a aposta da cultura na liberdade, na igualdade, na busca da felicidade prometida e na promoção de um novo ideal de feminilidade, que se opunha aos valores ideais da cultura anterior, em prol de um "seja você mesma". Para Coelho dos Santos, essa complexa e contraditória configuração de valores, introduzida pela interpretação "psicanalítica" feita fora do *setting*, desorienta os sujeitos no lugar de orientá-los porque concorre para a crença de que a "representação ideal do sujeito é a autenticidade". Essa noção servia à "expressão e à prática concreta da liberdade de ser reconhecido como igual" (Coelho dos Santos, 2001, p. 104).

Nos anos oitenta, o imaginário da modernização social e a cultura (já mergulhados nas "ideias" psicanalíticas) sofreram um deslocamento: a passagem da ideologia individualista a "um individualismo ainda mais acentuado, em que se reivindica o direito de ser pura exceção, pura diferença"

(Coelho dos Santos, 2001, p. 103). Essa posição não exige renúncia ou qualquer sacrifício. De que o sujeito terá sido liberado? Certamente, de todas as qualidades – a diferença sexual, o laço social, os valores da cultura, em resumo, dos pilares que servem de referência à constituição do desejo como desejo do Outro.

Entra em cena a cultura psicanalítica do narcisismo[23] e uma nova modalidade de relação entre o desejo inconsciente e o gozo pulsional: a separação entre casamento e trabalho, a exigência de autodeterminação, "o ideal da independência e do combate aos sentimentos autodepreciativos, medos vergonhas, inseguranças" (Coelho dos Santos, 2001, p. 107). Depois dessa década, as revistas femininas mostram uma nova mulher: "não é feminista, nem é tradicional. Seus comportamentos são incompreensíveis e contraditórios se tentarmos compreendê-los por meio dessa oposição clássica: tradicional x moderna". Seria preciso refletir "sobre a ética e a dimensão da lei na moderna configuração ocidental de valores" (Ibid., p. 20) e dos novos modelos identificatórios daí decorrentes, que a difusão da psicanálise ajudou a engendrar.

A psicanálise ampliou o campo do conhecimento da ciência ao reintroduzir nele uma dimensão da verdade inteiramente banida – a realidade psíquica – como "o caminho para a transformação das bases da ética" (Coelho dos Santos, 2001, p. 120). Mas a difusão desse conhecimento pode ser feita de

---

[23] Trata-se de uma cultura que confunde o individualismo com o narcisismo, conceito psicanalítico que alcançará prestígio na cultura nos anos oitenta. Essa confusão acrescida do mau uso do conceito de narcisismo concorrerá para a produção de novos modelos identitários que ajudarão a aprofundar o individualismo, tornando-o ainda mais radical (Coelho dos Santos, 2001).

modo irrestrito ou incondicional? Será que é preciso que a sociedade seja teoricamente informada sobre a base sexual da natureza humana?

Não foi isso o que Freud (1910) defendeu. Segundo ele, ao contrário do que se pode pensar, "informar o paciente sobre seu inconsciente redunda, em regra, numa intensificação do conflito nele e numa exacerbação de seus distúrbios". Aplicada fora do dispositivo, a interpretação psicanalítica é selvagem. O acesso a essa informação depende de dois aspectos: que a transferência esteja instalada e que o paciente seja levado a aproximar-se dos seus próprios conteúdos inconscientes. A relação do sujeito com o inconsciente não pode ser adquirida nos livros. Ela requer a convicção de sua existência.

Coelho dos Santos (2001) mostra que a psicanálise foi difundida no campo da informação servindo-se do discurso da ciência. A ciência contemporânea caracteriza-se pela localização do saber no lugar de domínio. De acordo com o discurso universitário, nesse lugar o saber é privado de sua localização primitiva (encarnado em um mestre). Se, por um lado, o mandamento em jogo nesse discurso se dirige a empurrar o sujeito em direção a saber sempre mais, por outro, esse mandamento "se mantém sem que aí haja alguém que encarne o saber" (Lacan, 1969-70, p. 97). Isso tem como efeito uma "pretensão insensata, de ter como produção um ser pensante, um sujeito". O problema é que esse sujeito, dividido por estrutura, "de maneira nenhuma poderia se perceber por um só instante como senhor do saber" (Ibid., p. 199). Além disso, se o sujeito pensa onde não é e é onde não pensa, ele está privado do pensamento no nível do ser. Portanto, produzir um "ser pensante" é, realmente, uma pretensão insensata.

Na passagem do discurso do mestre antigo (S_1, identificação primária ao ideal do eu) ao do mestre moderno, o capitalista (S_2), houve uma modificação no campo do saber, uma "transmutação". Quando S_2 está no domínio, não se trata de "saber-de-tudo, [...] mas tudo-saber" (Lacan, 1969-70, p. 29-30). Entretanto, o saber em jogo é sempre relativo a uma perspectiva e nunca um saber absoluto. É apenas um recorte do real para o qual há a produção de um objeto. Isso promove uma oferta sempre anterior e infinitamente maior que a demanda. Como efeito, perde-se a dimensão de que é impossível gozar de tudo e de que o objeto sempre se vincula a uma causa sexual. Além disso, desaparece a dessimetria, a autoridade infundada, oracular e coercitiva relativa ao saber, que era regulada pelo pai como representante de Deus.

O mestre contemporâneo (S_2) recalca o valor de enunciação (S_1) que dava o peso necessário à ancoragem das palavras aos sentidos oriundos do fato de que o sujeito tem um corpo e um sexo. Este mestre transforma a autoridade em um semblante como outro qualquer. Sem um eixo universal, sem um Nome-do-Pai representante de Deus, que responda pelo desamparo, o que serve de bússola ao sujeito e à interpretação analítica? Qual é a nova medida? Ou será que não há mais desamparo, que tudo pode ser tratado pela via do saber?

O que se pode depreender do livro de Miller (2004) sobre a elevação do objeto *a*, objeto da pulsão, ao zênite social pela ciência associada ao modo de produção capitalista é que o objeto estaria ocupando, na civilização contemporânea, um lugar correlato ao que o Outro (S_1) ocupou na civilização moderna. Trata-se, então, do lugar de Deus. No lugar de agente, o mais-de-gozar seria a nova medida, "o princípio do discurso hipermoderno da civilização" (Miller, 2004, p. 8).

É axial o fato de que a pulsão se caracteriza por ter o supereu como parceiro e de que ao supereu sempre corresponde um imperativo de gozo. Portanto, que supereu está em jogo na contemporaneidade? Quais são suas consequências para a constituição subjetiva? Coelho dos Santos (2002b, p. 155) esclarece esse ponto: a ausência do pai como agente do laço social, como sintoma coletivo, dá lugar na cultura ao domínio daquilo "que Lacan chamou de 'desejo da mãe', isto é, a pulsão de morte, a angústia traumática e as ancoragens imaginárias da pulsão".

O que se tem chamado de declínio da função paterna está diretamente referido à insuficiência, à ausência de garantia da metáfora paterna. Enquanto conceito, "ilustra um certo estado da civilização atual onde o saber é o que vem na posição [...] daquele que faz a máquina social [...] funcionar" (Coelho dos Santos, 2005e, p. 46). Isso é o mesmo que afirmar que a palavra desse agente não tem o *status* de ser fundadora, tal como acontece no discurso do mestre. O saber em lugar dominante não funda, não sexua, não é capaz de coerção. Ele apenas gerencia, administra, fornece opções, fomenta a ilusão da escolha generalizada, indiferenciada sob o peso da persuasão e não mais da autoridade.

O afrouxamento das relações coercitivas apaga o lugar da exceção e institui o reino da opção, do gozo ilimitado. No entanto, é preciso lembrar que o gozo ilimitado não passa de uma ilusão porque a morte de Deus não questiona a lei que interdita o gozo do objeto incestuoso. Pelo contrário, a consolida. Os efeitos da substituição da autoridade pelo saber no lugar de agenciamento discursivo contemporâneo se resumem ao apagamento da diferença entre as funções paterna e materna. O que isso quer dizer? No *Seminário 17*, Lacan afirma que "o papel da mãe é o desejo da mãe", algo que não se pode suportar com indiferença porque faz estragos. A mãe é "um grande crocodilo em cuja boca vocês estão". E se ela se fechar? O desejo da mãe é esse capricho que requer "um rolo, de pedra", o falo, que salva o sujeito da imprevisibilidade do comparecimento desse capricho (Lacan, 1969-70, p. 105).

Lacan situa a criança como desamparada diante do discurso do Outro materno porque esse discurso comparece como desejo. É o pai que organiza o desejo materno sob a forma de discurso por meio da metáfora paterna. Esse Outro materno onipotente põe em jogo uma exigência de completude à qual a criança é chamada a satisfazer com seu ser. A entrada do pai exige uma perda, uma renúncia de gozo que sexua. Enquanto unidade, o eu se constitui como correlato dessa separação, que é a extração do objeto *a*. É preciso que a criança se extraia como objeto dessa bocarra para que possa aceder aos outros gozos possíveis.

Se o contemporâneo se caracteriza pelo declínio da função paterna e pelo incremento do que é relativo ao "desejo materno", isso tem como consequência um obscurecimento em relação ao que o sujeito deve renunciar porque, no registro materno, a pulsão se satisfaz com os objetos parciais sem precisar renunciar. Como efeito, o impossível desaparece do horizonte. O mais-de-gozar incita ao ultrapassamento dos limites e concorre para o apagamento das diferenças sexuais e geracionais. Concorre, inclusive, para fomentar a ilusão da inexistência do Outro quando o reduz ao objeto *a*.

Dizer que o objeto *a* subiu ao zênite não é o mesmo que afirmar, do ponto de vista conceitual, que ele esteja ocupando o lugar de agente do discurso contemporâneo. A noção de discurso em Lacan é bastante restrita. Se o significante é o responsável por produzir gozo, o discurso é o modo como o significante se aparelha para isso. É o que comparece no mundo para sustentar o próprio mundo enquanto tal. O discurso é uma "estrutura necessária, que ultrapassa em muito a palavra" (Lacan, 1969-70, p. 11). Sua operatividade depende das *funções* próprias do discurso – significante-mestre (S_1), saber (S_2), sujeito ($\$$) e gozo (*a*) –, mas também das *posições* (desejo, Outro, verdade e perda) que essas funções podem ocupar em cada discurso. Essas funções são definidas por sua rotação nas quatro posições (ou lugares) do discurso.

Funções do discurso[24]

$$\frac{\text{significante mestre}}{\text{sujeito}} \rightarrow \frac{\text{saber}}{\text{gozo}}$$

Posições do discurso

$$\frac{\text{desejo}}{\text{verdade}} \rightarrow \frac{\text{Outro}}{\text{perda}}$$

Além disso, a formalização dos discursos se caracteriza por incluir impossibilidades. A primeira linha de cada discur-

[24] Estes matemas encontram-se no Seminário 17 (Lacan, 1969-70, p. 86 e 87, respectivamente).

so é sempre apresentada por Lacan como comportando uma relação entre duas funções. Essa relação é indicada por uma flecha e é definida como impossível. Na segunda linha, ele situa o que nomeou como "chave" dessa impossibilidade: ali "não apenas não há comunicação [Lacan ressalta a ausência da flecha], mas há algo que obtura" (Lacan, 1969-70, p. 166). Por isso, seria um erro conceitual pensar que a afirmação de Miller de que o objeto *a* foi alçado ao céu social significa que o mais-de-gozar ocupa a posição de agente do discurso contemporâneo. Isso seria o mesmo que afirmar que o discurso do analista é idêntico ao discurso contemporâneo. É somente de modo aparente que o objeto da pulsão se localiza como agente do laço contemporâneo.

Mas, para se chegar a essa conclusão, é preciso localizar o discurso universitário entre o discurso do mestre moderno e o do analista. Somente por essa via se pode teorizar sobre o "modo como o poder vem se meter na liberdade do indivíduo tão apregoada pela sociedade pós-autoritária, [...] dita liberal". É no regime do discurso universitário que o agenciamento do laço social foi aliviado do peso de sua mestria e, por causa disso, nem se fala mais em diferença sexual ou geracional (Coelho dos Santos, 2005e, p. 49).

O resultado da "pretensão insensata" do regime discursivo agenciado por S_2 é a produção de "sujeitos à deriva no campo das identificações, [...] facilmente apreendidos na rede da determinação por meio da parcialidade dos objetos pulsionais" (Coelho dos Santos, 2005e, p. 49). Eles são orientados e determinados pela precariedade dos objetos da pulsão, como se esses objetos fossem agentes do laço social. Mas não é o laço social que é fomentado pelo incremento da oferta de objetos pela sociedade de consumo. No lugar disso, essa oferta produz um imperativo de gozo desmesurado. O correlato psíquico da exigência de gozar de tudo é a impotência e a inibição.

Tendo ascendido aos céus e estando desatrelado da função de nomeação, o objeto *a* que a ciência contemporânea produz tem o mesmo valor regulador do Nome-do-Pai? De certo modo, já afirmamos que não. Apesar das descontinuidades que o caracterizam, a operacionalidade do conceito de Nome-do-Pai sempre se caracterizou pela reintrodução das dessimetrias sexual e geracional, ou seja, pela reintrodução da regulação empreendida pelo princípio do prazer. Além disso, esse conceito também demonstra a impossibilidade de se acabar completamente com a ilusão porque ela é estrutural. Nesse sentido, a tese lacaniana "a psicanálise é essencialmente o que reintroduz o Nome-do-Pai na consideração científica" (1998, p. 889) pode ser considerada a formalização lógica do texto freudiano "A questão de uma *Weltanschäuung*" (1933 [1932]).

Se o estatuto do sujeito é o de fenda, quando o objeto *a* se impõe ao sujeito como medida, o efeito não é regulador. Ao contrário de arrefecer as engrenagens, o objeto *a* as incendeia e incita o sujeito a "ultrapassar as inibições" (Miller, 2004, p. 8), a ignorar os constrangimentos, enfim, a funcionar constantemente além do princípio do prazer. Ele funda uma sociedade de consumidores,

> "[...] uma sociedade da imaginarização e escopização de todas as relações, da homossexualização dos vínculos, da homogeneidade entre os pares e da não assimetria entre as gerações, da destituição da função do mestre, da destituição da assimetria do simbólico, ou

> seja, uma sociedade onde já se instalou um regime que homogeneíza todos os indivíduos. Todos iguais perante o direito ao gozo. Portanto, a única coisa que representa uma certa alteridade no meio de tanta homogeneidade é a particularidade do objeto do gozo que, aliás, já vem industrializado e já não está tão particular assim" (Coelho dos Santos, 2005e, p. 262).

O objeto *a*, singular a um sujeito, resultado de uma nomeação relativa à causa sexual, fica reduzido, portanto, aos objetos anônimos, inespecíficos a um sujeito e sem qualquer tradição. Esses artifícios servem apenas aos interesses do consumo.

Quais seriam os parceiros desse objeto *a* anônimo? Segundo Coelho dos Santos (2005e), seriam os sujeitos parasitados pelas compulsividades: os alcoólatras anônimos, os narcodependentes anônimos, os compulsivos sexuais anônimos, os deprimidos. Quando não se tem um nome próprio na posição de ideal, quando o Nome-do-Pai não é mais o agenciador do laço social, o objeto *a* agencia comunidades ao redor de um mais-de-gozar qualquer. São grupos que se caracterizam pela ausência da singularidade, pelo apagamento das diferenças, onde não se fala "em nome de ninguém".

Enquanto a relação do sujeito com o ideal do eu – I(A) – requer a operação psíquica do recalque, a relação com o objeto como agente funda um laço que passa ao largo da interpretação, da sexuação, um laço que dispensa a singularidade do sujeito. É por isso que "[...] não se consegue mais encontrar as letras ordenadas na mesma sequência. Já não se consegue mais prever uma sucessão de lugares: o mestre (S_1), o saber (S_2), o $ e o *a*" (Coelho dos Santos, 2005e, p. 91).

Este percurso permite a extração de duas importantes consequências:

- Afirmar que o objeto *a* subiu ao zênite não é o mesmo que situá-lo como agente do discurso da civilização contemporânea, porque esse é agenciado por S_2 e não pelo objeto *a*. Nesse sentido, "o que sobe ao zênite é a manipulação do número enquanto tal" (Lacan, 1969-70, p. 150).
- Do mesmo modo, também não significa identificá-lo ao discurso do analista, uma vez que esse discurso não se caracteriza por uma dispersão de elementos, mas justamente pela ordenação dos mesmos em uma estrutura de tensão que mostra o avesso do discurso do mestre moderno.

Resta, então, saber se o desejo do analista, tal como definido no segundo ensino de Lacan, está conforme à prática da psicanálise organizada pelo discurso do analista.

Capítulo III

Da ciência moderna ao discurso do analista

Será que devemos tão somente à conferência – Qu'est-ce qu'un auteur? – proferida por Michel Foucault (1969) a tese de que a psicanálise não é uma ciência? Freud e Marx teriam sido instauradores de novas discursividades, distintas de outras práticas discursivas como, por exemplo, a ciência. Nessa última, o anonimato de uma verdade estabelecida que pode ser muitas vezes demonstrada não precisa mais referir-se ao indivíduo que um dia a estabeleceu. A física de Newton, de Galileu ou de Einstein não precisa retornar ao ato de fundação deste campo do conhecimento para reconhecer a validade de uma proposição. Ao ato de instauração da psicanálise como uma discursividade, diferentemente, seria preciso retornar muitas vezes, para estabelecer o valor de verdade dos avanços e progressos desse campo do saber.

Poderíamos argumentar, contra a tese de Foucault, que a física de Galileu, a mecânica de Newton, a teoria da relatividade de Einstein ou a mecânica quântica de Bohr são também discursos que não se desprendem jamais de suas origens, do Nome-do-Pai, nome próprio de seu inventor. Acreditamos que Foucault se referia nesse momento à estratégia lacaniana de refundar a psicanálise por meio da retórica épica do resgate das origens. Desse modo, ele nos levava a crer que os pós-freudianos desviaram-se dos princípios fundamentais da ciência que Freud inventou. Foi este gesto que levou Foucault a supor que a psicanálise não seria uma ciência, não gozaria do anonimato de uma verdade que pode ser muitas vezes demonstrada e que dependeria do gesto de retornar às origens, ao texto, à citação, para refundar sua verdade.

A promoção de um retorno às origens, isto é, ao ato que instaurou o desejo do primeiro analista, a particularidade de seu saber e de sua prática, produziu-se a partir de dois axiomas essenciais. O primeiro, de 1965, define a psicanálise como sendo "essencialmente o que reintroduz na consideração científica o Nome-do-Pai" (Lacan, 1998, p. 889). O segundo, formulado um ano antes, no texto "Do *Trieb* de Freud e do desejo do psicanalista", afirma que "é o desejo do analista que, em última instância, opera na psicanálise" (Lacan, 1998, p. 868). Estas duas formulações se encontram no âmbito do segundo ensino de Lacan. Portanto, devem ser compreendidas retrospectivamente, a partir desse ponto de chegada, que Miller (2002) situou entre o *Seminário 11* e o *Seminário 17*.

Trata-se de um tempo no qual Lacan declara que o inconsciente freudiano é antropológico, lévi-straussiano, fundado sobre as estruturas elementares do parentesco. A essa abordagem clássica do inconsciente sobrepõe-se o inconsciente lacaniano. Aos tropeços, atos falhos e lacunas de memória que testemunham o inconsciente estruturado como uma linguagem sobrepõe-se a pulsação temporal das zonas erógenas, que se abrem e se fecham na medida em que nelas se alternam a presença e o vazio do objeto *a*. As formações do inconsciente estruturado como a linguagem podem ser interpretadas, estão no campo do sentido. O objeto *a* não seria do campo do sentido, pois diz respeito ao gozo do corpo incrustado no fantasma. As formações do inconsciente, então, têm duas faces. A do sintoma, que pode ser interpretada, e a do gozo fantasmático, que diz respeito à dimensão mais silenciosa e enigmática do corpo.

No primeiro tempo do ensino de Lacan, reintroduzir o Nome-do-Pai na consideração científica significa que na experiência analítica se revela a dimensão simbólica. Essa última é mortificante, isto é, universalizante: todos os sujeitos estão submetidos à lei paterna, interditora: o pai edipiano é equivalente a Deus. No segundo ensino, diferentemente, a reintrodução do Nome-do-Pai na consideração científica implica em ir mais além do Édipo. O pai não é somente aquele interdita o desejo incestuoso e submete todos igualmente à lei. Ele é também aquele que dá testemunho de uma relação singular ao objeto *a*, causa de seu desejo. O Nome-do-Pai, mais além da função universal de interditar o desejo de *das Ding* (a Coisa), revela uma relação singular a uma espécie da Coisa, um objeto *a*, uma mulher que porta *a* condição fetiche que causa seu desejo.

A formulação dos quatro discursos no *Seminário 17* – é nosso ponto de vista – é a formalização mais acabada dessa teorização. É a sua formalização mais lógica e reduzida. Nela, Lacan faz o discurso do mestre moderno equivaler ao discurso do inconsciente e situa o discurso do analista como seu avesso. Avesso e direito, bem entendido, devem ser concebidos segundo uma topologia moebiana. Pode-se passar do direito ao avesso sem que isso implique numa descontinuidade. Com a formalização do discurso do analista – discurso que coloca o objeto *a* em posição de agente –, o que é feito do desejo do analista que Lacan introduziu em 1958? Depois do *Seminário 17*, como servir-se apropriadamente dessa ferramenta? Como atualizá-la?

A CIÊNCIA MODERNA E O SUJEITO QUE ELA PRODUZ

No primeiro capítulo destacamos que o campo da psicanálise e o da ciência moderna nascem graças à perda do investimento libidinal na crença em Deus. Perde-se uma parte da realidade socialmente construída na Idade Média. O dossel de símbolos sagrados que unificava todas as dimensões da vida perde seu valor de garantia da ordem simbólica. Os domínios da vida fragmentam-se. O nascimento da ciência, portanto, situa-se no ponto da separação entre o mundo antigo e o moderno no momento em que se dá a perda de Deus como referente de tudo o que existe. O nascimento da psicanálise, de acordo com Lacan, está situado no "mesmo estatuto [...]. Ela se engaja na falta central em que o sujeito se experimenta como desejo" (Lacan, 1964, p. 251).

Mostramos no segundo capítulo que, no seu primeiro ensino, Lacan aderiu ao estruturalismo antropológico e linguístico para teorizar a falta constitutiva do sujeito da ciência. Em seguida, evidenciamos que o uso da lógica, no segundo ensino, torna ainda mais forte a aliança da psicanálise com o estruturalismo. No *Seminário 3*, Lacan definiu a estrutura como sendo "em primeiro lugar um grupo de elementos formando um conjunto covariante" (1955-56, p. 210). As matemáticas e a lógica ensinaram que a existência do conjunto vazio é inerente à teoria dos conjuntos. O traço unário é uma inscrição (1) que implica uma perda de gozo (-φ). Temos aí a articulação lógica do advento do sujeito ($) com a falta, isto é, a perda da realidade ou do gozo que lhe é correlativa. O advento do símbolo (1) se paga com uma perda de vida (-φ). Entretanto, Lacan avança no sentido de demonstrar que aquilo que se perde pode ser recuperado sob a forma de um objeto substituto que assegura um mais-de--gozar (1+*a*).

O termo "covariante" se aplica muito bem à teoria dos discursos desenvolvida por Lacan no *Seminário 17*. Ferreira (1986, p. 492) define a covariação como a "medida da tendência à variação simultânea dos termos de duas séries cronológicas". Os termos da estrutura discursiva se movimentam de um modo regrado: *todos* giram simultaneamente, obedecendo à mesma medida de 1/4 de volta. O que os faz girar? O que provoca o movimento da estrutura? A repetição pulsional. O movimento de abre e fecha das zonas erógenas, a pulsação temporal que regula as relações do sujeito que fala com a recuperação e a perda do objeto *a*.

O nascimento da estrutura discursiva depende de que o gozo seja recusado, relegado a um impossível de simbolizar por meio da linguagem. Freud nomeou esse impossível como a pulsão de morte. Essencialmente silenciosa, seu único índice é a diferença sexual. A pulsão de morte é desviada de seus fins pela sexualidade. Mas a sexualidade fracassa, pois, como Lacan ensinou, o objeto que permitiria realizar a relação sexual não existe. Os quatro discursos de Lacan erguem-se sobre esse pano de fundo que é a inexistência da relação sexual. Porque o gozo é impossível, é preciso recusá-lo para relançar a busca no campo do desejo: nada do que se busca é da ordem do que se encontra. Efeito de rechaço pois a linguagem é uma demanda que fracassa sempre (Lacan, 1969-70).

Na medida em que o gozo é impossível, toda a estrutura se movimenta. É a partir dessa movimentação que os quatro elementos e os quatro lugares podem constituir os quatro discursos ou estruturas. O discurso é o modo de laço social no qual o sujeito se inscreve. “E bastam estas quatro letras para situar o sujeito em relação àquilo que é para ele o significante-mestre do seu inconsciente, seu relacionamento com o saber e, portanto, o lugar do gozo que permite o laço social” (Cottet, 1985, p. 8-9).

O aparelho discursivo opera a partir:

a) das *funções* próprias ao discurso – significante-mestre ou interveniente (S_1), saber ou bateria dos significantes (S_2), sujeito barrado ou do desejo ($) e resto ou gozo (*a*);
b) das *posições* que essas funções podem ocupar em cada discurso (desejo, Outro, verdade e perda).

As funções são definidas por sua rotação nas quatro posições (ou lugares) do discurso, conforme os esquemas a seguir.

Funções do discurso

$$\frac{\text{significante mestre}}{\text{sujeito}} \rightarrow \frac{\text{saber}}{\text{gozo}}$$

Posições do discurso

$$\frac{\text{desejo}}{\text{verdade}} \rightarrow \frac{\text{Outro}}{\text{perda}}$$

(Lacan, 1969-70, p. 86, 87)

O ponto de partida dos quatro discursos é o discurso do mestre. Ele é a redução lógica da estrutura que funda, simultaneamente, a ciência moderna e o sujeito da ciência. O conceito de inconsciente permite articular o paradoxo do sujeito da ciência, aquele sobre o qual a psicanálise opera.

O advento da ciência moderna resulta da exclusão de todo o saber originado da tradição antiga. Assim, compartilhamos a tese de Louis Dumont de que a exclusão do saber antigo é consequência da exclusão de Deus como referente único do dossel sagrado de símbolos do mundo humano. Também compartilhamos a tese de Koyré sobre a dúvida metódica cartesiana, operador no campo filosófico dessa exclusão que inaugura, simultaneamente, a própria ciência e o sujeito que lhe é correlativo. Trata-se do sujeito dividido entre o saber sempre lacunar, incompleto e a verdade da falta de garantia de todo saber. De acordo com Lacan, o nome *Cogito* se aplica, desde o seu momento inaugural, a essa relação pontual e evanescente do sujeito da ciência com o saber.

A este ponto de partida seguiu-se a demonstração de que a esse corte histórico corresponde uma perda de realidade no plano psíquico. Pretendemos que Freud a formalizou por meio do conceito de *Ichspaltung* (divisão do eu). À descontinuidade entre o mundo antigo e o moderno corresponde uma divisão no plano da subjetividade. Isto permite considerar o ponto de corte entre o mundo antigo e o moderno e a divisão psíquica como momentos logicamente superpostos. Eles constituem simultaneamente o sujeito da ciência e o sujeito do inconsciente, como o direito e o avesso de uma mesma figura topológica. Quanto à parte da realidade perdida, ela retorna no simbólico de forma sintomática. Isso quer dizer que à divisão psíquica, ou "à falta do verdadeiro sobre o verdadeiro, [...] lugar do *Urverdrängung*", recalque primordial (Lacan, 1998, p. 882), corresponde sempre uma resposta sintomática.

Segundo Lacan, a ciência fracassa quando tenta suturar essa perda de realidade fazendo um uso radical da razão como garantia do saber que ela mesma engendra. Gödel mostra como isso fracassa. Todo sistema matemático, por melhor demonstrado que seja, comporta em sua instauração alguma coisa cujo valor de verdade não pode ser demonstrado. São proposições cujo valor de verdade é indecidível, que não podem ser avaliadas dentro do próprio sistema, mas apenas por um agente em posição exterior ao mesmo. Trata-se aqui de proceder a uma analogia entre a lógica e os fundamentos da razão. A razão, por mais racional que se pretenda, requer um termo situado como exceção, que funcione como garantia. Como esse termo não existe, a razão só é razoável até um certo ponto. A psicanálise permite mostrar que a toda articulação da razão são inerentes uma perda de gozo e uma tentativa de suplência (*a*), um sintoma, um mais-de-gozar, que apenas suturam provisoriamente o corte.

No *Seminário 17*, Lacan formalizou o momento inaugural constitutivo da ciência moderna e do inconsciente através do discurso do mestre. Ele situa o momento da perda de realidade que institui a ciência e o inconsciente, bem como o modo sintomático do sujeito ($) de se haver com a perda do objeto *a*. Consideramos o matema do discurso do mestre como a formalização do axioma lacaniano "o sujeito sobre quem operamos em psicanálise só pode ser o sujeito da ciência" (Lacan, 1998, p. 873).

Discurso do mestre

(Lacan, 1969-70, p. 37)

M

$$\frac{S_1}{\$} \rightarrow \frac{S_2}{a}$$

Na linha superior do discurso do mestre, Lacan escreveu a relação original entre S_1 e S_2, uma relação completamente arbitrária e assimétrica. No discurso do mestre moderno, o par $S_1 \rightarrow S_2$ não representa mais a intervenção tirana do mestre antigo (S_1) sobre o escravo (S_2). No lugar disso, nas posições do agente e do Outro, encontramos uma articulação significante, uma lógica formal, uma escritura completamente despida de qualidades, cujos termos são equivalentes no seu ponto de origem. A ciência moderna é definida como um saber constituído por uma lógica formal. Isso implica um primeiro manejo da escritura. Este manejo tem como consequência uma perda de gozo.

Descartes inaugurou o caminho da lógica formal ao excluir do mundo real esse mundo que existe à revelia dos homens e da razão, "qualquer qualidade sensível, qualquer força vital, qualquer forma natural, em resumo, tudo o que não é mecânico". Sua operação reduziu o mundo "a não ser mais que extensão e movimento" (Koyré, 1986, p. 79). A perda de gozo é a perda das qualidades sensíveis do mundo antigo. Reduzir o saber a uma escrita é reduzir os fenômenos, a realidade, ao real de sua repetição pura e simples.

Se a operação de redução do mundo a uma fórmula implica uma perda, haverá entropia. Brousse (1999) destaca que a entropia, própria à operação da ciência, parece paradoxal na medida em que na termodinâmica a entropia é a função que define o estado de desordem de um sistema e a operação da ciência vai em direção à ordem e ao formalismo. O fato de que a ordem produza desordem é o paradoxo que Brousse assinala. Como essa ordem potencializada produz entropia? Por que produz desordem?

A autora afirma que, se a entropia se caracteriza por uma falta de sentido, pois a redução dos fenômenos a uma escrita formal é correlativa de uma redução no campo da verdade, quanto mais formalização, menos verdade. Ou, ao contrário, quanto mais formalização, mais a verdade testemunha a falta de garantia do saber científico. Menos o sujeito acredita no Outro. A inexistência da garantia do Outro se revela mais abertamente ainda e todos saberes se mostram transitórios e precários. A ciência não pode suturar a falta. Ao contrário, ela só pode levar o sujeito da ciência a realizar-se cada vez mais.

No mundo antigo, o lugar do saber estava primordialmente localizado do lado do escravo. O trabalho do escravo, o "saber fazer", fornecia a verdade do mestre: sua ignorância (Lacan, 1969-70). O mestre não sabe. Com a ciência moderna, a verdade deixa de se localizar no saber-fazer do escravo. Ela depende agora de uma articulação significante. É o saber engendrado pela fórmula que pode tornar um determinado elemento verdadeiro ou falso. "Reduzir a verdade a um elemento de prova formal implica uma perda da verdade [...] última sobre o destino humano" (Brousse, 1999, p. 168). Porém podemos argumentar que a esta perda da verdade ancestral corresponde o ganho de uma outra dimensão da verdade, a verdade como causa, efeito da inexistência de garantia na ordem simbólica. Esta outra verdade é a que o analista promove por meio do discurso analítico.

A lógica formal restringe a verdade a ser um atributo do saber. Isso quer dizer que a dialetização entre verdade e falsidade fica resumida a uma combinatória. É verdadeiro aquilo que funciona e falso o que não funciona segundo determinada fórmula. Bem, isso também torna igualmente válido que o que era falso em uma fórmula se torna verdadeiro em outra. "Quaisquer que sejam os fatos do mundo, [...] seja o que for que enunciemos sobre ele, a tautologia da totalidade do discurso é o que constitui o mundo da ciência" (Lacan, 1969-70, p. 57).

Sobre o amor desmedido pela verdade, Lacan denuncia que se trata muito mais da impotência do gozo. Impotência em sustentar a verdade como causa do desejo, uma vez que todo sentido provém do desejo. "A verdade é certamente inseparável dos efeitos de linguagem tomados como tais", o que significa que o inconsciente encontra-se aí incluído (Ibid., p. 58-59). Se a ciência não excluísse o inconsciente, o sujeito da ciência, o desejo, ela seria levada à extinção. Ela não se ocupa do desejo.

A originalidade da psicanálise consiste em ocupar-se disso para que o desejo do cientista não se torne impotente. Reduzir o real à estrutura é provocar um esvaziamento do sentido que o desejo dá aos enunciados. Os enunciados ficam reduzidos a escrituras desvinculadas das posições subjetivas daqueles que as escrevem. A posição subjetiva do cientista fica do lado de fora da operação de constituição do saber da ciência. Tendemos a nos esquecer das origens, do ato de fundação de uma ciência, do ato de instauração de uma nova discursividade no mundo. Porém, quando dizemos a física moderna de Galileu, a mecânica de Newton, a teoria da relatividade de Einstein, a mecânica quântica de Bohr ou o inconsciente de Freud, somos lembrados que uma ciência nunca é anônima. Ela tem sempre uma dívida com um nome próprio, uma singularidade, o desejo obscuro de seu fundador.

A título de divertimento, vamos lembrar que na época pré-científica evocava-se a relação de um saber com o cientista de modo muito estreito. Quando, por exemplo, uma experiência alquímica não dava certo, um dos modos pelo qual esse fracasso podia ser explicado era através do questionamento da "pureza moral do experimentador". Se o alquimista não alcançava sucesso, isso poderia ser devido a algum déficit psicológico, alguma falta moral. Poderia ser um "sinal de uma meditação superficial, de um descuido psicológico, de uma prece menos atenta e pouco fervorosa". Segundo Bachelard (1938, p. 60-62), a experiência do alquimista no mundo dos objetos era simbolizada pelo próprio alquimista, "com todo o seu ser, com toda a sua alma".

O cientista moderno não tem alma? Ele manipula a cifra e essa manipulação objetiva reduzir a verdade a um jogo de valores? Ele rechaça todo o poder dinâmico, todo o poder dialético do saber? O cientista é psicótico? Ele trata as palavras como coisas? Se isso fosse verdade, como explicar o progresso da ciência? Uma ciência que progride sem o sujeito da ciência, sem o desejo e sem o inconsciente? A formalização é um modo de escritura que se articula por necessidades internas à própria escritura, mas que não pode dispensar, para progredir, para inventar, o desejo do escritor.

Quando Lacan escreve o discurso do mestre, ele também parte do princípio de que S_1 e S_2 são, na origem, significantes sem qualidades, portanto, equivalentes. O significante-mestre não está presente desde o início. No início, "todos os significantes se equivalem de algum modo, pois jogam apenas com a diferença de cada um com todos os outros [...], é também por isso que cada um é capaz de vir em posição de significante--mestre" (Lacan, 1969-70, p. 83). No entanto, a flecha colocada entre eles, na parte superior do discurso, indica que "é impossível que haja um mestre que faça o mundo funcionar" (Ibid., p. 166). O mestre da modernidade, ao contrário do senhor antigo, não tem poder de mando. Isso quer dizer que quando um saber científico é engendrado não se baseia em nenhuma verdade transmitida por um mestre que a garanta. Se não há quem garanta o saber científico, se sua verdade resulta das equações que tornam um elemento falso ou verdadeiro, o saber que a ciência engendra seria também um saber puramente mitológico?

A impossibilidade de que haja um mestre que responda pela verdade é uma formulação lógica, cuja chave se encontra na linha inferior do discurso do mestre. Ali, o inconsciente é escrito como sendo, ele próprio, uma imposição, uma consequência da introdução do discurso da ciência e de seu efeito de entropia. O discurso do inconsciente "corresponde a algo relativo à instituição do próprio discurso do mestre". O inconsciente "se impõe à ciência como um fato" (Lacan, 1969-70, p. 85). Ele é o resto da introdução do discurso da ciência no mundo. Embora a ciência o rechace, trata-se de um resíduo do qual ela não pode se desfazer e que a psicanálise recolhe. O discurso do mestre não se reduz, portanto, à linha superior. A linha superior refere ao advento da ciência. Na linha de baixo está a relação do sujeito dividido pelo significante mestre com o objeto *a*, esse resíduo produzido por esta operação. Entre o discurso da ciência e seu resto há uma barra, a barra do recalque, do esquecimento.

O saber, ou o gozo, produzido na linha superior é efeito da renúncia do mestre à questão das origens (Lacan, 1969-70). Não querer saber sobre a origem é o gesto que promove a repetição significante. "Tendo surgido S_1, primeiro tempo, repete-se junto a S_2. Desse estabelecimento de relação surge o sujeito que algo representa, uma certa perda [...]" (Ibid., p. 17). A relação do sujeito com o gozo desse "estabelecimento de razão" entre S_1 e S_2 se faz pela função do desejo ($\$$) articulado ao mais-de-gozar (*a*). O efeito do saber produzido pela ciência é um sujeito barrado ($\$$) e um resíduo de gozo, o objeto *a*. O primeiro não sabe e não quer saber nada sobre sua divisão. Sobre este ponto, chamado castração, o sujeito barrado se caracteriza por um horror ao saber. Quanto ao objeto, ele vem em suplência à perda de gozo sofrida pelo sujeito ao se constituir, isto é, à entropia produzida pela articulação significante.

É importante observar que, na linha inferior, não há uma flecha entre os termos. Isso implica não só que não há comunicação, como também que há algo que obtura a relação de um termo com o outro. A produção (*a*) não tem qualquer relação com a verdade do desejo ($), resultado da introdução da diferença sexual. "Entre a existência de um mestre e a relação de uma produção com a verdade, não há como sair disso". A impossibilidade dos termos nos deixa em suspenso quanto à verdade que aí subjaz (a castração) porque algo a protege: a transformação da impossibilidade em impotência (Lacan, 1960-70, p. 166). A proliferação dos saberes recalca *a* causa sexual. Como efeito do recalcamento, o saber se torna impotente.

Do lado esquerdo do discurso do mestre, a fração S_1/$ mostra a verdade que o mestre, o agente do discurso, ignora: a emergência do sujeito dividido e sua mortificação pela linguagem. O lugar de autoridade de S_1 é um artifício, um semblante. A identificação do sujeito é também o seu *fading*, o seu desaparecimento, que vai lhe conferir o estatuto de fenda.

Se, na linha superior, Lacan grafou a relação $S_1 \rightarrow S_2$ como impossível, o que ele situou no lugar da produção (*a*) indica que essa impossibilidade não é tomada pelo aparelho psíquico como tal, mas como perda em relação à qual o mais-de-gozar vem em suplência. Lacan define o significante como o que representa o sujeito para um outro significante. A novidade em jogo é que "nada diz que o outro significante saiba alguma coisa sobre o assunto" porque "não se trata de representação, mas de representante (Lacan, 1969-70, p. 27). Na origem, o significante é sem qualidades. Está em jogo a antiga fórmula "todo significante é, enquanto tal, um significante que não significa nada", utilizada por Lacan no *Seminário 3* (1955-56, p. 212).

Segundo Miller (1999a), a definição do significante como representando o sujeito para outro significante resume o que se passa no movimento da alienação simbólica. Ao representar o sujeito, a incidência de um significante sobre outro faz com que o sujeito falte, permanecendo como conjunto vazio. É essa falta peculiar ao cientista (e que faz com que ele também seja sujeito de um desejo) que a ciência – uma vez constituída – recalca ($S_1/\$$).

Se Deus está fora do mundo, se não há Outro do Outro, a ciência moderna desvela que é a invenção do significante, ou o significante posicionado como exceção, que constitui tudo o que existe. No lugar da autoridade divina, se instala a autoridade do saber proveniente da razão, da geometrização dos sentidos do mundo e do real, uma lei arbitrária que homologa o saber ao real e a fórmula ao objeto. A ciência opera por meio da razão. Ela produz um saber sobre o real, uma vez que o acesso direto ao real é impossível. A crença, ou melhor, a suposição de que existe um saber no real é a condição de possibilidade do saber científico. Logo, toda verdade, mesmo a verdade mais científica, tem necessariamente a estrutura de ficção. Todo significante mestre (S_1), depois do advento da ciência, mesmo ocupando o lugar do agente, só pode ocupá-lo como um semblante.

A ciência instaura o sujeito suposto saber onde há um furo no saber. O ponto essencial à ciência e ao seu progresso é o furo no campo do saber ou, como formalizado por Lacan no *Seminário 11* (1964), o ponto da separação, aquele onde ocorre o corte. Tomar a experiência de Descartes como ponto de corte é partir do que Lacan (1965-66) considerou como signo de um ponto de esvaecimento, o nível do buraco, do vazio. Por esta razão, ele definiu o objeto científico como "metonímia do objeto como falta". E é no próprio lugar do objeto que falta que o sujeito faz sua experiência como desejo (1964, p. 251). Torna-se possível, então, afirmar que o vazio no campo do saber (originado do corte entre o mundo antigo e o moderno), o ponto de separação entre o sujeito e o Outro, o sujeito como desejo são modos diferentes de falar de uma só e mesma coisa: a castração do Outro.

O Outro moderno é um Outro cujo gozo é deslocalizado em relação à sua causa. O único modo de localizar esse gozo é através do produto da operação da ciência, ou seja, a emergência do sujeito na posição de objeto. A ciência opera a partir da falta no Outro. No *Seminário 17*, Lacan retoma essa falta para introduzir que, enquanto índice de pura perda, ela é causa de um mais-de-gozar. Neste sentido, a criação do objeto pela ciência corresponde à recuperação da falta de um modo completamente inédito. Se, por um lado, o objeto é uma tentativa de sutura, por outro ele é também uma comemoração do corte que tornou impossível o acesso direto ao real.

É por esta razão que a ciência moderna, além de ser um corte, é também um recomeço. Ela se constituiu no dia em que Descartes fundou a relação entre S_1 e S_2 e, em seguida, extraiu daí o sujeito. "Foi só no dia em que, num movimento de renúncia a esse saber [de mestre], [...] alguém pela primeira vez extraiu da relação estrita entre S_1 e S_2 a função do sujeito como tal, eu nomeei Descartes [...], foi nesse dia que a ciência nasceu" (Lacan, 1969-70, p. 20).

Os quatro discursos são constituídos a partir de um lugar que os ordena. É o lugar do agente ou da dominância. Lacan chama de dominante ao elemento que, estando situado no lugar do agente, orienta o discurso. No caso do discurso do mestre, esse lugar é ocupado por S_1, a lei enquanto articulada (Lacan, 1969-70). Portanto, o que Lacan formalizou como discurso da ciência se caracteriza pela localização de um significante-mestre (S_1) em posição de exterioridade em relação à bateria de significantes (S_2). Isso quer dizer que, mesmo quando a autoridade oracular e arbitrária de Deus desaparece do mundo, o seu lugar fica vago (Miller, 1991-92).

Com a expulsão de Deus, o lugar da dominância ou do referente ficou vazio e pode ser ocupado por qualquer um dos quatro elementos do discurso. Dizendo de outro modo, a todo elemento que se instalar ali corresponderá esse caráter insensato, alteritário e assimétrico de agenciamento, que era o lugar do mestre antigo. No caso da ciência moderna, ele é ocupado por um significante sem qualidades que, ao incidir sobre os outros, organiza-os sob a forma de uma lei. É essa lei que instaura a relação de razão entre as funções S_1 e S_2.

A incidência do significante S_1 sobre os outros significantes enquanto tais é o que efetivamente permite a constituição do Outro como saber, uma vez que não há mais nenhum saber absoluto, mas apenas saberes relativos a uma articulação significante entre outras. Não se pode esquecer que o Outro – a ordem simbólica – foi reduzido a ser apenas uma conexão. S_1 funda o Outro como campo e é nesse sentido que o saber se organiza como gozo no campo do Outro.

Logo, a reintrodução do Nome-do-Pai na consideração científica requer advertir os cientistas do fato de que, na origem, a ciência também se constituiu a partir de um lugar de exceção. É sempre graças ao desejo de um cientista que uma nova ciência se constitui. Não há saber sem desejo. É porque o Outro (A) é um A̸ (A barrado) que S_1 deixa de ser causa de *todo* saber, de um saber absoluto, para ser um significante-mestre, ou seja, um significante, dentre tantos, que é deslocado artificialmente para o lugar de domínio de um discurso com o objetivo de estabelecer uma relação de razão com os outros significantes. Como exceção à bateria de significantes, S_1 funda um conjunto articulado, produz $\$$, o sujeito dividido, e também a perda à qual essa divisão se refere, o objeto *a*.

O sujeito sobre o qual a psicanálise opera só pode ser o sujeito da ciência. Por esta razão, a verdade do significante-mestre, significante sem qualidades, é que ele mortifica o vivo. Ele recalca o corpo vivo para constituir um sujeito dividido, um sujeito da ciência. Sujeito marcado por um desconhecimento de sua parte perdida e que a partir de então passa a sonhar com a recuperação do valor de sua vida sob a forma de "uma infinidade de vidas infinitamente felizes" (Lacan, 1968-69, p. 144). Dizer que o significante é sem qualidades, que ele não significa nada, é o mesmo que afirmar que o sentido da vida é reduzido a zero, anulado pelo significante, para constituir o sujeito. Então, é no momento em que S_1 entra no jogo que começa a busca da felicidade e do sentido da vida aos quais se renunciou.

Lacan destacou a função paterna como o operador da castração, operação metafórica. Depois mostrou que, enquanto enunciado proferido por alguém, a castração agenciada pelo pai só pode se fundar em um segundo tempo porque, originalmente, ela se apresenta como efeito da própria linguagem. No

Seminário 17 Lacan dirá que nunca falou do pai senão como metáfora. O pai não é somente o pai da realidade. O pai, enquanto significante mestre, é real. Na fantasia edipiana, este efeito puro de castração que advém do fato de que o homem fala vai conferir ao pai da realidade o lugar fictício de agente da castração.

Para Lacan, a castração é uma operação introduzida pela própria incidência do significante na relação com o objeto que causa o desejo. Nesse sentido, somente depois que o significante privou o corpo vivo do gozo é que a castração vai ser atribuída na fantasia ao pai edípico. Freud também situava a castração na origem do sujeito e da civilização. Abordou sua origem por meio do mito. Em "Totem e tabu" (1912) considera que civilização nasce do crime parricida e a linguagem se constitui graças à simbolização da morte do pai. O desejo parricida nasce da ambição do filho de tomar o lugar onipotente do pai da horda primitiva. O assassinato, entretanto, só foi possível como um evento coletivo que somou todas as forças para perpetrá-lo. A consequência desse evento mítico foi tornar o gozo dos privilégios paternos impossível aos sujeitos.

O matema do discurso do mestre ergue-se a partir do efeito da linguagem, sobre o fundo do gozo tornado impossível para todo aquele que fala. Na parte superior, está a estrutura de linguagem reduzida ao significante sem qualidades, tal como se apresenta primitivamente sobre o corpo. Na parte inferior, como efeito da incidência do significante no corpo, mais precisamente, na relação do corpo ao sexo, Lacan grafa o surgimento do sujeito barrado, desejo do objeto que causa seu desejo, o objeto mais-de-gozar.

Segundo Brousse (1999), o *Seminário 17* é atravessado por uma única tese: a modernidade se caracteriza por uma mudança no discurso do mestre. O lugar do mestre antigo passa a ser ocupado, no discurso do mestre moderno, pela ciência. No mundo antigo o lugar do mestre (S_1) era ocupado por um saber, organizado pelo escravo como saber fazer. O escravo sabe o que o mestre quer, mesmo que este não o saiba. O não saber, a ignorância, era o que caracterizava o senhor como autoridade, como tirano. Do mesmo modo, o saber fazer era a função que localizava o escravo em seu lugar de escravo (Lacan, 1969-70). O advento da ciência promove um mestre sem qualidades ao lugar de agente (S_1), o que modifica a relação ao saber. No *Seminário 17*, a ciência (ou seja, o saber usurpado ao escravo, S_2) se instala no lugar do mestre e esta substituição coloca em jogo um novo tipo de tirania, a tirania do saber.

Discurso universitário

(Lacan, 1969-70, p. 37):

$$U$$

$$\frac{S2}{S1} \rightarrow \frac{a}{\$}$$

No curso da história, o senhor moderno foi retirando do escravo o seu saber com a finalidade de transformar esse saber em um saber de senhor. Trata-se do que foi demonstrado no capítulo anterior através da entrada do saber no mercado das trocas, como mercadoria que se compra e se vende. Tratar o saber fazer do escravo pela via da articulação significante permitiu que esse saber pudesse ser transmitido "do bolso do escravo ao do senhor" (Lacan, 1969-70, p. 19). A tirania empreendida pelo saber como mestre, à qual Lacan se refere, é a exigência de que tudo passe a ser tratado pela via do saber, como "tudo-saber".

Em consequência desta mudança, a verdade fica impedida de comparecer enquanto tal. Tratar tudo pela via do saber faz com que a verdade desapareça sob a multiplicidade das articulações significantes, ou seja, dos saberes. A proliferação do saber tem o efeito de dissociar o saber e a verdade. Quando tudo é verdade, nada mais é verdade. Se, na Antiguidade, o escravo possuía a chave do saber, ela agora passa a comparecer deslocada para os produtos do consumo.

Há duas mudanças em jogo. Do lado do mestre, o lugar do senhor passa a ser ocupado pelo "tudo-saber" (S_2); do lado do escravo, surgem os objetos do consumo (*a*). Também "o material humano [...] se converte em produto de consumo, somos *gadgets* de certo modo, essa é a tese" (Brousse, 1999, p. 165).

O ponto misterioso relativo à instalação do saber no lugar do mestre é a interrogação sobre como o senhor, que não sabia e não se interessava pelo saber, passou a ser desejante em relação ao saber. É o discurso da filosofia que pode explicar isso, pois foi ele que motivou no senhor o desejo de saber. "A filosofia, em sua função histórica, é essa extração, essa traição, [...] do saber do escravo, para obter sua transmutação em saber de senhor" (Lacan, 1969-70, p. 20). O discurso da filosofia é parente do discurso da histérica. Para chegar ao discurso responsável pela transmutação do saber do escravo em saber de mestre, é preciso que as funções do discurso do mestre girem na medida de ¼ de volta.

Discurso da histérica

(Lacan, 1969-70, p. 37):

H

$$\frac{\$}{a} \rightarrow \frac{S_1}{S_2}$$

É através deste discurso que a posição do filósofo é articulada à do histérico. O ponto de articulação entre ambos é a constituição do desejo de saber. A ciência é um discurso que introduz um sujeito separado de todo saber sobre si. Sujeito separado da verdade. A verdade, a única verdade é a de seu valor de gozo como objeto para o Outro ($/*a*).

O discurso da histérica é presidido pelo sujeito dividido. Esse sujeito é o correlato do que Lacan nomeou como "rechaço de todo saber" sobre o que o causa (1998, p. 870). Trata-se da introdução da falta-a-ser, ou do desejo ($), no lugar do domínio discursivo ao preço do recalque da causa (*a*) que o move em direção ao mestre (S_1). O movimento de $ em direção a S_1 destina-se a interrogar o significante-mestre no lugar de sujeitar-se a ele. Há uma espécie de recuo em relação à determinação de $ por S_1 – enquanto, no discurso do mestre, encontramos a fórmula da identificação (S_1/$), no da histérica temos o princípio da interrogação ($→$S_1$), que é também o princípio da ciência. O problema é que, ao interrogar sobre o sentido ou a razão de um significante-mestre, o sujeito também se propõe a escapar à sua sujeição em relação àquele significante (Cf. Coelho dos Santos, 2005e).

A ciência moderna opera no âmbito da falta e é engendrada por um sujeito que lhe é correlato. Esse sujeito age movido pela falta. Ela é a causa que o impulsiona a manter, de forma sintomática, a dominância do discurso sem que, disso, ele saiba o porquê. O sujeito histérico faz da divisão subjetiva o seu sintoma por excelência. Daí sua característica insatisfação no plano do desejo. Segundo Cottet (1985), é a insatisfação que lhe permite o laço social. O objeto *a* é a verdade desconhecida ($/*a*) que o move em direção aos significantes-mestres ($\$ \rightarrow S_1$). O que ele quer alcançar? Que pergunta esse sujeito dirige a S_1?

A divisão subjetiva é consequência de que a nomeação do sujeito no campo do Outro padece do recalque de sua relação de sujeição à causa, à sua posição original de objeto do insondável desejo do Outro. Esta posição se refere ao ato da aposta a partir da qual todo sujeito entra no mundo. A causa implica a questão: o *Eu* existe ou não? Que valor ele tem?

É esta, justamente, a questão que Lacan situa no lugar do agente do discurso da histérica. Segundo ele, a histérica fabrica um homem movido pelo desejo de saber. Porém é do discurso dela "que se trata, e esse discurso é o que possibilita que haja um homem motivado pelo desejo de saber". Do que se trata de saber? Do valor que ela própria tem enquanto $ (esse sujeito que "nem sempre sabemos o que é") porque, enquanto objeto *a*, a histérica é pura queda, queda do efeito de discurso. O que importa para ela, afinal, é que o homem "saiba que objeto precioso ela se torna nesse contexto de discurso" (Lacan, 1969-70, p. 31-32). Lacan dá o nome de "efeito de rechaço" ao efeito de queda do discurso.

Colocar $ na posição dominante quer dizer que é em torno da falta-a-ser como sintoma que se ordena todo esse discurso. O sujeito histérico simboliza a castração como insatisfação. Com isso, promove o desejo na qualidade de desejo insatisfeito e, por conseguinte, a reivindicação. Trata-se de que a exclusão do gozo fálico, vivido como interdição, ressurge como suplência pela função do mais-de-gozar. Reivindicar o pedaço de gozo perdido, renunciado, torna-se a razão de interpelar o mestre ($\$ \rightarrow S_1$), questioná-lo e, ao mesmo tempo, apontar-lhe a artificialidade de seu lugar de mestre.

O discurso da histérica revela que o mestre mantém uma relação recalcada com o saber como meio de gozo (S_1/S_2). Ele localiza o saber no lugar do gozo. Se ela quer um mestre, se quer que ele saiba, ele não precisa saber muito porque, como dito acima, a alienação do sujeito ao S_1 tem o objetivo de fazer com que esse sujeito se mantenha na divisão, recusando-se sempre a dar um corpo ao mestre. É como se, a seu modo, a histérica fizesse uma espécie de greve. Por um lado, ela não entrega seu saber. Mas, por outro, "desmascara a função do mestre com quem permanece solidária, valorizando o que há de mestre no que é o Um com U maiúsculo, do qual se esquiva na qualidade de objeto do seu desejo" (Lacan, 1969-70, p. 88). Ela se coloca fora do desejo do Outro e, esquivando-se como objeto, também se coloca fora da possibilidade de suscitar esse desejo. Aceita ser a causa, mas não o objeto do desejo, porque se interessa pela verdade que o desejo carrega consigo estruturalmente – a insatisfação.

Se o sujeito incide sobre o mestre ($\$ \rightarrow S_1$), "não é possível que, pela produção de saber, se motive a divisão, o dilaceramento sintomático da histérica. Sua verdade é que precisa ser o objeto *a* para ser desejada" – $\$/a$ (Lacan, 1969-70, 167). O que está em jogo no discurso histérico é que o sujeito sabe sobre a castração do mestre. A posição de $ na dominância tem alguma correlação com o discurso da ciência. Se a ciência se constitui excluindo a fantasia e manipulando os significantes, a histérica "ensina que os relacionamentos entre homens e mulheres não são naturais, e sim dependem [...] de uma copulação de significantes [...]" (Cottet, 1985, p. 9).

Por isso, no discurso da histérica, a castração se torna um jogo, uma "produção fervilhante de S_1" (Lacan, 1969-70, p. 33). Isso se deve ao fato de que, ao mostrar que o *fading* do sujeito é a verdade do significante-mestre no discurso do mestre, o discurso da histérica revela que toda relação de razão engendrada pela ciência ($S_1 \rightarrow S_2$) é sempre relativa, um semblante, um artifício, um fato de crença. Se S_1 se acredita unívoco ao ocupar o lugar de agente no discurso do mestre, o $\$$ dominante no discurso histérico mostra sua verdade, a de que o sujeito não está presente onde pensa, mas pode ser localizado lá onde justamente se encontra impedido de pensar.

Essa posição subjetiva descreve o sujeito científico que não é, por si mesmo, garantia de seus próprios pensamentos. Ele não pode ser causa de si porque padece da falta de algo. O sujeito dividido é efeito da operatória, da contabilidade científica posta em ação pelo advento da ciência moderna. Se a relação $S_1 \rightarrow S_2$ é impossível, então o efeito é $\$$, um sujeito movido pelo corte entre os dois significantes, que quer saber sempre mais, que escolhe a razão e a ciência. Mas é bom lembrar que o desejo de saber não se confunde com o próprio saber porque o saber aí é meio de gozo com a falta. Quando $\$$ está na dominância, o sujeito age sem saber a causa de sua ação ($\$/a$). O que causa sua ação?

Ao situar o objeto *a* no lugar da verdade, Lacan grafa a relação recalcada do sujeito científico com sua causa, que é sempre sexual. Foi o que demonstramos no primeiro capítulo, servindo-nos dos exemplos usados por Bachelard. Freud (1905) definiu o sintoma como um tipo de satisfação sexual substitutiva relativa ao que restou da sexualidade infantil. O autoerotismo é a raiz de todo sintoma e implica o gozo que não foi recoberto pela operação fálica da metáfora paterna. Lacan afirma que o que o sujeito recupera na fantasia como mais-de-gozar, ou como gozo do Outro, é o autoerotismo. Esse gozo que não alcançou regulação pela medida do falo (Φ) retorna como exigência de trabalho. Foi esse o ponto, nomeado como lugar da causa, que interessou a Freud, razão pela qual criou a psicanálise.

O DESEJO DO ANALISTA E SEU DISCURSO

À passagem do mundo antigo ao moderno correspondem duas mudanças: 1) a ascensão do tudo-saber (S_2) à posição da mestria discursiva e 2) a localização dos objetos de consumo (*a*) na posição do Outro, antes ocupada pelo escravo. Estas mudanças foram grafadas por Lacan no discurso do universitário, que ele também chamou de "senhor modernizado" (1969-70).

Discurso do universitário

U

$$\frac{S_2}{S_1} \rightarrow \frac{a}{\$}$$

O dispositivo psicanalítico permite tratar a discursividade de modo a mostrar a determinação pulsional em jogo. Neste sentido, o discurso analítico faz obstáculo ao apagamento subjetivo induzido pela cultura. Ao histerizar o discurso, opera de modo a levar o sujeito ($) a ocupar o lugar que o tudo-saber (S_2) ocupa no discurso universitário. É esta operação que permite a entrada do sujeito no trabalho analítico.

Discurso do analista

(Lacan, 1969-70, p. 37):

A

$$\frac{a}{S_2} \rightarrow \frac{\$}{S_1}$$

Discurso da histérica

H

$$\frac{\$}{a} \rightarrow \frac{S_1}{S_2}$$

Aos olhos do leitor isso pode parecer uma contradição. Há pouco afirmamos que o discurso universitário promove o discurso histérico. Agora, dizemos que o discurso do analista histeriza o discurso. Afinal, qual é a diferença entre uma operação e outra?

No capítulo anterior, já havíamos tocado neste problema. A mudança discursiva na modernidade afeta o discurso do mestre porque aloja S_2 no lugar antes ocupado pelo senhor (S_1). Como consequência, há uma mudança nas relações de poder. No lugar da autoridade coercitiva, do poder autoritário que produzia a regulação do gozo pulsional de modo a promover a civilização, vem se alojar o exercício de um novo poder persuasivo. O domínio através do imperativo de tratar tudo pela via do saber (S_2) não é capaz de localizar o gozo, mas apenas de gerenciá-lo, administrá-lo e, com isso, fomentar nos sujeitos a ilusão da escolha generalizada, indiferenciada. Trata-se do que Coelho dos Santos (2005e, p. 47) nomeou como "um estado de desmentido generalizado", cujo efeito administrativo é a produção em massa de sujeitos divididos, histéricos ($).

Mas o que são estes sujeitos divididos que S_2 produz quando se localiza como agente de um discurso? São sujeitos que vacilam demasiadamente no campo das identificações, que derivam de identificação em identificação na caça ao mais-de-gozar. Um sujeito que está permanentemente em vias de se transformar em outra coisa. S_2 como agente produz o sujeito da precariedade identificatória, aquele que goza com a sua divisão, um sujeito sempre mutante. Ele muda ao sabor de cada verdade produzida pelos discursos da ciência.

No discurso do mestre modernizado, S_1 passa a ocupar a posição da verdade e não mais a do domínio. Esta mudança resulta da substituição da autoridade coercitiva pelo exercício persuasivo do poder (Coelho dos Santos, 2005e). A coerção disfarçada de persuasão dá a ilusão de que a vida pode ser regulada pela livre opção, pelas identificações mutantes, pela sugestão, pelo gerenciamento puramente administrativo dos prazeres. A "persuasão mascara permanentemente o lugar do S_1, [...] do significante-mestre", fazendo com que se tenha sempre a sensação de que o poder é impotente. No entanto, o que a persuasão provoca como "efeito no sujeito é da ordem do imperativo" (Coelho dos Santos, 2005e, p. 47-48). A tirania do saber se impõe como poder pelo caminho da administração do usufruto dos bens.

A consequência da produção, pelo regime discursivo universitário, de sujeitos à deriva no campo das identificações é que eles se tornam facilmente apreensíveis na rede que os determina a partir da parcialidade dos objetos pulsionais. São sujeitos orientados e determinados pela precariedade dos objetos da pulsão. Isso provoca uma inversão: "onde o saber toma a posição de agente, logo, logo, veremos as providências da sociedade de consumo para que a oferta dos objetos tome o lugar do saber. É uma sutil reviravolta" (Coelho dos Santos, 2005e, p. 48).

Não é disso que se trata quando Lacan afirma que o discurso do analista produz a "histerização" do discurso. A histerização é definida como "a introdução estrutural, mediante condições artificiais, do discurso da histérica" (1969-70, p. 31). Histerizar o discurso implica fazer com que o sujeito seja dividido em seu discurso *pela ação do analista* com a finalidade de entrar em análise. A análise é o tratamento clínico dos efeitos subjetivos da civilização agenciada pelo discurso universitário, ou seja, pela tirania do "tudo-saber". Esta *operação artificial* leva o sujeito a produzir significantes-mestres. Segundo Brousse (1999), introduzir o discurso da histérica é introduzir a associação livre como mestre da experiência vivida no dispositivo analítico. Ela propõe definir a produção do S pelo discurso do analista como a própria experiência proporcionada pela associação livre.

Desde Freud nós sabemos que a liberdade do sujeito é bem pequena porque a sua emergência é determinada pelo discurso do Outro. Por isso, se a histerização provocada pelo discurso do analista convoca à produção de significantes-mestres, ela o faz de maneira fecunda, dirigida, de modo a não deixar que o sujeito derive pelas identificações que produz e acabe por recuar diante da sua determinação simbólica.

O discurso universitário, diferentemente, tem como efeito a produção de significantes-mestres em profusão. "Se o analista não toma a palavra o que pode advir dessa produção fervilhante de S_1?", pergunta Lacan (1969-70, p. 33). Exatamente o que Coelho dos Santos (2005e, p. 33) chamou de o "sujeito da precariedade identificatória". O analista intervém justamente para organizar essa profusão, para colocá-la em relação com um gozo absolutamente singular em relação a um objeto, que não pode ser qualquer um.

Afinal, como Lacan já havia advertido no *Seminário 10* (1962-63), embora o desejo possa ser tomado como indefinido na sua aparência, a falta à qual ele se encontra referido não pode ser preenchida "de mil maneiras". A operação analítica coordena o significante-mestre ao objeto *a*, ao objeto mais-de--gozar que lhe corresponde, não ao objeto parcial. A identificação resulta da castração presente no sujeito – $\$$. Falta-lhe o significante que responda sobre a causa do seu gozo. Enquanto mais-de-gozar, o objeto *a* desvela que a identificação se fundamenta na satisfação pulsional. Por isso ele é mais-de-gozar. É o objeto mais-de-gozar que fixa o sentido da fantasia, sentido do qual o sujeito precisa se separar.

A psicanálise não partilha do ideal de liberdade e igualdade que engendra significantes sem qualidades. No discurso do "senhor modernizado" a posição da verdade é ocupada por um enxame de significantes-mestres. Por esta razão, um paciente pode enunciar uma grande quantidade de S_1 dispersos e completamente impotentes em relação à verdade que representam. Ao escutá-los displicentemente, um analista desavisado "pode-se fazer o equivalente a uma pequena enciclopédia". No entanto, a operatividade do discurso do analista não objetiva fazer do analista um escritor de enciclopédias ou de crônicas sobre a vida contemporânea. Na posição de agente do discurso do analista, o objeto *a* revela existência de um saber sobre o gozo por parte do analista, um saber "limitado ao *savoir faire* analítico", o saber de que a "única coisa que motiva a função do saber [é] sua dialética com o gozo" (Lacan, 1969-70, p. 33).

O agente do discurso do analista é "esse objeto que não é nem empírico nem ontológico", mas lógico. Sua operatividade "faz valer a função do objeto como desarmado da significação que o analisando, no entanto, confere [ao analista] em sua fantasia" (Cottet, 1985, p. 79-80). É esta operação que separa o objeto pulsional dos outros objetos, imaginários, e também o que permite um efeito especial sobre a fantasia. Esse efeito é conhecido como destituição subjetiva, desidealização da falta-a-ser ou queda das identificações.

Qual é o objetivo de provocar o esvaziamento dos significantes-mestres? Certamente, não é a produção em série de sujeitos "desidentificados", sujeitos que acreditam não ter nenhuma dívida simbólica. A queda das identificações visa ancorar o sujeito na sua dependência original em relação ao significante, naquilo que a simbolização primordial do sujeito sexuado deve à morte. A operação analítica visa conduzir o sujeito à produção dos significantes primordiais que condicionem sua sujeição. Lacan conceituou este trajeto como travessia da fantasia, como queda das identificações.

A posição de objeto *a* é a mais conveniente para interrogar a verdade que se apresenta como saber no discurso "e não o inverso, isto é, tomar a verdade como medida do saber, o que geralmente é a posição do neurótico" (Cottet, 1985, p. 80). Trata-se de desqualificar a verdade e também a categoria da significação. Para Cottet, a redução teórica do analista ao objeto *a* instaura uma profunda dessimetria entre o analisando e o analista, na medida em que este não opera com a sua divisão, com o seu inconsciente. Deste modo, Lacan varre definitivamente qualquer brecha que vincule a condução do tratamento analítico à contratransferência e à intersubjetividade. Se o analista não é sujeito, ele é objeto, objeto causa do desejo.

O objeto *a* em posição de agente equivale ao estabelecimento do imperativo do gozo, isto é, do mais-de-gozar. O objeto *a* desloca a ênfase na cadeia S_1-S_2 como articulação necessária para mostrar o que ela efetivamente tem de impossível. É o que está escrito na parte inferior do discurso do analista:

$$\frac{a}{S_2} \rightarrow \frac{\$}{S_1}$$
$$\blacktriangle$$

(Lacan, 1969-70, p. 122)

O discurso do analista questiona o saber formal introduzido pela ciência, o saber cuja produção e articulação é reduzida às necessidades de escritura. De que serve o saber científico (S_2) em posição de mestre? De que serve essa "forma de saber, que rejeita e exclui a dinâmica da verdade"? (Lacan, 1969-70, p. 85). Lacan responde a essa questão da seguinte forma:

- Serve, primeiramente, para rechaçar o saber mítico. A psicanálise também participa da exclusão do saber mítico em sua práxis sobre o sujeito da ciência. No entanto, a exclusão por parte da ciência produz um resíduo: o inconsciente como um saber disjunto, estranho ao discurso da ciência porque, nele, a verdade é separada da enunciação e reduzida a um efeito de escritura. A ciência visa produzir um saber autônomo, inteiramente disjunto do saber mítico. A psicanálise mostra a impossibilidade desta tarefa.
- Serve, ainda, para produzir o esquecimento de que, enquanto sujeitos, somos todos determinados (\$/*a*) como objeto de gozo. "Cada um de nós é determinado primeiro como objeto *a*" (Lacan, 1969-70, p. 152).

Logo, o motor da investigação psicanalítica é saber "como aparece, em suplência à interdição do gozo fálico, algo cuja origem definimos a partir de uma coisa totalmente diversa do gozo fálico, que é situada e, por assim dizer, mapeada pela função do mais-de-gozar" (Lacan, 1969-70, p. 70).

Desde Freud (1900), o desejo inconsciente (\$) é o capitalista, a força motivadora das formações do inconsciente. Lacan conceituou o objeto *a* e relacionou os modos de produção capitalista ao encadeamento significante, produtor de significação fálica. Daí extraiu a função do mais-de-gozar. Essa função se refere ao "que se acumula de capital de libido em virtude [...] da exclusão do gozo [...] normal" (Lacan, 1969-70, p. 91-92).

Toda relação significante produz uma perda de gozo fálico, uma perda no nível do ser do sujeito, porque a relação entre S_1 e S_2 é um artifício, uma vez que o significante não foi feito para a relação sexual. Em sua origem, o significante não significa nada. Como falta-a-ser, o sujeito é, então, um objeto perdido. A função de acumulação dessa perda, própria ao mais-de-gozar, está ligada à origem, à entrada em ação do significante – "a partir de certo dia, o mais-de-gozar se conta, se contabiliza, se totaliza. Aí começa o que se chama de acumulação de capital" (Ibid., 169). O acúmulo de mais-de-gozar tem origem na separação entre o sujeito e seu valor libidinal ($\$//a$).

O conceito de objeto *a* permite uma articulação íntima entre o significante e o gozo porque inclui o gozo no funcionamento significante. As operações de alienação e separação mostram que a posição do objeto *a* está conectada à do significante. Isto quer dizer que há uma superposição entre a estrutura do sujeito e a do gozo.

No *Seminário 17* podemos perceber que existe uma nova aliança entre o gozo e o Outro. Esta direção já se anunciava desde o *Seminário 11*. Com a noção de discurso, aprofunda-se a ideia de que existe uma conexão originária entre a pulsão e o objeto, ou entre o significante e o gozo. O significante é a causa do gozo. Seus efeitos não se reduzem à interditá-lo mas também a promovê-lo, incitá-lo. Com isso, Lacan traduz de um modo novo o problema deixado por Freud relativo ao final da análise: "concerne sempre à relação do sujeito com o gozo e à modificação que pode ser feita nisso" pelo tratamento analítico (Lacan, 1969-70, p. 99). De que modo a operação analítica pode modificar a relação do sujeito com o gozo?

De acordo com Cottet (1985), quando o analista funciona no lugar do Outro, como representante do pai, ele se torna uma invenção do analisando, um sujeito suposto saber. Exercer essa função é fazer com que a estrutura do desejo funcione sempre como desejo do Outro. Por essa via, a transferência se torna interminável porque, dividido, o sujeito engendra mais efeito de saber (S_2) dirigido ao Outro. Consequentemente, o analista não é real, mas sempre uma suposição.

Conduzir um tratamento analítico apoiado no discurso do mestre ($S_1 \rightarrow S_2$) conduz a reforçar a impossibilidade do gozo, pois apenas o pai poderia alcançá-lo. Ao ocupar o lugar de exceção, o pai é tomado como aquele que profere a lei que faz a castração incidir sobre todos os sujeitos. É preciso que o analista desloque o pai deste lugar, apontando que a origem da lei e da castração está mais além do pai. Reforçar o lugar fantasmático ($\$ \lozenge a$) de exceção do pai é reforçar também o desejo do analisando de ocupar este lugar.

No *Seminário 17*, Lacan insiste que a crença no pai como exceção tem como efeito reforçar a impossibilidade de que o sujeito consiga castrá-lo. O desejo parricida não equivale à castração do pai. O pai morto se torna mais forte do que vivo. No mito de "Totem e tabu", Freud avança a tese de que o assassinato do pai primordial deu lugar ao amor pelo pai. Esse amor fundou a civilização, a ordem fálica, o rechaço do gozo impossível. A lei simbólica é somente isso: ninguém poderá, depois desse evento mítico, ocupar o lugar do pai. Que gozo um sujeito poderá, depois de uma análise, aspirar? Para que não reforcemos o gozo como impossível é preciso conduzir o sujeito à contingência do gozo, ao mais de gozar com o objeto *a*.

Freud não partiu da castração na linguagem. Recorreu ao mito do assassinato do pai primordial para mostrar que o pai edipiano não é responsável pela origem da lei. A origem da lei simbólica perde-se nos confins do advento da própria civilização. Lacan acredita que, por este caminho, jamais se toca a relação estrutural que o significante mantém com o gozo. Depois do *Seminário 11* Lacan prefere a via da sexualidade perversa e polimorfa para abordar o gozo autoerótico. Este via nos conduz a tomá-lo como contingente e não como impossível.

Se, no lugar do mito edipiano do pai morto, Freud tivesse valorizado a verdade que colheu da boca das histéricas, teria concluído que o pai é barrado. O pai não sabe, é isso que elas ensinam. O discurso da histérica, entretanto, evidencia que isso às conduz ao impasse da reivindicação fálica. Nas análises conduzidas por Freud, esta é a face feminina do rochedo da castração, impasse que aparece quando a relação ao gozo continua marcada pela interdição (\$). A proibição do incesto, efeito da lei edipiana, produz tanto o gozo impossível quanto o desejo de exceção – \$ ◇ *a*. É justamente esse impasse que Lacan vai contornar quando propõe que o significante é a causa do gozo. A interdição do incesto funda o gozo fálico, gozo possível que se ergue sobre o pano de fundo do gozo impossível. Mais além do Édipo e da sexualidade feminina e masculina, o gozo autoerótico oferece uma suplência à falta de gozo produzida pela interdição. Eis como Lacan introduziu a função do objeto *a* como mais-de-gozar.

A formalização do discurso do analista se apresenta como uma tentativa de levar o processo analítico adiante, superando o impasse do rochedo da castração. Representa também um giro teórico importante. Colocar o objeto *a* no lugar de agente não faz do analista uma suposição, cuja capitonagem se presentifica nos significantes proferidos pelo analisando. Ao contrário, o objeto *a* faz objeção à significação oriunda da cadeia significante, faz objeção ao imaginário. Deslocar o acento da operação analítica do encadeamento significante para privilegiar o mais-de-gozar intrínseco ao próprio funcionamento da cadeia implicará, doravante, ter como ponto de partida o que Lacan conceituou mais precisamente no *Seminário 20* (1972-73) como substância gozante. É esse o nível no qual se situa o significante.

O discurso do analista mostra que a autoridade do significante-mestre se origina na satisfação obtida na própria articulação significante. Mostra que não há discurso desinteressado e que a verdade em jogo se fundamenta no gozo – "toda verdade é um enredo, uma fantasia, uma explicação que visa, essencialmente, um cálculo, uma extração de gozo, uma satisfação a retirar dali". O que o discurso do analista ilumina é que 'há sempre uma satisfação no discurso'" (Coelho dos Santos, 2005e, p. 146). Se tanto o objeto *a* quanto o S_1 podem ocupar o lugar de agente de um discurso, isso quer dizer que S_1 comporta gozo – S_1 e *a* têm relação com o gozo. Então, é possível afirmar que, como agente, *a* interpreta a mestria de S_1. Denuncia que, de algum modo, a histérica tem razão: a identificação tem uma relação íntima com o gozo. Logo, o mestre é castrado, o pai não pode saber tudo. E isso não é a mesma coisa que supor que ele está morto ou que, se não está, deveria sê-lo.

Para ser capaz de sustentar o objeto *a* no lugar do agente de seu discurso, o analista precisa extrair-se – ao longo de sua própria análise – do campo do sentido. É preciso reconhecer que não se reduz à falta-a-ser, ao sujeito do significante, mas que ex-siste ao significante, pois é substância gozante, objeto *a*. A passagem de analisando a analista requer que se despoje de todo o saber que esteja situado no lugar da verdade.

Essa posição discursiva em que o objeto *a* ocupa o lugar do agente não é uma posição impossível? Governar, educar e analisar não são ofícios impossíveis?: "Será que acentuo o bastante a relevância da impossibilidade de sua posição, na medida em que o analista se coloca em posição de representar, de ser o agente, a causa do desejo?" (Lacan, 1969-70, p. 168).

Neste ponto, julgamos necessário um retorno às raízes conceituais do conceito lacaniano de objeto *a*. Trata-se de um conceito que faz referência ao resto da sexualidade infantil pré-edípica e ao objeto da angústia. No *Seminário 10*, Lacan define a função da angústia como fenômeno de borda que orienta a constituição subjetiva e define o objeto *a* como aquilo que presentifica o sujeito em vias de advir. O sujeito que se apresenta na experiência da angústia não é ainda, está indiferenciado com o objeto *a*. A função da análise é promovê-lo, levá-lo a constituir-se, a advir como sujeito de desejo.

Para introduzir a importância de compreender melhor o que se entende por objeto *a*, vamos problematizar a tese de que ele é o ponto de confluência da angústia, do desejo e da lei. Logo, é preciso tomá-lo como índice do paradoxo do sujeito. Quando ele não está representado ainda no campo do desejo sexual está indiferenciado no campo da pulsão de morte: "a angústia é a legítima representante da pulsão de morte na vida psíquica" (Coelho dos Santos, 1994, p. 45).

Podemos agora esclarecer por que a topologia da situação analítica implica um "ponto de disjunção e de conjunção, de união e de fronteira [ou seja, 'de borda'], que *só pode ser ocupado pelo desejo do analista*" (Lacan, 1964, p. 153, grifo nosso). Esta definição situa estruturalmente no mesmo ponto o desejo do analista e as operações de alienação e de separação, constitutivas da subjetividade. Coincidência topológica que explica por que o desejo, a lei e a angústia têm o mesmo objeto. Esse é o guia para pensarmos o que Lacan quer dizer, no *Seminário 17*, quando localiza o objeto *a* como agente da operação psicanalítica, que, como já sabemos, incide sobre o sujeito da ciência ($) e contribui para realizá-lo.

No *Seminário 2*, Lacan retomou a teoria freudiana das pulsões e mostrou a ligação essencial existente entre a pulsão de morte e a estrutura significante através do funcionamento da máquina simbólica. Em seguida, conceituou o objeto *a* e o introduziu no funcionamento da linguagem. Identificou a estrutura do *isso* à do inconsciente e a estrutura do inconsciente à do sujeito – "ao nível do inconsciente, há algo homólogo em todos os pontos ao que se passa ao nível do sujeito" (Lacan, 1964, p. 29).

Pulsão, linguagem, *isso*, inconsciente e sujeito possuem a mesma estrutura de fenda que promoveu o surgimento tanto da ciência moderna quanto do sujeito moderno. O suporte conceitual da homologia que estamos propondo é a função de corte executada pela introdução, no mundo, da função do significante sem qualidades, que separa o significante de todas as cadeias de sentido originadas da tradição. É esta a razão que permite afirmar que o sujeito da ciência é aquele sobre o qual a psicanálise opera. O significante é introduzido como traço unário ou identificação primordial e se caracteriza por possuir uma ligação causal com o objeto perdido freudiano, que Lacan conceituou como perda de gozo relativa ao funcionamento da linguagem. É também o lugar do recalque original que funda o inconsciente, o *Urverdrängung*.

A relação primitiva e topológica da constituição subjetiva com a função do corte permitiu que Lacan (1964, p. 30) definisse a experiência subjetiva que o inconsciente proporciona como "o *um* da fenda, do traço, da ruptura" entre o sujeito e o Outro. A cisão entre o sujeito e o Outro, lugar de incidência do corte, é o lugar da angústia. É também o que justifica a afirmação de que o desejo, a lei e a própria angústia têm o mesmo objeto. Razão pela qual a angústia, a lei e o desejo *não são sem* o objeto. A comunidade de estrutura entre estes três termos resulta da primazia do corte significante, do esvaziamento dos sentidos, da queda do objeto do gozo.

O objeto *a* é o objeto da angústia. Lacan (1962-63) o define como resto autoerótico destacado do corpo, peça indiferenciada que não se sabe se pertence ao corpo do sujeito ou ao do Outro. Para que ela se coordene ao desejo como lei, é preciso o desejo do Outro, isto é, a interpretação. O desejo do pai cria a lei do que se deve desejar porque, "na origem, o desejo, como desejo do pai, e a lei são uma e a mesma coisa" (Id., p. 120). A metáfora paterna é responsável por coordenar os restos de corpo ao "x" pelo qual o desejo Outro, a castração situada no nível da linguagem, se apresenta ao sujeito como completamente enigmático.

O fato de o objeto *a* estar referido às perdas sofridas pela criança antes de sofrer a ameaça de castração proferida pelo pai é o que justifica que a parte do gozo que não se submeteu ao circuito das trocas simbólicas sempre se faça presente como estranha ao eu. O que está em jogo são objetos que não se coordenam pela hegemonia da função fálica. Esta função é responsável pela regência de todo o processo substitutivo decorrente da entrada em jogo da diferença sexual e também pela constituição de todos os sujeitos enquanto submetidos à lei do pai. Desejar é enveredar pelo caminho da lei fundada pelo pai.

Os objetos *a* estão aquém da diferença sexual, "são objetos anteriores à constituição do objeto comum, comunicável, socializado" e correspondem às cinco formas de perda, que são os momentos de aparecimento do sinal da angústia (Lacan, 1962-63, p. 103-104). Os objetos oral, anal, fálico, olhar e voz não são "euificáveis". Isso quer dizer que eles nunca se tornam familiares ao eu: são o resto do corte produzido pela ação do significante sobre o corpo, o "resto da divisão do sujeito no campo do Outro, e é como resto execrado, odiado do Outro que são sempre reencontrados. Por isso, esse resto do Outro a que o sujeito se identifica não é passível de ser proposto ao reconhecimento do eu" (Coelho dos Santos, 1994, p. 48).

É porque não pode ser reconhecida no nível dos processos egoicos que a descarga referida ao gozo desses objetos não pode ser efetuada pelo aparelho psíquico. Ela sempre confinaria com a dor. Como consequência, esse gozo rechaçado irá se encravar no sintoma. Portanto, faz-se importante considerar a presença da angústia no dispositivo analítico como "o modo essencial de comunicação do sujeito com o Outro, [como] o que lhes é comum" (Ibid., p. 49). Ela é um sinal importante: o de que esse objeto irrecalcável surgiu no campo psíquico. Esta é a razão pela qual Lacan afirmou que a angústia *não é sem* objeto (1962-63, p. 87). Esta afirmação implica poder acolher a possibilidade de que o eu surja reduzido a um desses objetos afetados pelo desejo. Nessa emergência, o eu se encontraria completamente despojado dos atributos ideais que constituem sua referência ao falo.

Com a teorização do objeto *a*, Lacan questiona a redução da angústia aos efeitos da castração. Em seu artigo "Análise terminável e interminável", Freud (1937, p. 285) procura demonstrar que, ao final de uma análise, o que resta da angústia fica encravado no rochedo da castração. Nos homens, ela se refere à "luta contra sua atitude passiva ou feminina para com o outro homem" e, nas mulheres, à inveja do pênis, que se traduz por "um esforço positivo por possuir um órgão genital masculino".

Lacan acredita que esta formulação não favorece levar a análise à frente, escapando à lógica fálica (Coelho dos Santos, 1994). O conceito de objeto *a* lhe permitiria ir além do impasse do complexo de castração, pois convoca o desejo do analista a escutar o "sujeito que não é ainda" quando ele aparece identificado ao objeto. Para isso, é imprescindível a consideração da angústia como evidência clínica do comparecimento no dispositivo analítico das identificações do eu aos objetos parciais. Como são anteriores à constituição do sujeito no campo da fala e da linguagem, o eu não pode se reconhecer nelas.

São identificações que dizem respeito às relações primitivas e pré-edipianas do sujeito ao desejo do Outro. Reduzido ao *Affekt*, ao que tem uma afinidade de estrutura com o que é um sujeito, este próton-sujeito não é ainda um sujeito. Portanto, o único modo de fazer com que estas identificações possam entrar no tratamento analítico é tomá-las como endereçadas ao desejo do analista (Coelho dos Santos, 1994), ou seja, ao "o desejo do Outro, na medida em que esse é o desejo correspondente ao analista como aquele que intervém como termo na experiência" analítica (Lacan, 1962-63, p. 68).

Como é que se pode abordar essa hipótese lacaniana de que existe um sujeito em posição de objeto? Para melhor compreendê-la e para podermos nos servir desta hipótese, é preciso retornar ao campo da pulsão. Freud (1915) definiu a pulsão através de quatro termos: *Drang*, a pressão constante, compreendida como exigência de trabalho, pura e simples tendência à descarga; *Ziel*, a finalidade, que é sempre a obtenção de satisfação e requer a eliminação do estado de estimulação na fonte da pulsão; *Objekt*, o objeto em jogo, que pode ser qualquer um desde que a pulsão atinja sua finalidade, e *Quelle*, a fonte, a origem das pulsões, localizada nos processos somáticos que ocorrem em um órgão ou em uma parte do corpo.

Lacan (1964) trouxe importantes contribuições para esse campo. Primeiramente, chamou a atenção para a observação freudiana de que a pulsão se satisfaz mesmo que o alvo (*Ziel*) esteja inibido. Neste caso, a sublimação questiona que a satisfação ocorra unicamente pela via do recalque e torna paradoxal o campo da satisfação porque coloca em jogo algo novo: no lugar de o objeto ser tomado como perdido, surge o objeto teorizado como impossível, mesmo que o aparelho psíquico não o reconheça como tal. O objeto é impossível porque nenhum objeto da necessidade pode satisfazer as exigências pulsionais. Por isso, a pulsão aprende que sua satisfação não está na apreensão do objeto, mas em seu contorno.

Se o objeto é impossível, qual é, então, seu lugar na economia pulsional? Para responder a essa pergunta, Lacan usou dois termos da língua inglesa. Afirmou que o objeto é *turn*, o contorno, a borda da zona erógena onde a pulsão circula. Também é *trick*, escamoteação, ato de contornar uma borda onde o objeto desaparece. Isto quer dizer que "a pulsão de morte não se cumpre no nível do S_1, senão que exige chegar até esse apagamento completo que se traduz por *a*" (Miller, 1986-87, p. 101).

Quanto à montagem da pulsão que Lacan apresenta, seu traçado é o próprio *ato que dá forma a uma hiância.* O objeto, portanto, é esse fosso que o circuito pulsional faz aparecer. É porque o afeto não sofre a vicissitude do recalque que a angústia é a única tradução subjetiva possível do objeto *a.* A pulsão é a montagem pela qual a sexualidade participa da vida psíquica e a transferência, aquilo que, na experiência analítica, manifesta a atualização da realidade sexual do inconsciente.

A realidade sexual do inconsciente é a de que não há no psiquismo "nada pelo que o sujeito pudesse se situar como ser de macho ou como ser de fêmea" (Lacan, 1964, p. 194): a finalidade biológica da sexualidade é a reprodução. Entretanto, não existe sexualidade genital, as pulsões são sempre parciais e a integração da sexualidade à dialética do desejo depende do jogo do significante. Depende daquilo que, no corpo, é aparelho de linguagem. Tem a ver com a sexualidade que passa às redes do significante e que por essa razão só pode se realizar de forma parcial.

A pulsão pode ser satisfeita sem que precise atingir a finalidade biológica da reprodução. Neste sentido, ela é pulsão parcial e a finalidade é sempre o contorno, o circuito, porque o objeto "é apenas a presença de um cavo, de um vazio, ocupável [...] por não importa qual objeto" e só pode ser subjetivado como perdido (Lacan, 1964, p. 170). É este contorno que permite que a contabilidade do gozo com a falta surja como mais-de-gozar.

Para Lacan, o fato mais importante é que toda pulsão se estrutura em um vai-e-vem. Quando Freud declina as vozes gramaticais que constituem o circuito pulsional, ele evidencia, graças aos polos verbais (por exemplo: ver e ser visto), que o percurso das pulsões jamais pode ser separado de "sua reversão fundamental, do [seu] caráter circular". Outro aspecto que também deve ser ressaltado é a importância de fazer a diferença entre o circuito circular de uma pulsão e o que daí surge como novidade: o sujeito que não havia ali antes de o circuito ter sido feito. "Esse sujeito, que é propriamente o outro, aparece no que a pulsão pôde fechar seu curso singular. É somente com sua aparição no nível do outro [ou seja, do objeto] que pode ser realizado o que é da função da pulsão" (Lacan, 1964, 168-169).

Onde esse circuito se engata? Ele é promotor de uma continuidade entre as diferentes pulsões? Lacan introduz o objeto *a* como *hiância que só pode ser contornada*, uma vez que não há objeto da necessidade que possa responder à exigência de satisfação por parte da pulsão. Por esta mesma razão, uma pulsão parcial não pode engendrar outra. Não se trata de um progresso em espiral ou de um circuito em desenvolvimento. A passagem da pulsão oral à anal não se dá por maturação. Um circuito pulsional é sempre percorrido em descontinuidade com outro. Ele requer a "intervenção, o reviramento da demanda do Outro" (Lacan, 1964, p. 171). É no endereçamento ao Outro de uma questão sobre o seu desejo – *Che vuoi?*, o que queres? – que o sujeito tem acesso à possibilidade de fazer da falta do objeto um modo de fruição peculiar.

O sujeito goza com o vazio, suplementando-o com um objeto, que é o próprio sujeito enquanto objeto parcial na função de mais-de-gozar. O circuito da pulsão, ao passar pelo Outro enquanto o campo do desejo, faz surgir o Outro como campo do gozo. O sujeito fica, então, fixado à posição de objeto do gozo do Outro. É este endereçamento que permite – do ponto de vista lacaniano – que a angústia seja tomada na relação transferencial. A angústia deve ser tomada "no eixo das relações do sujeito da demanda analítica (o analisando e seu pedido) ao desejo do Outro, ou ao desejo do analista que é seu ato interpretativo" (Coelho dos Santos, 1994, p. 50).

Isso só é possível porque Lacan enfatiza a primeira definição freudiana da angústia: a angústia como *Affekt*, isto é, como matriz de todos os afetos. Seu estatuto é idêntico ao do significante puro, o de representante de todas as representações possíveis. Por essa razão, a angústia tem uma afinidade de estrutura com um sujeito em vias de advir. Diferentemente das representações, o afeto não pode ser recalcado: "ele se desprende, fica à deriva. Podemos encontrá-lo deslocado, enlouquecido, invertido, metabolizado, mas ele não é recalcado" (Lacan, 1962-63, p. 23). Portanto, o afeto da angústia será "o efeito do corte significante ou do corte interpretativo do analista e se refere à queda de um objeto, que é um resto da articulação do sujeito ao significante" (Coelho dos Santos, 1994, p. 50).

A angústia é um fenômeno de borda porque se situa entre o gozo e o desejo. O gozo é fixado pela identificação fantasmática do sujeito ao traço unário, ao passo que o desejo é oriundo da operação de castração. Entre a identificação e a castração, a angústia é o ponto onde sujeito se origina como este traço identificatório apagado, "o que significa inconsciente, *Unbewusste*" (Lacan, 1962-63, p. 75-76). Por essa razão, a angústia sinaliza a queda do objeto ao qual o sujeito estava identificado e não sabia nada d'isso. Logo, a angústia não é sem objeto. Se ela é "aquilo que não engana" (Ibid., p. 88) é porque, na experiência da angústia, temos a certeza da presença real do objeto. Afinal, o sujeito só entra em relação com o objeto *a* quando a identificação (1) que o constituiu como $\$$ vacila e se mostra relacionada ao vazio (*a*) que a linguagem cava ao se introduzir em um corpo (1+*a*) referida ao recalque original.

Estes objetos parciais aos quais o eu identifica-se primordialmente, no campo do desejo materno, ele não pode reconhecer-se neles. São identificações anteriores à operação do recalque, da castração, da metáfora paterna. Lacan lança-se num debate com os analistas pós-freudianos para demonstrar que as identificações pré-genitais podem ser tomadas como significantes endereçados ao desejo do Outro. Não é preciso fazer apelo a manobras contratransferenciais para tratá-las. A angústia, neste tipo de endereçamento, é sinal do sujeito em posição de objeto do gozo do Outro.

São momentos difíceis de um processo analítico, pois a interpretação precisa ter efeitos de metáfora paterna, isto é, de separação do sujeito que está indiferenciado no campo do Outro. Portanto, quando a angústia surge no dispositivo analítico, isso quer dizer que a castração se fez presente e que o sujeito foi chamado a aí comparecer como objeto para tamponá-la. É por isso que a angústia deve ser tomada como endereçada ao desejo do analista. Somente pela intervenção do desejo do analista a castração poderá ser interpretada como tal, fazendo aparecer aí o sujeito e um objeto. A intervenção do analista permitirá o surgimento do mais-de-gozar ali onde o gozo comparece ligado a um objeto parcial.

Uma análise promove uma inversão de perspectiva. Lá onde o sujeito se experimenta como sujeitado ao significante, deverá reconhecer que o significante é também a causa de seu mais-de-gozar na fantasia. Vejamos como demonstrar esta inversão de perspectiva que o *Seminário 10* inaugura.

O sujeito neurótico não considera a castração do Outro materno como um furo real, como uma impossibilidade estrutural de nomear o objeto causa do desejo. Acredita que falta algo, um objeto em particular, ao Outro. Se algo falta ao Outro, então existe um objeto que garante o gozo: "Nesse lugar de falta, o sujeito é chamado a dar o troco através de um signo, o de sua própria castração". Se a emergência do desejo do Outro, ou de sua castração, é também "o momento da interpretação da castração" como falta, então é aí que comparecem as peças destacadas do corpo, os objetos parciais. "Aquilo diante de que o neurótico recua não é a castração, é fazer de sua castração o que falta ao Outro. É fazer de sua castração algo positivo, ou seja, a garantia da função do Outro" quando o Outro comparece como faltoso (Lacan, 1962-63, p. 56).

Embora as identificações aos objetos parciais sejam anteriores à entrada em jogo da função paterna, sua extração como mais-de-gozar depende da operação do recalque. Para que esses objetos parciais possam funcionar como objetos de um mais-de-gozar é preciso que se produza a subtração de gozo, isto é, o efeito de castração que resulta do fato de que um significante (S_1) é o que representa o sujeito ($) para um outro significante (S_2). A fantasia de espancamento que Freud verificou alojada no sintoma de alguns de seus pacientes é reveladora da função central do tempo imemorável da angústia na constituição do sujeito do inconsciente. O comparecimento da angústia na experiência analítica é sinal de que o sujeito está diante do desejo do Outro e o horizonte que se descortina é o da iminência da castração. O analisando se vê convocado a tamponar o desejo do Outro, oferecendo-se como o objeto que poderia satisfazê-lo.

No *Seminário 17*, o mais-de-gozar é o modo como o sujeito "recebe, claro, sua própria mensagem de uma forma invertida – aqui, isto quer dizer seu próprio gozo sob a forma do gozo do Outro. É mesmo disso que se trata quando ocorre de a fantasia juntar a imagem do pai com o que de início é uma outra criança" (Lacan, 1969-70, p. 62). O gozo do pai com o espancamento é apenas a metade da verdade. A outra metade se encontra do lado do próprio sujeito que, na posição de objeto do gozo do pai, se torna o suporte de sua própria fantasia. O mais-de-gozar vem em suplência ao Ⱥ como um bônus, um acréscimo. O sujeito suplementa a falha do Outro introduzindo ali a sua própria, recuperada em um objeto parcial tomado como objeto mais-de-gozar. A extração do mais-de-gozar é uma operação executada sobre a interdição do gozo fálico, ou seja, sobre o gozo do Outro marcado pela castração.

O discurso do analista, tal como os outros três, é um modo de fazer laço social. Um modo inédito de laço social que Freud introduziu na cultura moderna. Esse laço se funda sobre a linguagem na medida em que ela se dialetiza por meio da fala. O dispositivo analítico convida o analisando à experiência de falar sem precisar saber o que diz; mas a emergência das formações do inconsciente revela que não se fala impunemente: a verdade inconsciente desaloja o conhecimento de si. Mas não é só da descoberta de uma verdade recalcada que se trata neste dispositivo. Falar a torto e a direito, tagarelar, é gozar da fala.

O analista opera sobre o significante tomado como meio de gozo, pois o discurso analítico permite isolar o significante como fundamento da dimensão simbólica para extrair daí o real do gozo. A falta de objeto, que o próprio significante circunscreve em seu trajeto de contorno, é causa do gozo e a fantasia é o enredo que encobre essa falta original. O significante não é apenas aquilo que mortifica, recalca o gozo, é também a causa do mais-de-gozar da fantasia.

Lacan partiu da linguagem, da palavra tomada como comunicação endereçada ao Outro para responder como o organismo vivo era capturado e mortificado pelo significante. O significante, ele dizia nesta época, mata a Coisa (*das Ding*). O processo de captura pelo significante, no *Seminário 11*, é abordado através do esquema da alienação e da separação. Diferentemente da primeira teoria de Lacan, o significante já não mata a Coisa. Podemos dizer que ele a pluraliza. No lugar da Coisa, do objeto incestuoso e proibido do desejo, surgem as espécies da Coisa, os objetos *a*.

A Coisa não é reacalcada. Ela é irrecalcável e retorna sob a forma destes objetos causa do desejo. No *Seminário 17*, o significante é a causa do gozo. Ele aparelha o gozo para funcionar como suplência – mais-de-gozar – à castração. No *Seminário 20*, o significante é definido como letra de gozo. Ele ainda é causa do gozo mas é redefinido com base na função da escrita, de limitá-lo, recortando-o.

O discurso do analista é, então, reposicionado em sua relação com a escrita do gozo. Embora o discurso do analista seja o modo de relação que se funda na fala, mais do que ouvir o analista deve ler o campo da fala, ou melhor, o que ali se escreve sob a forma de gozo. Falar é gozar, é tagarelar a torto e a direito. A palavra não está apenas no registro da comunicação, mas no do gozo, e foi isso que quisemos introduzir por intermédio da função da angústia. Depois que Lacan promoveu a angústia à dimensão de sinal da presença do real, sua abordagem da experiência analítica privilegiou progressivamente o gozo em detrimento do sentido.

Por essa razão, Lacan será levado a afirmar que o registro da escrita e o do significante não são da mesma cepa. Este último foi introduzido pela linguística e é sustentado pelo discurso da ciência, cujo ato introduziu uma distinção entre o significante e o significado originado da revelação. O registro da escrita implica a palavra separada da estrutura da linguagem que propicia a comunicação. Nesta dimensão, "o significante só se coloca como não tendo nenhuma relação com o significado" partilhável (Lacan, 1972-73, p. 42). Aqui o gozo não permite o laço social. A leitura, pelo analista, disso que só comparece como angústia é o que propicia tratar a relação do sujeito com o gozo.

A psicanálise mostrou que o inconsciente é correlato ao advento da ciência moderna. Com a teorização dos discursos, Lacan consolidou a posição da psicanálise como um discurso em exclusão interna ao discurso da ciência. Ao contrário da posição da ciência, para a psicanálise "o significante como tal não se refere a nada, a não ser que se refira a um discurso, quer dizer, a um modo de funcionamento, a uma utilização como liame", como laço. O discurso organiza o gozo e funda a realidade, na medida em que "cada realidade se funda e se define por um discurso" e que "não há a mínima realidade pré-discursiva" (Lacan, 1972-73, p. 43, 45, 46).

É isso que nos permite afirmar que "o discurso do analista é um efeito de retorno daquilo que a ciência rejeitou para poder constituir-se" (Coelho dos Santos, 2002a, p. 77). Em decorrência, a posição do analista no discurso do analista corresponde à sua identificação ao que foi rechaçado pela ciência. Isto se deve ao fato de que a ação do analista considera a relação entre o significante e o gozo. A operação analítica se efetua sobre o campo do gozo que a ciência rejeita.

O gozo da pulsão se caracteriza pelo gozo com a falta, com o vazio que o próprio movimento pulsional cava, e pela extração do mais-de-gozar a partir da diferença. A pulsão goza com o "não é isso", que distingue o gozo obtido do gozo esperado. O gozo com o encontro faltoso com o real. Nada do que se busca é da ordem do que se encontra: "no desejo de todo pedido, não há senão a requerência do objeto *a*, do objeto que viria satisfazer o gozo" (Lacan, 1972-73, p. 171).

Quando a ciência se torna um saber anônimo, deixa de se interessar por este aspecto que é exatamente do que trata a psicanálise. O discurso do analista recolhe e trata o gozo que a ciência esquece. É por esta razão que Lacan (1969-70) situa o discurso do analista como o avesso do discurso do mestre moderno. Portanto, a manutenção do discurso do analista como o avesso do discurso da ciência depende de que esta "seja ainda o mestre contemporâneo e prossiga providenciando os efeitos de exclusão de sentido, da causa, do desejo e do sujeito" (Coelho dos Santos, 2002a, p. 77).

Se o objeto *a* não é uma coisa em si e sim uma substância gozante, é porque seu suporte é uma ausência, "uma elisão de estrutura". Ele não é um semblante como o significante. Tudo aquilo que venha ocupar esse lugar do objeto *a* é da ordem de um suplemento e não de um semblante. O lugar vazio da estrutura, condição do gozo, pode ser suplementado e não representado: "É como se a função lógica e topológica que Lacan batizou objeto *a* retirasse alguma coisa do corpo, operasse uma extração sobre o corpo, necessária para dar o valor de mais-de-gozar" (Miller, 1995b, p. 18).

O discurso do analista opera a partir da elisão de estrutura. Tomada como função lógica numa análise, trata-se de confrontá-la aos objetos parciais capturados pela repetição do circuito pulsional para suplementá-la. A operação analítica visa produzir a emergência da diferença entre a satisfação que se busca alcançar e a que efetivamente se consegue obter. Essa diferença está suplementada, na fantasia, pelo objeto parcial. Os objetos parciais são os "'objetos-suporte' do objeto *a*" e não o próprio objeto *a*. Este é, ao contrário, a ausência lógica do objeto. É "como se pedaços do corpo fossem atraídos [para esse lugar] e adquirissem tal configuração" (Miller, 1995b, p. 18, 19). É por esta razão que Lacan afirma, no *Seminário 10*, que a função da análise se dá no espaço ou no campo do objeto parcial em jogo na fantasia, mas para reintroduzir a falta onde este objeto a tampona.

Como pode o analista ocupar um lugar que, estruturalmente, não é ocupável por coisa alguma, sequer por um semblante?

O DESEJO DO ANALISTA E SEU SER

Toda contribuição teórica é também uma intervenção em um debate que a transcende. O termo *desejo do analista* surgiu em 1958, no texto "A direção do tratamento e os princípios do seu poder" (1998, p. 621). Ele se insere no debate relativo ao uso que os analistas pós-freudianos fizeram da psicanálise para solucionar os impasses clínicos encontrados na transferência. Cottet (2005) considera esse texto como o mais preciso e consistente já elaborado por Lacan sobre o problema da prática analítica, sobre a direção que o analista dá ao tratamento, como ele se orienta e o que visa.

Com a categoria de *desejo do analista*, Lacan formaliza a natureza da ação do analista na condução de uma análise, questionando o mau uso da teoria e da técnica psicanalíticas pelos pós-freudianos. A teoria e a prática da psicanálise, tal como legada por Freud, se opõe frontalmente – e essa é a retificação feita por Lacan neste texto – aos desvios do uso da sugestão como técnica analítica. Esse uso resultou na manipulação da transferência, no abuso do poder que tal prática propicia e no forçamento reeducativo, isto é, a disseminação da crença na possibilidade da existência de um domínio subjetivo sobre o inconsciente (Cottet, 2005). Esses pontos situam o cerne das críticas feitas por Lacan em 1958. O termo *desejo do analista* foi, a seu tempo, um instrumento para repensar a formação dos analistas e a transmissão da causa freudiana no embate com alguns analistas pós-freudianos.

Lacan alinhou-se contra as teorias que pregavam a contratransferência, a intersubjetividade e o uso intelectual da palavra no ato interpretativo no sentido imaginário. A noção de desejo do analista mostrou-se uma alternativa à técnica contratransferencial. Assim como a angústia não é sem objeto, o *desejo do analista* não é sem a contratransferência (Coelho dos Santos, 2004a). Essa última apresentava-se como a solução para os sintomas de difícil classificação[1] que embaraçavam a prática da psicanálise. Os analistas favoráveis ao uso da contratransferência[2] justificavam com frequência a escolha dessa técnica porque os casos difíceis reclamavam a inclusão do corpo do analista. Isto tornava urgente questionar se a intersubje-

---

[1] Segundo Coelho dos Santos (2004a, p. 69), trata-se dos problemas enunciados pelo uso do termo borderline, estabelecido por Adolph Stern para nomear manifestações clínicas, tais como: narcisismo, hemorragia psíquica, hipersensibilidade extraordinária, rigidez psíquica e física, reação terapêutica negativa, sentimentos constitucionais de inferioridade, insegurança orgânica ou angústia, masoquismo, uso excessivo de mecanismos projetivos, dificuldades no uso do teste de realidade, particularmente nos relacionamentos interpessoais. A autora também se refere ao uso do termo por dois outros autores: Phyllis Greenacreo usa em relação à predisposição constitucional à angústia; Hélène Deutsche o redefine como personalidades *as if*, apoiada no falso *self* de Winnicott, ambos aproximando-o de uma patologia do caráter.

[2] Sándor Ferenczi desenvolveu "procedimentos terapêuticos ativos" que deveriam ser utilizados quando e onde uma longa tentativa de análise não obtivesse êxito em penetrar as estruturas do eu. Ele "acreditava que o analista devia dar afeto a esses dificílimos pacientes, com a finalidade de resolver os problemas patológicos pelo acesso a suas experiências pré-traumáticas. Para tanto, assumia e desempenhava certos papéis na relação de transferência designada para influir sobre o processo mental e emocional do paciente. Descreveu esse enfoque procurando demonstrar como o analista pode, conscientemente, criar uma atmosfera de facilidade na situação analítica. Sua tese consiste em que o contato direto com o paciente, por intermédio da interpretação, é insuficiente nos casos de grave distúrbio, e que, além disso, torna-se necessária uma aproximação mais direta do substrato infantil do paciente" (Alexander, Eisenstein, Grotjahn, 1981, p. 481, 33, 35-36). Money-Kyrle entende que, no caso de alguns psicóticos, antes que a análise possa ser iniciada, o analista precisa "dar corpo" ao objeto ideal em relação ao qual estes pacientes podem formar uma relação, não sendo suficiente interpretar os esforços do paciente para forçar este papel ao analista (ELF, 2002). Paula Heimann, por sua vez, sustenta a tese de que a resposta emocional do analista à situação analítica representa uma importante ferramenta de seu trabalho, desde que não seja intensa (sic!). Ela deve ser extensiva, diferenciadora e móvel (Ibid.). Annie Reich inclui no termo contratransferência "todas as expressões do analista que caracterizam o uso da análise em termos de acting out" (Ibid., p. 22).

tividade poderia comparecer como o modo mais indicado de o analista se incluir no dispositivo.

Freud (1937) fazia objeção a esse tipo de procedimento. Lacan, por sua vez, desde o *Seminário 2*, considerava que o efeito da inserção do corpo do analista no dispositivo analítico, sob a forma do eu do analista, dava lugar ao apagamento da dimensão alteritária necessária e própria à relação analítica. Sua ênfase na tese da primazia do registro simbólico, distinto dos planos imaginário e real, responde nesse momento a esses problemas e retifica o campo próprio ao tratamento analítico. Para Lacan, era fundamental colocar em jogo o ser do analista. Mas ele considerava impróprio à manutenção do campo psicanalítico fazer confluir a ação do analista com a contratransferência. Argumentava que, desde Freud, a relação analisando e analista foi situada de modo assimétrico. Instalar essa relação sob a égide da simetria era fazer dela um uso imaginário, uso que Lacan sempre repudiou e em relação ao qual Freud procurou ficar atento, fazendo disso teoria e matéria para diversas advertências.

Em "A direção do tratamento...", Lacan critica a psicanálise americana por desconhecer o que se poderia, verdadeiramente, chamar de tratamento psicanalítico. Se a condução não se mostra capaz de sustentar uma práxis autêntica, esta se reduz a uma direção de consciência, portanto a um mero exercício de poder. A orientação deste texto introduz pouco a pouco o contexto onde surge o termo *desejo do analista*: a questão do ser do analista, que se coloca na análise desde muito cedo. Lacan observa que quanto mais o analista estiver interessado em seu próprio ser, menos seguro ele estará no que se refere à sua ação. Quanto a isso, a orientação freudiana básica é a seguinte: "é preciso tomar o desejo ao pé da letra" (Lacan, 1998, p. 626). Tomar o desejo ao pé da letra significa reconhecer "a relação do desejo com essa marca da linguagem que especifica o inconsciente freudiano e descentra nossa concepção do sujeito". Essa marca, identificatória, implica a presença do falo, "a identificação última com o significante do desejo" que faz com que o desejo do homem seja irremediavelmente o desejo do Outro (Ibid., p. 627, 633).

O campo de ação da interpretação encontra-se subordinado à função do significante, à determinação simbólica característica do sujeito em questão. Estar convencido disso é fator indicador do quanto um analista se deixa atravessar, ele próprio, pelo discurso da psicanálise. O inconsciente é estruturado como uma linguagem. Por isso, a doutrina do significante – tradução lacaniana da determinação inconsciente descoberta por Freud – se torna o verdadeiro suporte da interpretação analítica. A direção do tratamento deve partir da retificação do sujeito em relação à realidade, dirigir-se ao desenvolvimento da transferência. É somente depois de cumprido este trajeto que se deve dar lugar à interpretação. Para Lacan, foi a inversão dessa sequência que levou os analistas a perderem o horizonte da psicanálise.

Do ponto de vista fenomenológico, a transferência aponta situações que parecem concernir às relações do eu com o mundo. No entanto, desde Freud se conhece a "aparência enganadora" do eu. Originalmente incluído no *id*, ele é, por isso mesmo, também mundo externo. Pensar a transferência de modo parcial engendra três tipos de desvios: o geneticismo, a relação de objeto e a noção de introjeção subjetiva, que leva à fantasia de devoração fálica. Nela, além de entrar como suprimento, o analista se situa em uma relação dual com o paciente. O total desconhecimento da natureza da incorporação simbólica leva os analistas "ao recurso ao ser como um dado real" (Lacan, 1998, p. 618).

Foi Ferenczi quem trouxe a questão do ser do analista. Ele concebeu a transferência como a absorção, pela economia do sujeito, de tudo o que o analista "presentificava no duo como *hic et nunc* de uma problemática encarnada" (Lacan, 1998, p. 619). Já os ingleses pensaram o fim do tratamento pela identificação do analisando com o analista. Porém sem chegar a qualquer conclusão unívoca sobre se o objeto da identificação seria o eu ou o supereu. Melanie Klein, por sua vez, mostrou a homologia entre sujeito e objeto e a patologia da propensão à qual o sujeito é impelido em um mundo onde suas necessidades são reduzidas a valores de troca. Mas, apesar disso, ela não foi além da identificação do sujeito aos objetos da fantasia. Não pôde ver que a patologia da propensão só encontra seu valor pela mortificação que o significante impõe à vida quando a reduz ao número.

Lacan se pergunta então: sendo um sujeito como qualquer outro e, portanto, não estando a salvo desta patologia, como o analista poderia ajudar o paciente? Imagina-se que ele "deva ser um homem feliz", pois é a felicidade que lhe pedem. Como poderá dá-la se não a tiver? Estas questões presentificam o cerne do debate de Lacan com os pós-freudianos, em 1958, retomado por ele em 1965, em "A ciência e a verdade". Vemos ali uma referência ao diálogo com a ciência moderna iniciado por Freud em "A questão de uma *Weltanschäuung*". Este debate articula a psicanálise ao campo da ética. Implica saber como a psicanálise deve responder aos efeitos do advento da ciência moderna sobre o sujeito que ela mesma engendra, o sujeito da falta-a-ser, que já sabe que o projeto humanista de felicidade é um projeto fracassado.

Freud (1930 [1929], p. 95), apoiando-se em Goethe, já havia chamado a nossa atenção para o fato de que nada nem no céu nem na terra revela que a intenção de que o homem seja feliz faça parte dos planos da Criação. Em 1958, Lacan afirmou que o analista deve responder à falta-a-ser do sujeito com o desejo do analista. Não deve oferecer nenhuma outra coisa que redunde num sonho de felicidade ou de simetria: "o progresso humanista, de Aristóteles a São Francisco (de Sales)[3], não satisfez as aporias da felicidade" (1998, p. 620-621). Por isso, ele pode concluir que, se é na *relação com o ser* que o analista assume seu nível operatório, "cabe formular uma ética que integre as conquistas freudianas sobre o desejo: para colocar em seu vértice a questão do desejo do analista" (1998, p. 621).

Freud introduziu o conceito de desejo fundado no desconhecimento do sujeito em relação a si próprio. Definido como incestuoso, o desejo sofre a vicissitude do recalque. Por isso, se realiza sem se satisfazer. Deste modo, o conceito de desejo remete, de saída, à clivagem na constituição subjetiva e à desarmonia existente entre sujeito e desejo. É por isso que o dispositivo analítico não só induz ao surgimento dessa distância como também opera com ela, alargando-a. Ao separar o enunciado e a enunciação, o analista dá nova forma à demanda. Introduz o mal-entendido que permite questionar o desejo e a relação do sujeito com o desejo. Relação essa diante da qual

---

[3] São Francisco de Sales (1567- 1622), bispo da Igreja Católica de Genebra, tornou-se uma figura líder da Reforma Católica.

o sujeito recua porque é fundamentalmente inconsciente. O imaginário tem seu valor na constituição do desejo, mas é no campo do simbólico que o conceito ganha sua definição como desejo do Outro. O desejo nasce alienado a uma fórmula – *Che vuoi?* – que constitui o sujeito como desejante, falta-a-ser, falta endereçada ao Outro.

Em "A significação do falo", Lacan (1998) mostrou que a função do significante do falo na busca do desejo, tal como Freud a situou, é a chave do que é preciso saber para levar as análises até seu termo e tratar a paixão do neurótico pela falta-a-ser. Segundo Coelho dos Santos (2005d, p. 72), essa chave é a introdução da diferença entre a demanda e o desejo.

Quando Lacan empregou o termo *desejo do analista* pela primeira vez, ele o fez em um contexto que vincula o surgimento da psicanálise ao advento da ciência moderna. Portanto, desde então já estava em jogo a definição do sujeito sobre o qual ela opera, formalizada no axioma posteriormente da seguinte forma: "o sujeito sobre quem operamos em psicanálise só pode ser o sujeito da ciência" (Lacan, 1998, p. 873). Esse debate se passa no campo da ética. De que ética se trata? Trata-se da ética do bem do sujeito, de sua felicidade. De que goza o sujeito oriundo do corte entre o mundo antigo e o moderno? O que o faz feliz?

Na cultura contemporânea, a ciência associou-se ao capitalismo e à difusão da psicanálise no mundo. Passou a oferecer, como resposta à clivagem subjetiva e à busca da felicidade, a produção de uma profusão de objetos que não são extraídos do corpo, portanto não respondem à pergunta sobre a causa. Freud respondeu com a pulsão de morte e mostrou que a relação do sujeito consigo próprio e com o mundo não é uma relação de harmonia. O próprio conceito de eu, tal como Freud o concebeu, por meio da *Spaltung*, é antinômico com a harmonia e com a felicidade porque o objeto da pulsão é um objeto perdido. Com o conceito de objeto *a*, Lacan retomou o conceito freudiano de objeto parcial para demonstrar que o verdadeiro objeto perdido não é o objeto incestuoso. A inexistência do objeto é a própria condição de satisfação da pulsão. Ela se satisfaz com o vazio, com o contorno que molda a hiância onde o objeto falta. Portanto, do ponto de vista da pulsão, é possível afirmar que o sujeito é sempre feliz (Miller, 1997).

O termo *desejo do analista* reintroduz a dessimetria existente entre o desejo do neurótico e o desejo daquele que se propõe dirigir um tratamento analítico. O próprio conceito de desejo já chama a atenção para a estrutura sobre a qual se assenta o tratamento analítico – a estrutura da falta-a-ser –, da qual o neurótico nada quer saber. Portanto, com a categoria de *desejo do analista*, Lacan colocou em questão a análise dos analistas. Se o desejo fundamental é o desejo de dormir, o desejo do analista precisa constituir uma exceção em relação a esse objetivo. Precisa ser um desejo de despertar da alienação constitutiva do desejo como desejo do Outro.

O desejo do analista põe o analista na berlinda. Permite que Lacan interrogue a maneira como o discurso analítico é recebido, digerido e restituído pelos analistas à comunidade sob a forma do trabalho de formação de novos analistas. Para além de querer saber sobre o destino das transferências dos analisandos em relação aos seus próprios analistas, naquele momento era urgente interrogar qual foi o destino da transferência dos analistas em relação à própria psicanálise, em relação ao desejo de Freud, depois de transcorrido o tratamento analítico. Quem são os sujeitos que o discurso analítico produz? Se o desejo é alienado por estrutura, o que acontece quando ele se libera dessa alienação primordial? Em nome de quem os analistas passam a falar? O que acontece com a transferência dos analistas à causa freudiana?

Para nos ajudar a responder a essas questões que concernem às teorias sobre o término das análises, o conceito de Nome-do-Pai se tornou muito mais operativo do que a noção de desejo do analista. Enquanto o conceito de desejo não sofreu modificações, o de Nome-do-Pai mostrou-se passível de deformações. Poder suportar descontinuidades foi a característica que permitiu que o Nome-do-Pai acompanhasse os desdobramentos do ensino de Lacan, mantendo sempre um lugar axial. Talvez isso explique por que o termo *desejo do analista* nunca tenha sido alçado por Lacan à categoria de conceito e seja também a razão pela qual o seu uso praticamente desapareceu no seu último ensino.

A introdução do termo *desejo do analista*, em 1958, proporcionou a Lacan a possibilidade de reinserir a estrutura cortante da psicanálise no seio da comunidade analítica. Uma espécie de "refundação" da psicanálise pela lembrança da estrutura mínima do inconsciente, a estrutura do desejo. Pensamos que a proposta de Lacan, em "A direção do tratamento...", de que se formule "uma ética que integre as conquistas freudianas sobre o desejo: para colocar em seu vértice a questão do desejo do analista" (1998, p. 621) guarda uma homologia estrutural com a reinclusão do desamparo na consideração da ciência proposta por Freud nos anos 1930. Além disso, tem a mesma estrutura do axioma lacaniano, de 1965, "a psicanálise é essencialmente o que reintroduz na consideração científica o Nome-do-Pai" (Lacan, 1998, p. 889).

Propomos que estes três momentos tratam de um mesmo debate sobre a natureza da estrutura do sujeito moderno, sujeito clivado, bem como do papel da psicanálise no mundo. Esse debate se desdobra em três tempos superpostos, que organizamos do seguinte modo:

1º. 1933[1932] – Freud propõe a inclusão da relação ao pai no campo do saber da ciência como prova de que não se pode abrir mão totalmente das ilusões porque elas são estruturais;

2º. 1958 – a reinserção, feita por Lacan, da dimensão simbólica da análise e da natureza edípica do desejo relativa à falta-a-ser, à falha central na qual o sujeito se experimenta como desejo. A novidade é o termo lacaniano *desejo do analista*, nunca usado por Freud, como o operador dessa reinserção através da interpretação analítica comandada pela lógica do falo. Tomado como desejo do Outro, o desejo do analista é então o operador que permite o surgimento do discurso do inconsciente.

3º. 1965 – a tese lacaniana da reintrodução do Nome-do-Pai na consideração científica. Ressaltamos que Lacan já dispunha aqui do conceito de objeto *a*, também inexistente em Freud. O objeto *a* foi conceituado inicialmente em termos de consistência lógica e, depois, como mais-de-gozar. Por essa via, Lacan reintroduziu a presença do analista tão requisitada pelos pós-freudianos. Enquanto objeto *a*, causa do desejo, o analista é uma presença que não pode ser reabsorvida de modo algum. Ele "encarna a

> parte não simbolizada do gozo" (Laurent, s/d), ponto a partir do qual o sujeito pode se separar de suas identificações e extrair o modo de gozo só apreensível pelo circuito pulsional e por suas coordenadas de linguagem.

Defendemos a tese de que, ao formalizar o discurso do analista no *Seminário 17*, Lacan reuniu formalmente esses três momentos. Na parte superior do discurso (*a*→$) encontramos, invertidas, as letras que também compõem o matema da fantasia ($ ◊ *a*). O fato de estarem invertidas, separadas pela flecha, e de *a* se situar como agente tem como consequência a histerização artificial do discurso. Acossado pela causa, o sujeito barrado produz os significantes-mestres que orientam a formalização da fantasia cujo enredo é sempre edípico. Se o objeto *a* é causa do desejo, então *a* é relativo ao ponto onde a metáfora paterna falha em sua operação de significação fálica do desejo do Outro. Ele traduz a impotência da identificação ao pai, sendo também o que vem em suplência a essa falha. Isso tem como efeito a introdução da distinção entre os níveis da demanda e do desejo, o que abre as portas ao inconsciente como pulsão, ou seja, ao gozo.

O apontamento da parte inferior do discurso do analista permite dizer a mesma coisa, uma vez que ali o significante-mestre (S_1) encontra-se completamente separado do saber (S_2) engendrado pela articulação entre ambos. O efeito da reintrodução do Nome-do-Pai como causa sexual é, então, o esvaziamento do gozo contido nos significantes-mestres. Isto é o mesmo que dizer que se trata da redução da fantasia ao funcionamento pulsional, da verificação pelo sujeito do funcionamento pulsional na falha central onde ele se experimenta como desejo. Neste sentido, o termo *desejo do analista* apresenta uma dimensão tão subversiva quanto a própria introdução da psicanálise no mundo por Freud. Implica "o analista como homem de desejo, e de um desejo articulado ao insuportável, ou seja, um desejo que não recua diante do ponto de insuportável de cada um" (Brousse, 2002, p. 20).

No diálogo da psicanálise com a ciência está em questão a relação fundamental do analista com a dimensão política. O inconsciente é a política da psicanálise e também aquilo com que um analista tem sempre que lidar. Se, após uma análise, um analista nada souber sobre a dialética que o enreda e o compromete com as vidas que o procuram, como poderá se envolver numa prática que o faz pagar com seu próprio ser? O conselho que Lacan (1998, p. 321) nos deixou quanto a isso é o de deve renunciar "a isso, portanto, quem não conseguir alcançar em seu horizonte a subjetividade de sua época".

Nossa tese é a de que o discurso do analista reúne e resume, sob a forma de um matema, esses três tempos do diálogo da psicanálise com a ciência, iniciado por Freud e consolidado por Lacan no decurso de seu ensino. Além disso, acrescentamos que o *Seminário 17* serve como porta de entrada para um quarto tempo desta conversação, à qual Lacan responderá com o seu último ensino. Localizamos o ponto de partida para esse novo tempo do debate na formalização do discurso do mestre contemporâneo e do discurso do capitalista, que não serão abordados aqui.

No que se refere à operatividade da psicanálise definida como reintrodução do Nome-do-Pai na consideração científica, mostramos que a teoria dos discursos foi o ponto de chegada do segundo ensino de Lacan. Além disso, esta teoria também condensa, como um quiasma, o debate constante e necessário entre a psicanálise e a ciência. Pretendemos confrontar o discurso do analista à noção de desejo do analista. Pensamos que esta noção é coerente com a formalização do discurso do analista enquanto matema da operatória do analista sobre o campo do gozo. No entanto, ela não nos auxilia a responder à questão sobre como alguém pode vir a ocupar o lugar de objeto *a*, dominante do discurso do analista, uma vez que, como já apontado anteriormente, esta posição foi definida por Lacan como impossível.

Entretanto, isto não nos impede de defendermos as seguintes teses:

- o termo *desejo do analista* antecipa o conceito de objeto *a*, tal como no *Seminário 17* ele designa o agente do discurso do analista. Dessubjetivação do analista que deve levá-lo a recusar o que lhe é oferecido pelo paciente no dispositivo analítico porque sabe que "não é isso";
- o discurso do analista é a formulação amadurecida, conceitual e lógica da noção de desejo do analista, é a redução do desejo do analista ao seu mínimo essencial.

Cottet afirma que considerar a psicanálise uma "elucubração de Freud" não a reduz à condição de arbitrariedade de um sujeito. Afinal, o fato de que tenha havido uma transmissão da psicanálise, ou seja, de que a psicanálise tenha feito laço social e permanecido no mundo, é atestado pela horda que o próprio Freud engendrou "apenas com o desejo que tinha pela causa" (Cottet, 1989a, p. 188). Esta causa não é outra senão a causa sexual.

Para finalizar este percurso, achamos importante chamar a atenção para uma das considerações feitas por Cottet na conclusão do seu livro *Freud e o desejo do psicanalista* (1989a). Ela nos ajudará a responder às nossas questões ao mesmo tempo que concorrerá para esclarecer a razão pela qual escolhemos abordar o tema do desejo do analista a partir dos axiomas que ligam a psicanálise à ciência moderna e não diretamente a partir das definições que Lacan fornece desse termo durante o tempo de seu ensino, como poderia ser esperado.

> A definição do desejo do psicanalista [...] nos deixa em aporia: no transcurso de diferentes capítulos, tratamos de circunscrevê-lo mais do que nomeá-lo. Como ocorre com os sonhos, esse desejo pôde apenas ser indeferido, induzido, e, algumas vezes, deduzido. Sempre entre dois significantes, ele é, sempre desejo de outra coisa. Basta recordar que esse desejo foi construído com peças e fragmentos destinados também a outros usos (Cottet, 1989a, p. 188).

O que é, afinal, uma aporia? E por que Cottet afirma ter ficado em aporia diante da definição do desejo do analista? Ferreira (1986) define o termo aporia do seguinte modo:

1. Dificuldade, de ordem racional, que parece decorrer exclusivamente de um raciocínio ou do conteúdo dele;

2. Conflito entre opiniões, contrárias e igualmente excludentes, em resposta a uma mesma questão;
3. Figura pela qual o orador hesita, tem dúvida, na escolha de uma expressão, de um rumo para o discurso.

Para Lalande (1993), aporia é propriamente ausência de passagem ou de meio, embaraço, dificuldade, necessidade. Ferreira (1986) destaca, ainda, que:

1. Em Aristóteles, dificuldade a resolver; "apresentação de duas opiniões contrárias e igualmente racionais a uma mesma questão";
2. Nos modernos, a palavra é frequentemente tomada num sentido mais forte: dificuldade lógica de onde se não pode sair: objeção ou problema insolúveis.

As definições propostas por Ferreira e Lalande para o termo aporia já nos levam ao problema detectado por Cottet (1989a) no que concerne à adoção de uma definição para o termo *desejo do analista*. Pensamos que esse problema pode ser analisado sob diferentes ângulos. Para começar, concordamos com Cottet quanto ao fato de que é impossível encontrar *uma* definição para o desejo do analista que permita acompanhar os desdobramentos e as descontinuidades do ensino de Lacan ao longo dos anos. Se isso já não é possível no que se refere ao primeiro e segundo ensinos, o que poderíamos dizer quanto ao último, do qual não tratamos aqui, mas que Miller afirma ser constituído por uma inversão de paradigmas "que incide sobre todo o percurso de Lacan" (1999a, p. 101) e comportando um "passo fora de", um "desenlaçamento de [Lacan em relação a] Freud" (Id., 2002, p. 6).

Outro aspecto que dificulta a unificação de uma definição do termo *desejo do analista* é o fato de que o conceito de desejo inconsciente implica enfatizar teoricamente a divisão do sujeito. No capítulo anterior demonstramos que esta ênfase, característica do primeiro ensino, foi deslocada por Lacan a partir do *Seminário 16*. Ali, ele afirma que é o gozo, e não o desejo inconsciente, a substância de tudo aquilo de que falamos em psicanálise. Há, portanto, um deslocamento teórico entre o primeiro e o segundo ensinos de Lacan. O foco passa da divisão do sujeito (ou seja, do campo do desejo) para a apresentação do gozo sob a forma estrutural do mais-de-gozar. Como mais-de-gozar, o gozo se torna contábil e pode ser usado como suplência à falta-a-ser do sujeito. A falta-a-ser é a paixão do neurótico, mas no sentido de que ele goza para, a partir dela, obter uma consistência.

Lacan formalizou o conceito de fantasia pelo matema $\$ \diamond a$ para designar o *fading* do sujeito diante da grandeza e da forma agalmática do objeto *a* como objeto do desejo. Mas, logo em seguida, essa fórmula ganhou outro valor: o de acoplar um complemento imaginário de gozo (sob as espécies do objeto *a*) a esse sujeito reduzido a nada. Com esse passo, Lacan ressaltou a consistência da fantasia e não mais a sua inconsistência, tal como a ênfase no desejo deixava transparecer. A consistência da fantasia encobre a castração do Outro, sua inconsistência estrutural, e dá lugar ao campo do gozo (Miller, 2005-06a).

Um outro modo de falar da impossibilidade de se obter uma definição para o termo *desejo do analista* pode ser encontrado no conceito de grande Outro (A). Quando o laço social era sustentado pelos ideais vigentes na cultura, a posição do psicanalista dependia da hipótese do inconsciente antropológico superposto à sua vertente linguageira e também do Nome-do-Pai identificado ao ideal. O lugar do analista sustentava-se no eixo simbólico caracterizado pela mortificação imposta pela linguagem ao sujeito através da operação de identificação.

Segundo Lacan (1998, p. 431), para intervir corretamente na análise, o analista deveria, então, fazer-se "de morto, cadaverizando sua posição, [...] seja por seu silêncio, ali onde ele é o Outro, [...] seja anulando sua própria resistência, ali onde é o outro". Ao Outro mortificante correspondia um analista mortificado em relação ao seu i(*a*), eu ideal. Deixando esse lugar vago, o analista poderia oferecê-lo "ao desejo do paciente para que se realize como desejo do Outro" (Id., 1960-61, p. 109). Como morto, o analista proporcionava ao sujeito a possibilidade de fazer a experiência de seu próprio desaparecimento originado da mortificação identificatória à qual se submetia diante da grandiosidade suposta ao objeto do desejo.

Com os conceitos de traço unário e objeto *a*, entretanto, Lacan realçou a constituição do circuito pulsional inconsciente onde o desejo se realiza sem se satisfazer. Assim, o lugar do analista se deslocou do de sujeito suposto saber, tal como se apresentava o campo do Outro na época, para o lugar da causa do desejo (*a*), ou seja, para o fato de que ele só se presentifica como falta. Quando a inconsistência do Outro já não pode ser tamponada pelo ideal, pelo Nome-do-Pai, a suposição de saber dá lugar à causa do desejo. Como enfatizamos, a conceituação do objeto *a* é dependente da nova definição que Lacan dá ao conceito de Outro como "campo desse *vivo* onde o sujeito tem que aparecer" (1964, p. 194).

O campo do Outro torna-se, então, um campo também relativo à vida, e não apenas à mortificação, e o sujeito é chamado a comparecer aí como vivo. É porque o vivo é sexuado que uma parte dessa vida é perdida – "por ser sujeito ao sexo, [o sujeito] caiu sob o golpe da morte individual" (Lacan, 1964, p. 195). Essa retificação no conceito de Outro dá origem a uma nova mudança na posição do analista. Sua presença torna-se "ela própria uma manifestação do inconsciente" em seu aspecto pulsional (Ibid., p. 121). Neste sentido, "o desejo do analista [...] tende para um sentido exatamente contrário à identificação" (Ibid., p. 259) porque o analista "se faz causa do desejo do analisando" (Lacan, 1969-70, p. 36), causa do que chama o sujeito a comparecer como vivo.

A partir destes desdobramentos, torna-se impossível considerar o desejo do analista como um desejo puro ou neutro. Lacan (1964, p. 240) chega mesmo a conceber um laço entre o desejo do analista e o do paciente – "[...] por trás do amor dito de transferência, podemos dizer que o que há é afirmação do laço do desejo do analista com o desejo do paciente". Porém, como afirmou Cottet (1989a), essa concepção só pode ser considerada como um encontro lógico, ou melhor, topológico. Se na estrutura do discurso há apenas um sujeito implicado (o sujeito suposto saber), então não haveria qualquer necessidade de se distinguir dois desejos relativos a dois sujeitos.

Portanto, a fórmula para se conhecer a significação da estrutura e, assim, conhecer o desejo do analista é simples: basta somar ao saber suposto a significação que ele contém. Esta significação implicaria o analista na transferência. Ele pode dá-la ao paciente ou não. Nesta posição caprichosa, o analista desnuda a onipotência do Outro. Ora, neste período do ensino de Lacan, a operação analítica está relacionada ao sentido e à significação. Portanto, a função do desejo do analista é inevitável, uma vez que, como função, o desejo é sempre relativo ao campo do Outro. Neste sentido, há dois problemas. O primeiro se deve ao fato de que – se está referido ao campo do Outro, entendido como campo da linguagem – o analista só pode comparecer aí como morto. Com o objeto *a*, o Outro é redefinido como campo do vivo onde o sujeito, isto é, o ser falante é convidado a comparecer também como vivo.

Ao comparecer como objeto, o analista se define como vivo justamente ali onde se encontra o mais apagado como sujeito? Lacan (1962-63) afirma que é o objeto que deseja... Esta observação abre uma discussão quanto ao desejo e também quanto ao gozo. É necessário saber de quem é o desejo que está em jogo quando é o objeto que deseja: o do analista? O da pessoa que passou pela análise? É possível separar uma coisa da outra? E o gozo é do Um ou do Outro?

O segundo ponto diz respeito à relação do analista ao sujeito suposto saber e à queda desta suposição ao final de uma análise. No *Seminário 11*, Lacan situa o objetivo fundamental da operação analítica como sendo o de manter a distância entre o I e o objeto *a*. Ele justifica esta orientação afirmando que "se a transferência é o que, da pulsão, desvia a demanda, o desejo do analista é aquilo que a traz ali de volta. E, por esta via, ele isola o *a*, o põe à maior distância possível do I que ele, o analista, é chamado a encarnar". O analista precisa cair da posição idealizada que lhe é oferecida pelo analisando para, deste modo, poder se oferecer como suporte do objeto *a* em sua função de separação, de diferença absoluta. Lacan nomeou esta operação como travessia do plano da identificação (Lacan, 1964, p. 258).

Trata-se de um período regido pelo ideal de alcançar a maior distância possível entre a identificação (campo da alienação subjetiva) e o objeto *a* (objeto da operação de separação). Como é possível que, em um momento no qual a ênfase quanto à natureza da interpretação é concedida ao campo do sentido e da significação, o analista possa declinar do lugar ideal, que é convidado a ocupar, para se instalar como suporte do objeto *a*, separador?

O *Seminário 1*, por sua vez, caracteriza-se por abalar completamente a representação do par analisando-analista. Se, no tratamento analítico, o analista ocupa o lugar do objeto *a*, então só há mesmo um sujeito, o sujeito ($) da fórmula da fantasia $ ◊ *a*, onde o analista só pode ocupar o lugar do objeto. Sobre esta posição, Cottet comenta com certa ironia que a expressão "ser um santo", com a qual Lacan situou o analista, não poderia ter sido melhor escolhida do ponto de vista objetivo. Só mesmo sendo santo ou escroque! (Cottet, 1989a).

Promover o objeto *a* ao lugar onde a mestria é só um semblante abala a função do analista de representar o sujeito suposto saber. Identificado ao objeto *a*, trata-se de "des-ser" para desempenhar a função de analista. O objeto *a* e o ser do analista são antinômicos. Por que razão alguém ainda deseja ser analista ao final de uma análise? Se a suposição de saber se dissolve e o sujeito identifica-se à causa do desejo, somente por meio de um desmentido da castração se pode almejar ocupar este lugar para alguém?

A partir daí, mais do que nunca, o problema do lugar do analista e do seu desejo passam a ser solidários da passagem de analisando a analista, portanto da análise e do restante da formação do analista. O analista quer esse lugar? O que acontece em um tratamento analítico para que o produto seja um analista, para que ocorra a ultrapassagem deste ponto? Como alguém pode desejar um lugar não desejável?

Estas considerações já permitem que nós nos alinhemos à posição de Cottet (1989a) com relação ao seu estado de aporia diante da dificuldade racional de escolher ou mesmo de propor uma definição que conjugue a "função" exercida pelo desejo do analista ao "termo" desejo do analista e faça deste um conceito. Também nos deparamos com esta dificuldade no início dessa pesquisa, quando recenseamos os usos que Lacan fez da expressão *desejo do analista*. A decisão de manter o exercício de método escolhido por Cottet, que é também o do ISEPOL, foi o que nos orientou, então, a escolher como ponto de partida o axioma lacaniano, que alinha o surgimento da psicanálise ao advento da ciência. Esse axioma permitiu que pudéssemos caminhar servindo-nos de conceitos que ultrapassassem a possibilidade de afirmar, negar, confrontar e não só induzir ou deduzir, como comenta Cottet.

A equação entre os sujeitos da ciência e da psicanálise, bem como a definição da psicanálise como uma prática que incide sobre o sujeito da ciência para reintroduzir o Nome-do-Pai na consideração científica, tornou-se um operador mais consistente do que o indefinível desejo do analista. Foi o que nos permitiu afirmar que o matema do discurso do analista é a formalização mais madura do que significa reintroduzir o Nome-do-Pai na consideração científica. Por quê? Por que os matemas dos quatro discursos são tão somente a formalização dos quatro lugares em jogo no complexo de Édipo. Esclarecendo: S_1=NP; S_2=DM; $\$$=sujeito e objeto *a* =objeto perdido.

Se a posição inicial de um sujeito é a de estar identificado ao significante da exceção paterna, razão pela qual ele se inscreve sob um significante-mestre ($S_1/\$$), o discurso do analista mostra o que é a identificação, enquanto operação estrutural, e também como se dá sua destituição ($\$/S_1$).

Discurso do mestre

(ou do inconsciente)

M

$$\frac{S_1}{\$} \rightarrow \frac{S_2}{a}$$

Discurso do analista

A

$$\frac{a}{S_2} \rightarrow \frac{\$}{S_1}$$

(Lacan, 1969-70, p. 37)

A identificação diz respeito à constituição do sujeito relativamente ao pai tomado como exceção. Identificar-se é não poder alcançar uma identidade de si a si mesmo. A função da exceção é designar o impossível. Impossível de quê? De ser idêntico a si mesmo. De conhecer-se. Diz respeito a não ser o que se é, sendo e estando marcado pelo imperativo de ser um sujeito sempre em vias de advir. Esta é a razão pela qual, para Lacan, o discurso do mestre e o do inconsciente têm a mesma estrutura. Enquanto a identidade promete ao sujeito saber "quem ele é" e o situa sob a barra (S_1/\$), a irrupção de um ato falho, por exemplo, perturba o sentido da cadeia significante (S_1//S_2) impedindo que o sujeito se reconheça nela.

O discurso do analista leva o sujeito a produzir artificialmente os operadores identificatórios (\$/S_1) de sua sujeição a partir a incidência do objeto *a*, elemento refratário à identificação, que a questiona. Ao situar estes significantes-mestres no lugar da produção e não mais no do agente do discurso, Lacan faz a hipótese de que "talvez seja do discurso do analista [...] que possa surgir um outro estilo de significante-mestre" (Lacan, 1969-70, p. 168). E qual seria o "outro estilo"? Um significante-mestre destituído da função superegoica?

Mas o supereu é sempre o parceiro da pulsão, a pulsão é linguagem e não há nada fora da linguagem... O que será esse outro estilo de significante-mestre? Será que, esvaziado de gozo, ele poderá ter um novo uso? Poderia ser um significante responsável pela relação do sujeito à sua causa no lugar de ser um significante "imperativo de gozo"? Por um lado, a teoria dos discursos responde bem à tarefa da psicanálise de reintroduzir o Nome-do-Pai na consideração científica porque ela mostra que o avesso do encadeamento significante é a relação do sujeito com a causa do desejo. Por outro, ela nos deixa em impasse justamente no que diz respeito à tarefa de definir o que quer dizer, afinal, ocupar o lugar de objeto *a*, proposto pelo discurso do analista.

Para falar desta dificuldade, ressaltamos, primeiramente, uma indagação feita pelo próprio Lacan: se o lugar do analista no discurso é feito substancialmente do objeto *a* e se este mesmo objeto designa os efeitos de rechaço do discurso, como alguém pode querer se instalar aí? Em segundo lugar, se o analista, que "comete esse ato absolutamente radical", só existe, segundo Lacan (1969-70, p. 154), no plano ideal é possível encontrar esse "analista ideal"? Falar em analista ideal não implicaria situá-lo como a exceção que funda o conjunto dos analistas? Os analistas formam um conjunto? Haveria analista fora do plano do ideal? Se há, como ele poderia ser situado no lugar de objeto *a*? Em terceiro, se o objeto *a* promove a desidentificação do sujeito, como esse mesmo sujeito, então "desidentificado", pode ocupar o lugar dominante no discurso do analista? Pelo menos em tese, ele padeceria do mesmo efeito promovido pelo mestre modernizado: seria um desses sujeitos que fabricam S_1 em profusão, S_1 completamente desvinculado da verdade que o causa. Como, então, desidentificado, o analista poderia intervir no discurso do paciente para organizá-lo e colocá-lo em relação com a particularidade do gozo?

No *Seminário 17*, Lacan (1969-70) define o objeto *a* de diferentes maneiras. Listaremos algumas para mostrar a dificuldade que reside em localizar alguém na identificação a este objeto. O objeto *a é* o que há de mais opaco (p. 40); é efeito de rechaço (p. 41); é a fórmula da imposição do traço unário (p. 46); é aquilo com que o sujeito se identifica como objeto de gozo (p. 47); é efeito de entropia, *Mehrlust*, mais-de-gozar recuperado (p. 48); pois o saber é meio de gozo (p. 48); é o supereu (p. 93); é o que vem no lugar do próprio mandamento (p. 99); o olhar é um de seus suportes preferenciais (p. 114); é algo que não participa das paixões características de Yahvé (p. 128); é efeito da repetição do (1); é a dívida da linguagem instituída pela repetição do (1) (p. 148-149); é a nova posição constituída pelo único afeto que há (p. 143); é causa do desejo que se manifesta como falta a ser, efeito de ser, primeiro afeto do ser, o que só aparece como causa do desejo (p. 144); é, ainda, o que "substitui a mulher que o homem deseja" (p. 146).

No que se refere a esta última definição do objeto *a*, julgamos importante ressaltar o que Lacan comenta logo em seguida. Ele afirma que, inversamente ao que ocorre com o homem, para quem o objeto *a* substitui a mulher desejada, "a mulher lida [...] é com esse gozo, que é o dela". Como esse gozo pode ser representado? Lacan prossegue: "[...] esse gozo, que é o dela, [...] de algum modo se representa por uma onipotência do homem". E o que é essa "onipotência do homem"? Ela "é precisamente aquilo pelo que o homem, ao se articular [...] como mestre se acha em carência" (Lacan, 1969-70, p. 146).

Esta observação de Lacan quanto à diferença dos gozos masculino e feminino indica que a "onipotência do homem" com a qual a mulher goza se escreve através do matema $S_1/\$$, presente no discurso do mestre. Ora, vimos que o gozo que caracteriza a posição histérica se resume em apontar a castração do mestre ($\$ \rightarrow S_1$). Ao mostrar a fragilidade da identificação, ela própria goza de retroceder da determinação simbólica que também a afeta. Mas, ao definir assim o gozo da mulher, Lacan restringe-o à posição assumida pelo sujeito feminino diante da regulação fálica. Isto quer dizer que a mulher só goza na posição histérica?

A continuidade do ensino de Lacan, mais especificamente o que ele elabora a partir do *Seminário 20*, aponta um outro gozo para a mulher, uma vez que ele a define como não-toda inscrita sob a regência do falo. Isso nos coloca diante de um novo impasse. Além de não saber como definir o que é esse objeto *a* ao qual o analista deve se identificar para assumir a posição dominante do discurso do analista no dispositivo psicanalítico, já sabemos, de antemão, que ele só contempla uma parte da sexualidade feminina: justamente aquela que Freud isolou a redor do rochedo da castração. Neste sentido, se a mulher goza em fazer vacilar a identificação, qual será o resultado de uma análise comandada pelo objeto *a* sobre um sujeito feminino?

Como outro ponto de impasse, encontramos também no *Seminário 17* (Lacan, 1969-70) a mesma profusão de definições no que concerne à descrição do analista e de sua tarefa: o analista deve analisar, deve fazer funcionar seu saber em termos de verdade (p. 50); é como "idêntico ao objeto *a*" que ele se oferece como ponto de mira para essa "operação insensata" (p. 99); não tem a paixão feroz de Yahvé de ignorar ferozmente tudo o que existe de saber sexual; não participa das paixões do amor, do ódio e da ignorância (p. 128); é determinado pelo discurso do analista como objeto não nomeável (p. 143); ele se coloca na posição eminentemente inédita de causa do desejo (p. 144); deve ser idealmente aquele que comete o ato radical de entrar verdadeiramente em relação com a latusa (p. 154); sua posição é impossível na medida em que o analista se coloca na posição de representar, de ser o agente, a causa do desejo (p. 168); o psicanalista só se sustenta se não tiver contas a ajustar com seu ser (p. 178); "tem uma posição que eventualmente pode ser a de um discurso. Ele não transmite um saber" (p. 188).

No que se refere à definição da psicanálise, Lacan (1969-70, p. 188) a situa como um saber que não se transmite como qualquer outro. É um saber que depende de um ato de transmissão. Neste sentido, pensamos que é possível continuar afirmando que a psicanálise, ao contrário da ciência, recupera algo do laço do sujeito com a dimensão do sagrado, com o aspecto infundado da origem, com a dessimetria, com a autoridade oracular e coercitiva, relativa ao saber que, na Antiguidade, era regulada pelo pai como representante de Deus.

Retomando a questão sobre a definição do objeto *a*, julgamos importante fazer uma observação quanto à sua localização na posição de agente do discurso do analista. Se o objeto *a* é definido no *Seminário 17* (Lacan, 1969-70) como sendo o supereu (p. 93) e como o que vem no lugar do mandamento (p. 99), isso nos permite afirmar que situá-lo no lugar do domínio de um discurso é uma formulação compatível com a própria definição lacaniana dos discursos. Para Lacan, os discursos "nada mais são do que a articulação significante, o aparelho, cuja mera presença, o status existente, domina e governa tudo o que eventualmente pode surgir de palavra" (p. 158-159). Além disso, o objeto *a* também é compatível com a definição da posição do agente dos discursos: o lugar do agente "funciona como lugar de ordem, de mandamento" (p. 96); "a referência de um discurso é aquilo que ele confessa querer dominar, querer amestrar. Isto basta para catalogá-lo em parentesco com o discurso do mestre" (p. 65).

Entretanto, definir a posição do analista como objeto *a* identificado ao supereu ou àquilo "que vem no lugar do mandamento" torna-se, para Lacan, a raiz de outro obstáculo. Ele mesmo assinala neste seminário que é exatamente esta "a dificuldade que tento aproximar tanto quanto posso do discurso do analista – ele deve se encontrar no polo oposto a toda vontade, pelo menos confessada, de dominar" (Lacan, 1969-70, p. 65-66).

Como é possível que alguém se instale em um lugar, definido como operatório a partir de uma função que é de domínio, estando no polo oposto a isso, ou seja, sem se deixar habitar por qualquer vontade de domínio? Como alguém pode fazer análise para sair da posição de objeto e, logo em seguida, encarná-la como analista? Modificar a posição de um sujeito em relação ao seu gozo permite separar o sujeito analisado e o analista que opera o tratamento analítico?

Além destas questões relativas ao impasse da posição do analisado quando passa ao lugar do analista, ainda temos outras, que tocam o aspecto da dialética que liga o analista às vidas que o procuram. Que efeitos subjetivos podem ser recolhidos de um tratamento analítico, agenciado pelo objeto *a* e levado demasiadamente longe, em uma sociedade como a que vivemos atualmente? Afirmamos que o efeito do analista posicionado como objeto *a* é a queda das identificações, o desvelamento do estatuto lógico (e não ontológico) do eu. Qual é a potência do desejo do analista quando ele opera com essa lógica? Enquanto solução analítica levada longe demais, o que significaria levar o eu ao seu esvaziamento lógico máximo? É possível colocar abaixo todas as identificações, indiscriminadamente, ou haveria alguma a ser preservada?

Quais delas deveriam ser colocadas abaixo? Levar a "desidentificação" ao extremo proporcionaria o encontro do sujeito com a "imaterialidade" do eu? Seria alcançada uma espécie de eu completamente sem qualidades? Inclusive sem sexo? Esta hipótese não seria congruente com o efeito do discurso universitário, que é o novo mestre? Quando S_2 se localiza como agente, ou seja, quando tudo é tratado pela via do saber, o efeito é a ascensão dos objetos ao zênite... Segundo Lacan

(1969-70, p. 150), "toda a evolução da matemática grega nos prova que o que sobe ao zênite é a manipulação do número como tal". Levar o sujeito a experimentar-se radicalmente como sujeito sem qualidades, enquanto efeito do discurso do analista levado demasiadamente longe, não é o mesmo que transformá-lo em um número? E ainda: a solução do final de análise guiado pela operatividade do discurso do analista, segundo foi possível começar a esboçar, dá indícios de que não contempla o impasse da sexuação na mulher. Qual seria, então, a saída para a posição do analista neste caso?

A dimensão do problema, que apenas começamos a delinear através das questões acima, requer, como contrapartida, que se possa imprimir um questionamento sobre toda a teoria psicanalítica. Para extrair os bons efeitos do que aqui somente se esboça, seria preciso poder colocar todas estas definições em perspectiva, distinguindo obviamente os distintos níveis teóricos aos quais cada uma se encontra referida. Além disso, seria preciso verificá-las a partir dos avanços teóricos de Lacan em seu último ensino. Só assim seria possível extrair, com as consequências que se fazem necessárias a uma demonstração, a especificidade da contribuição de cada uma destas afirmações de Lacan para a noção de desejo do analista. No que diz respeito a estes pontos, preferimos nos deter, pelo menos temporariamente, por aqui. Mais adiante, para concluir, vamos ensaiar outras palavras sobre este tema tão difícil.

Capítulo IV

Estrutura de linguagem, discurso, verdade e gozo na ciência e na psicanálise[1]

A CIÊNCIA E A PSICANÁLISE

Recordamos que em "A ciência e a verdade" Lacan (1998, p. 873) estabelece o seguinte axioma: "Dizer que o sujeito sobre quem operamos em psicanálise só pode ser o sujeito da ciência talvez passe por um paradoxo". A posição do psicanalista não lhe deixa escapatória: "Por nossa posição de sujeito somos sempre responsáveis" (Id., Ibid.). Lacan prossegue declarando que "não há ciência do homem porque o homem de ciência não existe, mas apenas seu sujeito" (Id., Ibid.). Desde o estruturalismo, aprendemos a reconhecer que o sujeito da ciência se constitui em exclusão interna ao objeto das ciências do homem. O homem da ciência não existe. O *cogito* cartesiano permite concluir que, se "penso, logo existo". Por essa razão, somente o sujeito da ciência existe. Dizemos

[1] Este é o título de um Curso ministrado por Jacques-Alain Miller em colaboração com Éric Laurent 1996-97, no Departamento de Psicanálise de Paris VIII.

que a psicanálise reintroduz na consideração científica o significante arbitrário do Nome-do-Pai – o que equivale a afirmar que de nossa posição de sujeitos somos sempre responsáveis.

Lacan chegou a considerar a lógica como a ciência do real, assim como a linguística seria a ciência da linguagem. O discurso científico sobre a língua parte da redução do material para evidenciar suas consequências, isto é, sua lógica, que se inaugura quando a sintaxe da língua natural é substituída pela fórmula. "É preciso uma certa redução, às vezes demorada para se efetuar, mas sempre decisiva no nascimento de uma ciência: redução que constitui propriamente seu objeto" (Lacan, 1998, p. 855).

A condição de possibilidade do surgimento da consistência lógica é a existência de um ponto indecidível, um real fora do sentido, sobre o qual é impossível dizer se é verdadeiro ou falso. Tanto a ciência quanto a psicanálise são definidos por Lacan como discursos, pois pressupõem o primado lógico desse real impossível. Um discurso é um artifício da razão, uma criação a partir desse ponto – vazio de sentido – no universo infinito da ciência. Um discurso não se define pela veracidade ou falsidade do ponto de partida e sim pelas suas consequências. A condição para que um discurso seja digno de ser recebido pela ciência é o fato de que opere constituindo uma série: o discurso da física, por exemplo, precisa ter consequências sobre a natureza.

Ao submeter-se ao discurso analítico – que é regulado de modo artificialmente definido – o analisando admite a hipótese do inconsciente: "Freud o sublinha, não se sustenta sem o Nome-do-Pai. É certo que supor o Nome-do-Pai, é Deus" (Lacan, 1975-76-2005, p. 136). O campo do discurso analítico funda-se num ato de fé na lógica. O sujeito somente pode ser suposto: o que chamamos de inconsciente é uma verdade cuja estrutura é de ficção. Tudo aquilo que somos, sentimos e pensamos é consequência do discurso: "Para chamar as coisas pelo seu nome, esta lógica matemática é essencial à existência de vocês, saibam vocês ou não" (Lacan, 1968-69, p. 35).

O surgimento do discurso da lógica matemática, na medida em que reduz todos os objetos sensíveis a "objetos sem qualidades", é a condição do surgimento do discurso analítico, pois o sujeito do inconsciente bem como o sujeito da ciência se definem como "sujeitos sem qualidades". Lacan afirma que sua posição é idêntica em muitos pontos àquela que se inscreve sob o nome de epistemologia, com a seguinte ressalva:

> Que desejo é esse, o mais escondido, que sustenta o discurso mais abstrato, o da matemática? [...] cada uma de suas operações é feita para entupir, elidir, recozer, suturar a todo instante a questão do desejo [...]. No discurso analítico trata-se, ao contrário, de dar sua presença plena à função do sujeito, desfazendo o movimento de redução que habita o discurso lógico, para nos centrar perpetuamente naquilo que falha (Lacan, 1968-69, p. 48).

A incidência da verdade como causa no campo da ciência reduz-se à causa formal. A psicanálise, diferentemente, toma a verdade como causa material. Nisso consiste sua originalidade no campo da ciência. O significante é tomado em seu caráter literal, separado da significação. Essa falha só pode ser suprimida por meio de um artifício: a hipótese da existência de Deus, o

Nome-do-Pai. O sujeito enraíza-se naquilo que a lógica nomeia de par ordenado ($S_1 \rightarrow S_2$), isto é, num significante (S_1) que o representa para um outro significante (S_2), com efeito retroativo de sentido. Esse outro significante (S_2) representa o saber, termo opaco onde o sujeito se apaga no recalque primário.

O sujeito se origina desse núcleo primordial excluído, que o recalque propriamente dito vem duplicar, constituindo-o como enigma. Pois, se "eu a verdade falo [...]" (Lacan, 1998, p. 881), não se sabe o que ela diz. "Portanto não é inútil repetir que, na experiência do penso: 'logo existo' com aspas ao redor da segunda oração, lê-se que o pensamento só funda o ser ao se vincular à fala" (Ibid., p. 879). A estrutura dessa falha no campo do saber impulsiona o movimento de repetição da mesma rata: o saber não se sabe. Esse furo no saber funciona como causa material da relação do sujeito com o Outro. A divisão do sujeito diante da realidade da castração é o nó que Freud desata: "na falta do pênis da mãe em que se revela a natureza do falo" (Ibid., p. 892). O falo é apenas aquilo que aponta a divisão do sujeito diante desse abismo sem sentido.

Na prática analítica, a palavra do analisando não se esgota na questão "o que é que isso significa?". É preciso levar em conta a dimensão do que ela satisfaz. Esta inversão que vai da significação à satisfação abre outra dimensão do dizer que nos convida a procurar alguma coisa lá onde isso goza: o corpo é substância gozante. Existe gozo da fala, do pensamento e da escrita. A linguagem é um aparelho de gozo e não apenas aparelho de significação. Existe inclusive um nível do aparelho de linguagem, a lalíngua, onde os significantes isolados (S_1) gozam de uma certa inércia que resiste a encadear-se a outros significantes (S_2) e se apresentam como um enxame disperso e caótico. A interpretação consiste em encadear os significantes, mas isso que se produz é apenas uma elucubração de saber sobre lalíngua; dizendo de outro modo, apenas uma verdade mentirosa sobre o real sem sentido.

Em 1968, Lacan ensaia uma formalização daquilo que escaparia à estrutura, isto é, a própria dimensão do gozo. O real de que fala Lacan nessa época se redefine graças à formalização do objeto *a*. Esse conceito lhe permite ir do grande Outro (A) ao pequeno outro (*a*), demonstrando a relação íntima e êxtima entre o significante e o real. Para empreender essa redefinição do real, ele propõe uma nova equivalência entre o valor de mais-de-gozar do objeto *a* e o conceito de lucro ou mais-valia introduzido por Marx. Lacan propõe apreender a dimensão do gozo com apoio na economia política e não na equivalência entre a teoria do significante e a termodinâmica freudiana que o inspirou em seu *Seminário 2*.

O gozo é esse termo instituído por ser um exterior absoluto ao campo do Outro como lugar da fala. O objeto *a*, diferentemente, é um conceito que foi fabricado para atravessar essa limitação. Ele é concebido como a única infração à exterioridade absoluta da Coisa (*das Ding*) em relação ao campo do Outro, pois comporta um fator libidinal que se integra ao campo significante, que é o mais-de-gozar (*Merlust*). O objeto *a*, graças a sua estrutura topológica, pode funcionar como equivalente do gozo. Esse objeto não é uma parte do conjunto do grande Outro (A), mas um resíduo que tem a mesma importância porque ele é, ao mesmo tempo, o que o grande Outro tem de mais íntimo, um furo, e de mais exterior ao seu conjunto. Por essa razão, na relação do sujeito ao Outro como efeito do significante, o objeto é uma borda estruturada topologicamente.

O FANTASMA DO HOMEM E O REAL DA MULHER

No *Seminário 16* (1968-69, p. 11), Lacan define: "a essência da teoria psicanalítica é um discurso sem palavras". Apoia-se no escrito. Porém a estrutura lógica não se separa da função do semblante em suas relações com a verdade: "A estrutura é, portanto, o real. Ela é determinada, em geral, por um ponto de convergência em direção a uma impossibilidade" (Ibid., p. 30). A prática da psicanálise distingue-se da ciência, pois mostra a coerência da verdade, acrescentando alguma coisa sobre o semblante (1971-2006, p. 25).

O realismo lacaniano consiste em afirmar que não há relação entre o homem e a mulher que não seja determinada pela castração. Basta consultar o *Gênesis*, pois encontraremos nas escrituras o corte operado pelo discurso: Deus os criou homem e mulher. A castração da mulher é um fantasma, pois é impossível castrá-la. Não há nada a castrar. A castração é a verdade do homem. Não é preciso que ela se efetue na realidade para que ele se sinta ameaçado. O real da castração é o mesmo real impossível em jogo no surgimento da lógica matemática e é por isso que castração em psicanálise nada tem a ver com a veterinária. Apesar disso, os semblantes masculino e feminino devem alguma coisa à natureza, pois, no nível etológico, o comportamento sexual humano consiste na manutenção de um certo semblante animal.

> Este nível é propriamente o do semblante. O macho é, mais frequentemente, o agente da corte, mas a fêmea não está ausente uma vez que ela é precisamente o sujeito a ser atingido por esta encenação. É na medida em

> que existe a corte, que toma seu lugar alguma coisa que se chama copulação, copulação que é sem dúvida sexual em sua função, mas que encontra seu estatuto num elemento de identidade (Lacan, 1971-2006, p. 32).

A única coisa que diferencia o comportamento sexual humano é que esse semblante é veiculado pelo discurso. O discurso se esforça em sustentar o semblante. Somente nesse nível do discurso ele pode ser levado na direção de um certo efeito que não seria do semblante, a passagem ao ato: "Isso quer dizer que no lugar de exibir a refinada cortesia animal, acontece de alguns homens violarem uma mulher, ou inversamente" (Id., Ibid.). A via do semblante dá acesso apenas ao mais-de-gozar, em lugar daquilo que é interdito ao discurso sexual: não há ato sexual. Se não há ato sexual, tudo que a experiência psicanalítica promove é da ordem do sintoma. O *phallus* é o gozo sexual coordenado a um semblante que normaliza o gozo, submetendo-o ao princípio do prazer. "Eis o real, o real do gozo sexual, enquanto destacado como tal, é o *phallus*. Dito de outro modo, o Nome-do-Pai" (Ibid., p. 34).

O real é a castração. A presidência do *phallus*, significante que orienta todo o campo do gozo sexual, vela a realidade da castração. "É que para os homens, a menina é o *phallus* e isso os castra. Para as mulheres, o menino é a mesma coisa, o *phallus*, e é isso que as castra também, pois elas não alcançam senão um pênis, o que é um fracasso" (Id., Ibid.). O semblante do Nome-do-Pai, essencialmente, funda a diferença sexual enquanto tal: a relação do homem e da mulher com o semblante não é a mesma.

> Para o homem, nessa relação, a mulher, é precisamente a hora da verdade. Com relação ao gozo sexual, a mulher está na posição de pontuar a equivalência do gozo e do semblante. [...] Se falei de hora da verdade, é porque é aquela a que toda a formação do homem é feita para responder, imediatamente, ao avesso, e até contra, todo o estatuto de seu semblante (Lacan, 1971-2006, p. 34-35).

Essa diferença estrutural equivale a reafirmar que o fantasma, a verdade, a ficção não têm para um e para outro o mesmo estatuto.

> Em compensação, ninguém senão a mulher, pois é nisso que ela é Outra, conhece melhor aquilo que é disjuntivo entre o gozo e o semblante, pois ela é a presença de alguma coisa que ela sabe, a saber, que o gozo é do semblante, se eles se equivalem numa dimensão de discurso, não são menos distintos na prova que a mulher representa para o homem, prova da verdade simplesmente, aquela única que pode dar seu lugar ao semblante enquanto tal (Lacan, 1971-2006, p. 35).

A verdade está no campo dos fantasmas que são construídos como defesa contra o real. Quanto mais algo se apresenta na experiência como verdadeiro, menos é real. Na neurose, o sujeito manobra para colocar-se à distância da castração. A defesa histérica consiste em elevar o gozo ao absoluto. O obsessivo, por sua vez, reluta em sacrificar a vida em benefício do significante. Não se tomar pelo mestre e não se tomar pela mulher são manobras defensivas que se utilizam do desejo de saber para adiar o encontro com a castração. O mestre é para a histérica o que a mulher é para o obsessivo. São os nomes de Deus, isto é, do sujeito suposto saber.

O SEMBLANTE: ESTRUTURA E VERDADE

Na experiência analítica, todo sentido se reduz ao semblante, algo que é *imaginariamente simbólico*, isto é, um discurso. Em nossa abordagem do real, promovemos a dimensão do mito, isto é, da verdade do fantasma. O real impossível, na psicanálise, é o gozo. Não há ninguém que possa gozar de todas as mulheres: o mito do parricídio toca o real pela via da verdade da castração. Por essa razão, sintomas, fantasmas, discursos e laços sociais têm a mesma estrutura quaternária. Vale a pena lembrar que essa estrutura, desenvolvida no *Seminário 17*, é uma redução lógica do complexo de Édipo a um arranjo permutável de quatro letras: O Nome-do-Pai (S_1), o desejo da mãe (S_2), a criança (objeto *a*) e sujeito ($) . São também quatro os lugares, respectivamente: agente, saber, verdade e produção.

$$\frac{S1}{\$} \rightarrow \frac{S2}{a}$$

> [...] o conceito de discurso é para o que converge toda sua elaboração clínica [...]. Quando nos apercebemos que com esse vocabulário e com esse sistema de quatro lugares, temos a essência da estrutura clínica [...] coloca-se a questão de saber se nós temos aí um artifício

> de classificação, um artifício simbólico, um semblante ou se é verdadeiramente, se posso dizer, o real. Essas estruturas clínicas são da ordem do saber inscrito no real? (Miller, 2009a, p. 66).

A natureza do discurso é a de ser um semblante, uma defesa contra o real, que foi primeiramente definido como um artefato. Mas o semblante, Lacan explica, é o contrário do artefato porque na natureza o semblante funde, mistura a razão com a sensibilidade: "[...] graças a um aparelho que é o discurso não se trata mais de ideia" (Lacan, 1971-2006, p. 27). Por essa razão, a disjunção entre o verdadeiro e o real não desemboca na redução da psicanálise a uma narratologia segundo as tendências nominalistas pós-modernas.

> Se há alguma coisa que eu sou, está claro que é que eu não sou nominalista. Quero dizer que não parto do seguinte, que o nome seja alguma coisa que se cola, assim, sobre o real. [...] Não se trata de ser realista no sentido em que se era na Idade Média, no sentido do realismo dos universais, pois trata-se de levar em conta isto, que nosso discurso científico não encontra o real, senão na medida em que ele depende da função do semblante (Ibid., p. 28).

O sinthoma, como ensina Miller, é a única infração à regra de que não há sentido no real. É o resto do trabalho analítico de redução da estrutura quaternária do discurso a um acontecimento traumático – o encontro com a não relação sexual – em que se realiza a conjunção entre o significante (S_1)

e um corpo (objeto *a*). O sinthoma é real enquanto furo no semblante e distingue-se do fantasma e da verdade.

> A articulação, eu entendo, algébrica, do semblante – e como tal não se trata senão de letras – e de seus efeitos, eis o único aparelho por meio do qual designamos o que é real. O que é real é o que faz furo no semblante, nesse semblante articulado que é o discurso científico. (Lacan, 1971-2006, p. 28).

O discurso científico, com sua rede, deixa ver os bons furos no bom lugar. Sua única referência é o real impossível que suas deduções permitem atingir. Os limites de sua consistência lhe são dados pelo rigor de seu aparelho de discurso. A psicanálise leva seu interesse pela verdade até o ponto em que seu limite se revela: a singularidade do sinthoma. Para além do que é universal e do que é particular, a clínica do sinthoma estaria fora do campo da ciência?

O DISCURSO DO ANALISTA É CIENTÍFICO?

Carmelo Licitra-Rosa (2009, p. 308) interpreta o advento desejo do analista ao final de uma análise como advento de um desejo científico: "Não há analista a menos que esse desejo [do saber científico] lhe advenha". Em "A ciência e a verdade" Lacan propõe o seguinte:

> E porquê, se eu lhe afirmo [a Lévi-Strauss] que nossa práxis, longe de alterar o sujeito da ciência, o único

> que ele pode e quer conhecer, não traz, por direito, nenhuma intervenção que não tenda a que ele se realize de maneira satisfatória, precisamente no campo que lhe interessa? (Lacan, 1998, 877).

Coelho dos Santos (2009) propõe que existe um salto lógico no caminho da sexuação. A alternativa entre ter ou não ter o pênis, que captura a sexualidade infantil, precisa ser ultrapassada pela identificação, na puberdade, ao ideal do eu. Esse salto, na linguagem freudiana, é o de superar a ignorância da vagina. Para Lacan, trata-se do surgimento da significação do falo:

> O fato de que um certo pedagogo formulou que não existe um verdadeiro acesso aos conceitos, senão a partir da puberdade, mereceria que acrescentássemos nosso olhar, que metêssemos nosso nariz aí. Há mil traços sensíveis de que o momento em que começa verdadeiramente o funcionamento do conceito [...], poderia receber uma outra abordagem em função de um laço a ser estabelecido com a maturação do objeto *a*, tal como eu o defini, na puberdade (Lacan, 1962-63a, p. 299-300).

Foi em termos de "maturação do objeto *a*", com a "promoção do falo na relação entre os sexos", que Lacan traduziu o que Freud chamou de "reencontro com o objeto" na puberdade. Admitimos a hipótese lacaniana de que a significação do falo é responsável pelo aparecimento do conceito. Deduzimos que ela requer a ultrapassagem da oposição entre fálico e castrado própria à sexualidade infantil. É preciso que entre em jogo a função essencial do vazio para que se possa entrar no universo dos semblantes – isto é, dos papéis sexuais em jogo na encenação da vida amorosa – pela via (etológica) do imaginariamente simbólico.

Miller (2009a) afirma que a singularidade do sinthoma é um furo nas classificações clínicas e nos diagnósticos: "todo mundo é louco, todo mundo faz uma elucubração de saber sobre seu sinthoma" (Miller, 2009a, p. 71). Isso posto, avança "que a psicanálise não é a clínica" (Ibid., p. 63). Para além da universalidade do fantasma da castração – que configura a posição particular ao homem e à mulher diante da castração – todo sinthoma é uma invenção singular (Coelho dos Santos, 2009, p. 10-11). É um saber feito de lalíngua, de montagens da pulsão, substância gozante que não fala para ninguém. Nenhuma interpretação pode dissolvê-lo, reduzindo-o a uma ficção. Ao analisando, no final de sua análise, somente restaria fazer deste vício virtude, encarnando seu sinthoma: uma versão singular do Nome-do-Pai. Entendemos que o sinthoma seja idêntico à sexuação. Recordando que: "na medida em que há sinthoma, não há equivalência sexual, quer dizer, existe relação" (Lacan, 1962-63a/2004, p. 101). O sinthoma é um modo de fazer a relação sexual existir, por isso é da ordem da responsabilidade sexual (Ibid., p. 64).

A função inaugural da fala dá lugar à escrita de uma modalidade de gozo do corpo (*a*) de um significante (S_1) que se repete. A extração do sinthoma coincide com o ideal do eu. Os efeitos da interpretação mais verdadeira nunca demonstram sua adequação ao real, pois não alcançam separar o significante (S_1) do corpo (objeto *a*). Logo, o fracasso terapêutico é a única condição do sucesso analítico. Afinal, Lacan afirma no *Seminário 16* que não haveria nem discurso analítico nem revelação da função do objeto *a*:

> Se o analista, ele próprio, não fosse esse efeito, eu diria mais, este sintoma que resulta de uma certa incidência na história, implicando uma transformação da relação ao saber, enquanto determinante da posição do sujeito, com o fundo enigmático do gozo (Lacan, 1968-69, p. 46).

Se não existe um discurso que não seja do semblante, então não existe uma ciência do real? Se existe uma clínica do sinthoma, o advento do analista, não é, ele próprio, a consequência do discurso analítico? Cito Miller: "[...] o que é um analista na clínica do sinthoma? É ao menos um sujeito que percebeu seu modo de gozar como absolutamente singular, a contingência de seu modo de gozar, que apreendeu – de que maneira? – seu gozo na medida em que é fora do sentido" (Miller, 2009a, p. 71).

O real fica reduzido, no momento da conclusão de uma análise, ao sem sentido do gozo. O modo de gozar do próprio corpo e de sua existência é sempre singular e indeterminado. Por mais que as interpretações do inconsciente procurem apreender o sentido inconsciente dos sintomas, o inconsciente – no âmago do sinthoma – se mostra real. O que é real é irredutível, não tem sentido e não é interpretável.

SOBRE O REAL SEM SENTIDO NAS CIÊNCIAS EM GERAL E NA PSICANÁLISE EM PARTICULAR

Este livro não traz conclusões definitivas. Reflete os resultados parciais de uma elaboração que ainda está em curso no Instituto Sephora de Ensino e Pesquisa de Orientação Lacaniana. Metodologicamente, ele somente se explica à luz da transferência com Freud e com as diversas reelaborações acerca da obra freudiana efetuadas pelo psicanalista francês Jacques Lacan. Trata-se de responder à questão: que efeitos tem uma análise sobre o modo como analisandos estabelecem seus laços sociais? Uma análise nos torna mais conservadores, mais inventivos, mais cínicos, mais isolados, mais engajados? Quais as razões políticas da prática psicanalítica e seus efeitos indiretos no tipo de sociedade que ela contribuía para construir?

A genealogia do poder de Michel Foucault (1975) trouxe ferramentas para repensar as relações entre o saber e o poder e não separar ingenuamente ciência e ideologia e pensar os efeitos do poder de forma negativa. O poder é positivo, pode engendrar novos campos de saber; e o saber não é neutro, emerge sempre num campo onde há interesses e forças em oposição. Com a noção de dispositivo, Foucault nos ensinou a pensar uma analítica das relações concretas de poder. Em Lacan, a noção equivalente a dispositivo é a de discurso. Ela lhe permitiu demonstrar que o poder em estado puro, isto é, a pulsão de morte, é da ordem do real e portanto é impossível de imaginar. Como já tivemos a ocasião de esclarecer nas páginas precedentes, a realidade humana é constituída pelos diferentes discursos que se originam da permutação de quatro letras. Cada uma delas representa um dos termos em jogo no mito edipiano. Assim, o Nome-do-Pai se faz representar por S_1, o Desejo da Mãe por S_2, o Sujeito por $\mathbb{S}$ e o objeto do gozo pelo objeto *a*. Estas letras podem ser permutadas nos quatro lugares que o matema do discurso prevê respectivamente: o do agente, o do saber, o da verdade e o da produção.

Essas questões, o simples fato de colocá-las já é um efeito da percepção do declínio da função paterna, dos ideais, das tradições familiares e comunitárias. A aurora de uma nova época – a do Outro que não existe e seus comitês de ética (Miller, 1996-97) – desponta no mesmo horizonte social onde no céu, outrora estrelado, brilhavam os restos da constelação de insígnias da ordem simbólica religiosa. Afetados pela desorientação diante da perda das referências tradicionais e da emergência de novos valores, muitos indivíduos foram e continuam a ir buscar numa análise uma via para refazer ou para substituir as cartografias perdidas. Toda uma geração foi atravessada pela experiência destas transformações que conduziram muitos estudantes de psicologia a buscar na psicanálise uma orientação.

Tomar o caminho da análise implica em acreditar que a aparente desordem do mundo não é senão o efeito da sua própria desordem histérica ou obsessiva. Pois "Uma ideia, isso tem um corpo: é a palavra que a representa. E a palavra tem uma propriedade curiosa, é o que faz a coisa" (Lacan, 1977-78, aula de 15/11/1977, p. 11). E, por esta razão, "uma análise consiste em que se saiba por que se está empedrado" (Lacan, 1977-78, aula de 15/11/1977, p. 33).

Este livro pretendeu introduzir as ferramentas básicas para lidar com o real sem sentido da ciência no campo das estruturas clínicas e da teoria psicanalíticas. Auxilia a decidir quando e como fazer uso da clínica psicanalítica clássica, clínica sob diagnóstico que não prescinde da distinção entre presença e ausência do Nome-do-Pai. Mas destina-se a avançar no sentido de ensinar alguma coisa sobre o real sem sentido da singularidade do sinthoma, que deve ser abordado como um real diferente do real sem sentido da ciência. Manusear essa diferença talvez nos oriente acerca de quando ir além da ciência: quando deveremos lançar mão da clínica continuísta ou borromeana, clínica das suplências singulares que relativiza e até prescinde da oposição estrutural entre neurose e psicose.

Essa orientação para um real mais além da ciência nos ensina que não podemos reduzir a psicose a um déficit da função do Nome-do-Pai, desvalorizando a singularidade dos sintomas que servem de suplência à inexistência de um significante que assegure a relação entre os sexos. Porém é preciso fazer uso dessa orientação com a devida cautela, pois não parece correto reduzir o Nome-do-Pai a um sintoma como outro qualquer. Descartá-lo – alegando que ele não é importante para abordar a psicose e que não serve para abordar o que o sinthoma tem de mais singular – pode nos levar a acentuarmos ainda mais a insuportável precariedade da realidade que é, tão somente, o laço social.

É graças aos neuróticos que algumas ficções sobrevivem. O desejo e o amor entre homens e mulheres, a reprodução sexuada, o desejo de gerar filhos e o cuidado com as crianças sobrevivem porque o neurótico acredita que existe uma ordem natural. Estas ficções asseguram a diferença entre as gerações e a diferença sexual, fundamento do laço social. Elas têm relação com o discurso sexual que nos faz fantasiar que somos como os animais e nos comportamos segundo as leis da natureza. A neurose é uma construção simbólica, com valor de ficção, que serve para evitar o traumatismo do encontro com o real. Para o psicótico, diferentemente, o simbólico não é distinto do real. O simbólico é real, a palavra não se distingue da coisa. A aposta na orientação para o real, na via da psicose, nos levaria a um impasse quanto ao laço social, pois, excluído como está do discurso, o laço social para o psicótico não se sustenta.

METÁFORAS FREUDIANAS E LACANIANAS ACERCA DO REAL E DA REALIDADE

Está na hora de voltarmos ao ponto de partida. Freud inventou o inconsciente, a teoria e a prática psicanalíticas com base na sua experiência clínica com a neurose. Lacan, diferentemente, desde sua tese de doutoramento, dedica-se à investigação da psicose. Na obra freudiana, as fontes das metáforas metapsicológicas foram a física e a biologia de seu tempo. Como é do conhecimento geral, Lacan por sua vez serviu-se do estruturalismo antropológico de Lévi-Strauss, da linguística de Saussure e Jakobson, da topologia, da lógica e da matemática. Ao final de seu ensino, no *Seminário 23: o sinthoma*, há referências, bem menos conhecidas e comentadas, à biologia genética, base da invenção da metáfora borromeana do real, em oposição a um suposto primado do inconsciente na concepção freudiana:

> Eu inventei o que se escreve como real. Naturalmente, o real, não é suficiente escrevê-lo *real.* Muita gente o fez antes de mim. Mas este real, eu o escrevi sob a forma do nó borromeano, que não é um nó, mas é uma

> cadeia que tem certas propriedades. Na forma mínima sob a qual tracei esta cadeia, é preciso ao menos três elementos. O real, isto consiste em chamar um destes três de *real*. Estes três elementos tal como eles estão enodados, em realidade encadeados, fazem metáfora. Não é nada mais do que metáfora da cadeia (Lacan, 1975-76/2005, p. 129-130).

O campo da psicanálise não se reduz aos sentidos das formações do inconsciente decifrados pela interpretação. Existe alguma coisa para além das ficções elucubradas pela linguagem que é real. O inconsciente não se reduz ao saber que nos habituamos a lhe atribuir. Indiscutivelmente o que Freud entendia por pulsão remete à materialidade da energética no psiquismo:

> [...] conceito situado na fronteira entre o mental e o somático, como representante psíquico dos estímulos que se originam dentro do organismo e alcançam a mente, como uma medida da exigência feita à mente no sentido de trabalhar em consequência de sua ligação com o corpo (Freud, 1915, p. 142).

Trata-se de uma metáfora energética das relações entre o corpo e a linguagem. Para Lacan, a cadeia borromeana é metáfora de alguma coisa que não passa de número, cifra. Pode-se traçá-la de muitas maneiras. O traço unário, por exemplo, é suficiente para indicar um número. Lacan nos propõe substituir a metáfora freudiana da energética pela metáfora da cadeia borromeana:

> O que chamamos de energética não passa da manipulação de um certo número de números de que é extraído um número constante. Freud referia-se a isso ao se referir à ciência tal como concebida em seu tempo. Fazia, assim, apenas uma metáfora. Ele [Freud] jamais fundamentou verdadeiramente a ideia de uma energética psíquica, sequer poderia sustentar tal metáfora com alguma verossimilhança. A ideia de uma constante, por exemplo, que ligaria um estímulo à resposta, é completamente insustentável (Lacan, 1975-76/2005, p. 130).

A crítica à ideia de uma "constante" se explica pela defesa do axioma "não há relação sexual". Não existiria, na natureza, nenhum número de ouro que pudesse dar corpo a uma medida comum. O Nome-do-Pai e o significante falo não encontrariam seu fundamento na natureza. Esta curiosa leitura da energética freudiana não leva em conta que o princípio da constância – enunciado por Freud no início de sua investigação – difere do princípio do nirvana (pulsão de morte) que aparece ao final de sua obra. A constante, fundamento do princípio da constância, para Freud, não se encontra na natureza. Resulta da intervenção do próximo (*Nebenmensch*), outro de boa vontade que é responsável por efetuar a ação específica de que necessita o infante ainda incapaz para alcançar a redução das tensões vitais.

Pressionado pelas exigências da vida, desamparado, o bebê humano depende do Outro de boa vontade para efetuar a ação capaz de reduzir o mal-estar no interior do aparelho psíquico e produzir a experiência de satisfação. A constante é uma exigência social. É preciso que o desejo do Outro – de um adulto – zele pela conservação da vida da criança. Esta ação específica é a condição de possibilidade do princípio do prazer – reprodução alucinatória da experiência de satisfação – em lugar da resposta desordenada que o bebê apresenta no início da vida. Por sua vez, o fracasso desta repetição alucinatória em promover a satisfação esperada abre as portas ao princípio de realidade. Prazer e realidade significam apenas laço social.

A realidade de que se trata é a realidade da castração. Foi renomeada por Lacan no *Seminário 11: os quatro conceitos fundamentais da psicanálise* com o termo aristotélico *tiquê*, que ele traduziu por encontro com o real. No coração da experiência analítica a repetição pulsional é orientada pelo núcleo do real. O encontro com o real é um encontro marcado, ao qual somos chamados repetitivamente, mas que nos escapa sempre. O real está para além do *autômaton*, do retorno dos signos da experiência primeira de satisfação que regem o princípio do prazer, pois o encontro primeiro com o real – o traumatismo – fica sempre velado pela função da fantasia.

A função da *tiquê*, deste encontro faltoso com o real, diz respeito à atração do psiquismo pelo traumatismo. Existe no traumatismo uma razão, uma necessidade de estrutura, apesar de sua aparência acidental. Essa dimensão é inassimilável ao campo da representação psíquica, pois comporta um excesso que o princípio de realidade não vai poder absorver completamente. O princípio do prazer não será jamais suficiente para promover a homeostase, a subjetivação do trauma que insiste no coração dos processos primários.

Por mais que o sistema da realidade se desenvolva, deixa de fora essa parte essencial que é da ordem do real e que fica prisioneira das cadeias do princípio do prazer. De certo modo, as exigências da realidade ficam à espera (*unterlekt untertragen*) dos encontros, isto é, dos pontos radicais no real. Encontro com o real que graças a um fragmento acidental da realidade nos desperta do sonho, desvelando a pulsão em vias de advir no avesso da representação. Eis por que, ao final de seu percurso, Freud reconhece que mais além do prazer a resposta desordenada não desaparece e o princípio do prazer/realidade não domina todo o aparelho psíquico. Resta uma tendência compulsiva à repetição de um mesmo fracasso, pois, segundo a metáfora energética que ele concebeu, a pulsão de morte comanda – em detrimento das exigências da vida – retornar ao inanimado.

Lacan se propõe substituir a "ideia testemunhada por Freud no 'Projeto ...' de figurar a memória como redes", pela sua "nova forma mais rigorosa, fazendo com isso alguma coisa que se encadeia no lugar de se trançar" (1975-76/2005, p. 131). Nesta nova perspectiva, a pulsão de morte é ainda tomada como equivalente ao real, o que nos parece de acordo (e não em desacordo) com o ponto de vista freudiano:

> A pulsão de morte é o real na medida em que ele só pode ser pensado como impossível [...]. Abordar este impossível não poderia constituir uma esperança, posto que é impensável, é a morte – e o fato de a morte não poder ser pensada é o fundamento do real (Lacan, 1975-76/2005, p. 125).

Diferentemente de Freud, Lacan não define a pulsão de morte como a tendência entrópica da energia que comanda retornar ao inanimado, um estado definido como de apaziguamento das tensões que precede o surgimento da vida. De acordo com Lacan "Enfim, não é certo que o que digo do real seja mais do que falar a torto e a direito" (1975-76/2005, p. 133).

Passamos a desenvolver nosso ponto de vista sobre o uso mais apropriado destas afirmações de Lacan. A fórmula lacaniana que me orienta nesta leitura é

> A hipótese do inconsciente, Freud o sublinha, não se sustenta sem o Nome-do-Pai. Supor o Nome-do-Pai, por certo, é Deus. É nisto aí que a psicanálise, por triunfar, prova que do Nome-do-Pai podemos também prescindir. Podemos prescindir, com a condição de nos servirmos dele (Lacan, 1975-76, p. 136).

Quando o Outro não existe pois o mundo cosmológico fechado foi substituído pelo universo infinito da ciência, quando o Nome-do-Pai é reduzido a uma ficção ou a um sintoma entre outros com função de suplência à relação sexual que não há, sem dúvida ele pode ser prescindível. Admitimos que seja preciso acompanhar Lacan em seu último ensino, quando a invenção de uma escrita borromeana lhe permite prescindir da energética freudiana para que a experiência analítica responda à altura dos sintomas que prescindem do Nome-do-Pai. Mas argumentamos que só se pode prescindir de Freud e dessa constante que ele nos legou chamada Nome-do-Pai à condição de sabermos nos servir desta ficção indispensável à clínica psicanalítica com os neuróticos, que preferem o bom senso à "inventividade". A função do Nome-do-Pai, ensina Lacan no *Seminário 22: R.S.I.*, é recalcante.

> O que Freud nos traz concerne ao que é o Outro, justamente isto, não existe Outro senão ao dizê-lo. Mas este Todo-Outro, é impossível dizê-lo completamente, existe um *Unverdrängt*, um inconsciente irredutível, e que este, dizê-lo, é falando apropriadamente, não apenas o que se define como impossível, como introduz como tal a categoria de impossível (Lacan, 1974-75, aula de 17/12/1974, p. 37).

Sobre este ponto, continua Lacan, a religião é mais verdadeira do que a neurose, pois ela recalca o fato de que não é verdade que Deus seja somente duro como ferro: "Ela diz que ele ex-siste, que ele é a ex-sistência, por excelência, quer dizer que ele é o recalcamento em pessoa, ele é mesmo a pessoa suposta ao recalcamento" (Lacan, 1974-75, aula de 17/12/1974, p. 37). Sem o Nome-do-Pai, o imperativo do gozo individualista se impõe em detrimento da regulação pelos ideais coletivos, dos costumes, das tradições e das filiações. O Nome-do-Pai é o significante da lei, sinônimo da interdição e do sentido sexual do inconsciente.

A pluralização dos modos de fazer suplência à "relação sexual que não existe" nos obriga a relativizar a oposição entre neurose e psicose, admitindo que esta última não é, simplesmente, uma falta da neurose onde, de direito, ela deveria sempre estar. Porém não se pode advogar ingenuamente a equivalência entre todas as soluções sintomáticas que um sujeito inventa sem que nosso relativismo coloque em risco o valor para a civilização das ficções que asseguram o laço social.

Se reduzirmos, como faz Lacan (1975-76/2005, p.133), o real a uma experiência de falar a torto e a direito, não eliminamos da psicanálise seu valor da clínica sob diagnóstico? Os propósitos terapêuticos do tratamento não são, justamente, os de retificação das relações de um sujeito com o real? Que real? O da natureza humana, o real do desamparo (*Hilflosigkeit*), da ausência de aparelhagem instintiva que nos torna dependentes do Outro e sujeitados ao campo da fala e da linguagem.

Desembaraçada deste real, que é afinal de contas o real da ciência, a psicanálise se torna uma prática que prescinde inteiramente do nome do seu inventor. Ela deixa de ser freudiana, o que para alguns psicanalistas lacanianos não é problema algum. Afinal, Freud foi responsável por introduzir o inconsciente – isto é, as ficções que o homem inventa para suplementar seu desamparo – no campo da ciência. Se esta última sonhava em reduzir seu objeto à natureza, acreditando que a ideia de natureza é independente e exterior ao campo da fala e da linguagem, depois da psicanálise não é mais possível ignorar que esta ideia é apenas uma crença (ou um desejo).

Quando somos cientistas, acreditamos que a natureza existe e que em parte está submetida a leis que podem ser descobertas e formalizadas. Mas, atravessados por uma análise, não podemos ignorar que as leis do inconsciente circunscrevem um vazio radical de sentido. Não são senão ficções, elucubrações sobre o inconsciente real que ex-siste. Logo, espera-se de um psicanalista que ele saiba que o saber da ciência, por mais exato e universalizável que seja, não passa de uma ficção do espírito humano. Neste sentido, não existe nenhuma diferença entre o real da ciência e o real da psicanálise. Recordaremos em favor desse argumento as palavras do próprio Lacan: “Por mais que o imaginário seja esfoliado, não se obtém mais do que sua redução ao fantasma. O importante é que a ciência, ela mesma não é senão um fantasma e que a ideia de um despertar seja, falando apropriadamente, impensável (Lacan, 1977-78, aula de 15/11/1977, p. 15).

Por esta razão, advogamos a soberania da clínica psicanalítica, clínica estrutural sob diagnóstico, da qual se espera a decifração do sentido dos sintomas, a redução das ficções inconscientes e o encontro com o real sem sentido. Significa defender que a neurose é natural? A pergunta não é nova nem inocente e Lacan a responde conforme se segue:

> Ela não é natural, senão porque no homem, existe um Simbólico. E o fato de que há um Simbólico implica que um significante novo, ao qual o *eu*, quer dizer a consciência, se identificará, mas o que é próprio ao significante, que eu chamei pelo nome de S_1, é que não existe uma relação que o defina, a relação que ele tem com S_2: $S_1 \rightarrow S_2$. É na medida em que o sujeito é dividido entre este S_1 e este S_2 que ele se sustenta, de sorte que não podemos dizer que seja somente um destes significantes que o representa (Lacan, 1977-78, aula de 15/11/1977, p. 13).

Depois de nos explicar que o que faz da neurose a natureza do homem é sua condição de sujeito dividido entre dois significantes, Lacan insiste na questão: a neurose é natural?

> Seria o caso de definir a natureza da natureza. O que é que pode ser considerado a natureza da natureza? Nada além disto, que existe alguma coisa da qual nós imaginamos que podemos dar conta por meio

> do orgânico, quero dizer, pelo fato de que existem seres vivos, mas, que existem seres vivos, não somente não é óbvio, como também foi preciso elucubrar toda uma gênese, quer dizer, que o que chamamos de genes certamente quer dizer alguma coisa, mas não é senão um querer dizer (Lacan, 1977-78, aula de 15/11/1977, p. 13).

Lacan conclui argumentando que a elucubração criacionista ou a evolucionista acerca da origem da vida são de todo modo, hipóteses. Não é preciso insistir – como é costume entre os lacanianos – sobre a diferença entre a psicanálise e a ciência. Afinal, a ideia de natureza não é mais que uma ficção, uma hipótese, tanto quanto o inconsciente. É nesta ficção, que implica um sujeito dividido entre dois significantes, que se apoia a clínica clássica ou clínica estrutural.

Reconhecemos, entretanto, que, mais além da clínica psicanalítica, a experiência psicanalítica nos confronta com a singularidade de cada um, com o significante sozinho, sem Outro e ao gozo irredutível com o real. A clínica borromeana – definida como uma prática de tagarelice – nos permite abordar o incurável em jogo no prolongamento das análises dos próprios analistas e nos conduz à invenção do sinthoma e ao passe. O mais real na clínica psicanalítica estrutural são os efeitos terapêuticos que resultam da decifração dos sintomas pela interpretação e o tratamento do excesso de sentido até o encontro com o significante puro, sem sentido. Mas uma análise não nos torna mudos. O fato de que o real não tem sentido não cala o ser falante. Por isso, na psicanálise enquanto uma experiência, o mais real é o gozo tagarela do ser falante, que não tem sentido e não se reduz por meio da interpretação e é, para falar apropriadamente, incurável.

PSICANÁLISE: TEORIA, ENSINO, CLÍNICA E TRANSMISSÃO

Para fundamentar esse ponto de vista, é preciso urgentemente esclarecer acerca de que teoria do real nos servimos na psicanálise hoje, seja para ensiná-la enquanto um corpo de ferramentas conceituais e clínicas, seja para transmitir aquilo que não se pode ensinar, o saber fazer do psicanalista. Para isto, não se pode desconsiderar as diferentes dimensões em jogo neste campo. Como em qualquer ciência, existe o esforço de formalização da teoria. Enquanto uma prática com raízes no campo da medicina, existe na psicanálise também alguma coisa que não se ensina, a arte de ler o sintoma. Não se ensina, mas se pode transmitir, e é por esta razão que não existe nenhum analista que não seja a consequência boa ou ruim de sua própria análise.

Devemos a Lacan a tese de que toda análise é didática, pois só termina com a produção de uma analista– e o que é um psicanalista? Um psicanalista é um sinthoma. Um sinthoma é o resto de satisfação pulsional rebelde à civilização que não pode ser modificado pela interpretação. Um analista é alguém que pode, finalmente, reconciliar-se com o que resta de seu sintoma. O resto sintomático é o resíduo incurável do acontecimento traumático que terá sido o primeiro encontro do significante com o real. Encontro que inaugurou o modo singular pelo qual um ser falante goza do seu corpo. Silenciosos ou tagarelas, os "sinthomens" restam marcados pela divisão

(*Spaltung*). Do final da análise espera-se que surja um saber fazer com isso.

O que é que pode haver de científico nisto? Em que medida a psicanálise pode prescindir do real da ciência? Até que ponto este real lhe é essencial e é absolutamente necessário saber servir-se dele? Para além do real da ciência, como conceber a especificidade do real que a psicanálise circunscreve? Foi o que nos propusemos esclarecer ao longo deste livro, lembrando que numa análise – diferentemente do que podemos fazer no campo da ciência – não nos desvencilhamos da dimensão da verdade (ficção), uma vez que não pretendemos e não podemos abolir o gozo que se obtém com isso.

Toda a questão do estatuto da psicanálise no campo da ciência poderia ser resumido na aposta lacaniana formulada em suas conferências pronunciadas em Saint-Anne e reunidas sob o título de *O saber do psicanalista*: "Será que há necessidade de demonstrar que há na psicanálise, fundamentalmente e primeiramente, um saber" (Lacan, 1971-72a, aula de 04/11/1971, p. 16). Este saber, Lacan assim o define:

> [...] a novidade é que o que a psicanálise revela é um saber não sabido por si mesmo. [...] Se o inconsciente é algo que surpreende é porque esse saber é outra coisa, é esse saber do qual nós temos uma ideia, aliás tão pouco fundada desde sempre, posto que não é à toa que se evocou a inspiração, o entusiasmo, desde sempre, isto é, que o saber não-sabido de que se trata na psicanálise é um saber que se articula, exatamente, estruturado como a linguagem (Lacan, 1971-72a, aula de 04/11/1971, p. 17).

Um saber estruturado como a linguagem, o saber inconsciente, reduz-se à ficção? Como situá-lo relativamente ao real da ciência? A psicanálise, ainda de acordo com Lacan, diferentemente da revolução copernicana e da darwinista, teria engendrado um saber cujo estatuto é inteiramente novo que, por esta razão, acarretou um novo tipo de discurso. Nele, a fala define o lugar do que chamamos de verdade. A verdade é o que tem estrutura de ficção, logo, também, de mentira. A verdade só diz a verdade quando diz "eu minto". É possível, por outro lado, que a verdade diga a verdade, sem que ela saiba que o faz. Só se alcança a verdade, enquanto um saber inconsciente, por intermédio da denegação. Que relação então se estabelece entre a verdade mentirosa e o real?

Veremos que Lacan sustenta que o real só pode ser abordado pela via do matema. Finalmente, é questionável que o uso do matema em psicanálise possa resultar numa ciência. Que saber é este o do psicanalista? A psicanálise é realista, idealista, racionalista ou nominalista?

É preciso retomar esta questão partindo do paradoxo do sujeito da psicanálise. Esta prática opera sobre o sujeito da ciência. A psicanálise não é a linguística, mas o saber inconsciente estrutura-se como a linguagem. O que é que faz da linguística uma ciência? É o que Lacan avança nestas conferências:

> Eu me servi disso porque era realmente necessário para introduzir o que concerne ao discurso analítico, servi-me sem escrúpulo das trilhas que teriam podido se exaltar cedo demais e fazer vocês retornarem à lama cotidiana, eu lembrei que não se afirmou coisa alguma digna desse título linguístico como ciência,

> não se afirmou coisa alguma que pareça ter a língua, nem mesmo a fala, como objeto, não se afirmou senão na condição de jurarem entre si, entre linguistas, de nunca, nunca mais – porque não fizemos outra coisa durante séculos – nunca mais, nem de longe, fazer alusão à origem da linguagem (Lacan, 1971-72a, aula de 03/02/1972, p. 61).

Retomando a questão da originalidade do discurso analítico, se a psicanálise é um discurso como todos os outros discursos, ela se ergue à frente do muro da linguagem – o que por si só já nos exigiria extraí-la do campo da ciência:

> O que eu gostaria de dizer mais livremente é que fazendo alusão, nesse escrito, ao discurso analítico, sobre o qual eu me encontro em posição de abrir o caminho, é evidentemente na medida em que o considero como constituindo, pelo menos potencialmente, essa espécie de estrutura que designo com o termo discurso, isto é, aquilo pelo qual, pelo efeito puro e simples da linguagem, se precipita num laço social. Isso foi percebido sem necessidade da psicanálise. É exatamente o que chamamos na linguagem corrente, ideologia (Lacan, 1971-72a, aula de 4/05/1972, p. 96).

Então, a psicanálise não seria uma ciência porque – como qualquer outro discurso – engendra um laço social e uma ideologia. Esta oposição entre ciência e ideologia é consistente com a tese de Canguilhem (1977) acerca do corte epistemológico entre a ciência e a opinião, o senso comum, a tradição, os interesses que nascem e sustentam o mundo humano e o laço social. A ciência se faz de costas para o mundo, ela somente aborda o real como uma construção da razão. Ao supor que o real é racional, que se pode abordá-lo com os instrumentos da lógica, da topologia e da matemática, revela-se que não há saber – por mais científico que seja – que não se fundamente na crença. A crença na racionalidade do real é a religião do cientista.

Parece que Lacan percebeu isso: "Eu gostaria de fazê-los observar que aquilo que chamamos de 'o razoável' é um fantasma. É manifesto no começo da ciência" (1977-78, aula de 15/11/1977, p. 10). Michel Foucault (1977), igualmente, rejeitou a distinção entre ciência e ideologia, argumentando que o saber não é o outro do poder. Ou, dizendo de outro modo, o saber não é o outro dos apetites e interesses em jogo no laço social. Não existe saber científico que não emane das correlações de poder que se enfrentam numa dada civilização. Herdeiro de uma tradição filosófica nietzschiana, Foucault abraça a tese de que não há conhecimento sem interesse. E isto me parece bem de acordo com a nossa posição de que existe uma crença, uma aposta em jogo no discurso científico: a de que o real enquanto tal é impossível; logo, só se pode abordá-lo por meio dos artifícios e invenções da razão.

O que as ciências em geral deixam de lado, uma vez que isso não lhes interessa, é que o sujeito extrai uma satisfação, ele goza com o não sentido do real. E é disso que o saber da psicanálise, em particular, se ocupa.

A tese de que o real é impossível é central no campo da psicanálise. Freud, primeiramente, encontrou esta impossibilidade quando decifrou a natureza ficcional do traumatismo de sedução sexual. *Proton pseudos*, verdade mentirosa, índice de que o real, isto é, a origem do desejo sexual, é impossível de saber. Muito mais tarde, reconhece o caráter acéfalo da pulsão, desligado da lógica da reprodução e da conservação da vida. A pulsão de morte é o outro nome do traumatismo da pulsão.

Freud não abriu mão, com boas razões para isso, de que a psicanálise se submetesse à visão de mundo (*Weltanschäuung*) da ciência. Acreditava que o mérito da disciplina que ele acabava de inventar foi ter descoberto a eficácia da realidade psíquica na produção do sintoma. Quanto a Lacan, se considerasse que a psicanálise não era uma ciência mas apenas um discurso, como explicar seu esforço incansável, ao longo do que convencionamos chamar de seu primeiro e segundo ensinos, em produzir estruturas, matemas, figuras topológicas e construções lógicas para formalizar e transmitir integralmente os problemas da clínica psicanalítica? Como interpretar esta proposição – no *Seminário 16: d'un Autre à l'autre* – de que "a essência da teoria psicanalítica é um discurso sem palavras"? (1969-70-2006, p. 16).

O ensino de Lacan é marcado pela insistência em reduzir o mito à estrutura e o sentido ao real fora do sentido. Isto é justamente o que caracteriza a ciência:

> Que a ciência repouse, não como se diz sobre a quantidade, mas sobre o número, a função e a topologia é o que não deixa dúvida. Um discurso que se chama ciência encontrou o meio de se construir atrás do muro. Só que acredito dever nitidamente formular, e nisso creio estar de acordo com tudo que há de mais sério na construção científica, que é estritamente impossí-

> vel dar ao que quer que se articule em termos algébricos ou topológicos, a sombra de um sentido (Lacan, 1971-72b, aula de 03/02/1972, p. 68-69).

Apesar da assiduidade com que a expressão "discurso da ciência" comparece no ensino de Lacan, este algumas vezes afirma que a ciência não é um discurso: "Mas, na frente do muro, acontecem coisas, e é o que chamo discursos" (Lacan, 1971-72b, aula de 03/02/1972, p. 69). Tudo que se escreve reforça o muro da linguagem, pois, se nunca nada tivesse sido escrito, não se teria dado um passo no sentido de olhar além do muro: "Além do muro, para lhes dizer logo, não há que saibamos, senão esse real que se assinala justamente pelo impossível de atingir além do muro. Nada menos que o real" (Ibid., p. 68). Pode-se transpô-lo, é o caso do que faz a lógica, um discurso que se sustenta ao pé do muro e que é o suficiente para dar conta do número. Este, por sua vez, é o primeiro passo da matemática:

> O que posso dizer é que, em todo caso, a clivagem do muro, o fato de que haja algo instalado na frente, que chamei de fala e linguagem, e que é por um outro lado que isso trabalha, talvez matematicamente, é bem certo que nós não podemos imaginar outra coisa (Lacan, 1971-72b, aula de 03/02/1972, p. 68).

Muito embora, como já foi assinalado acima, isto não o impedisse de declarar: "Se o chamado Sócrates pode sustentar um discurso, o qual não é por nada que está na origem do discurso da ciência, é por ter feito vir ao lugar do semblante, o sujeito" (Lacan, 1971-72b, aula de 03/03/1972, p. 79).

Se existe um discurso da ciência, sua relação ao real não é, de todo, a mesma que a do discurso analítico. Essencialmente, porque Lacan define o discurso de Sócrates como fundado no ódio à mulher. Como se poderá extrair dos excertos que se seguem, o real em jogo no saber do psicanalista funda-se na inexistência da relação sexual:

> O real ao qual me refiro, e isto em conformidade com tudo que é recebido da análise, isto é, nada está garantido pelo que parece o fim, a finalidade do gozo sexual, a saber, a cópula, sem estes passos confusamente percebidos, mas nunca realçados, em uma estrutura comparável àquela de uma lógica e que chamamos castração (Lacan, 1971-72b, aula de 02/12/1971, p. 38).

A despeito disso, o saber do psicanalista não é um "não-saber". Situado entre saber e verdade, o inconsciente é estruturado como *lalíngua*: "Bem, *lalíngua* não tem nada a ver com o dicionário, qualquer que seja. O dicionário tem a ver com a dicção, isto é, com a poesia e com a persuasão" (Lacan, 1971-72b, aula de 04/11/1971, p. 15). Interessa-nos destacar, nesta aula, a afirmação de que "isto não tem nada a ver com o inconsciente: [...] o inconsciente tem a ver de início com a gramática, tem também um pouco a ver com a repetição, isto é, com a vertente inteiramente contrária àquilo para que serve o dicionário" (Ibid., p. 15). Ainda nesta aula, Lacan prossegue sua exposição defendendo que a gramática e a repetição são uma vertente completamente diferente da invenção e da persuasão e conclui: "Eu não sei porque, contrariamente ao que é ainda muito difundido, a vertente útil na função da *lalíngua*, a vertente útil para nós psicanalistas, para aqueles que lidam com o inconsciente, é a lógica" (Ibid., p. 15).

Se a psicanálise é um discurso totalmente novo, o que vem a ser um discurso? Um discurso equivale à fala? É sua relação com a verdade e sua estrutura de ficção que define o discurso? Vejamos:

> E o que define um discurso, o que se opõe à fala, digo, porque é isso o matema, digo que é o que determina para a abordagem falante, o que determina o real. E o real do qual eu falo é absolutamente inabordável, exceto por uma via matemática, a saber, como referência para o fato de que não há outra via senão este último discurso, entre os quatro, aquele que defini como o discurso analítico e que permite de um modo, seria excessivo dizer que é consistente, muito pelo contrário, por uma hiância, e propriamente aquela que se exprime pela temática da castração, que podemos ver de onde está assegurado o real, que mantém todo este discurso (Lacan, 1971-72b, aula de 02/12/1971, p. 38).

Ancorados ao real da castração, os matemas que orientam o saber do psicanalista não alcançam preencher a hiância, a disjunção do gozo sexual:

> Embora a primeira coisa a demonstrar seja precisamente a dissociação, e é evidente que a questão, a única questão, a questão muito interessante, é saber

> como algo que podemos momentaneamente, dizer correlativo desta disjunção do gozo sexual, seja algo que chamo *lalíngua*, evidentemente, tem uma relação com algo do real, mas daí que isso possa conduzir aos matemas que nos permitem edificar a ciência, esta é verdadeiramente a questão (Lacan, 1971-72b, aula de 02/12/1971, p. 40).

Em que pese o fato de que a verdade não é o real, o ser falante, em sua abordagem ao sem sentido do real, não pode prescindir da verdade, na medida em que nela ele encontra um saber – fantasmático ou delirante – que lhe proporciona um gozo. O que mais nos interessa elucidar, portanto, é esta diferença essencial entre o "sem sentido" da construção científica do real e o "real sem sentido" da psicanálise: o de um saber que não se sabe, se goza.

Para concluir, no *Seminário 24: L'insu que sait de l'une bévue s'aile à mourre*, Lacan declara:

> A psicanálise – eu o disse e eu o repeti recentemente – não é uma ciência. Ela não tem seu estatuto como ciência e não pode senão aguardá-lo, esperá-lo. Mas é um delírio do qual nós esperamos que ele porte uma ciência. É um delírio do qual esperamos que se torne científico. Podemos aguardar muito tempo. Podemos aguardar muito tempo, eu digo por que, simplesmente porque não há progresso e aquilo que esperamos não é forçosamente aquilo que recolhemos. É um delírio científico portanto, e esperamos que ele porte uma ciência mas isso não significa que jamais a prática

> analítica portará esta ciência (Lacan, 1976-77, aula de 11/01/1977, p. 52).

Toda ciência é um delírio ou a esperança de que a psicanálise produza algum saber científico é que pode ser classificada como delírio? Se a prática, isto é, a clínica, jamais portará uma ciência qualquer que seja, qual é a natureza do saber do psicanalista? Trata-se de ficções e de elucubrações de saber que não alcançam jamais a dimensão de um saber no real? Em seu seminário intitulado *O momento de concluir*, a questão retorna da seguinte maneira:

> O que tenho a lhes dizer, é que a psicanálise é para ser levada a sério, apesar de que não é uma ciência. Não é mesmo uma ciência de jeito nenhum. Pois, o mais enfadonho, como mostrou superabundantemente o assim chamado Karl Popper, não é uma ciência porque é irrefutável (Lacan, 1977-78, aula de 15/11/1977, p. 9).

Após o levantamento crítico de uma quantidade tão expressiva de afirmações de Lacan sobre a diferença entre a psicanálise e a ciência, propomos concluir que a problemática precisa ser invertida. Não é que a psicanálise não seja uma ciência. O problema é que o advento da psicanálise nos exige uma revisão radical de toda e qualquer epistemologia positivista da ciência. Se a psicanálise deve ser levada a sério, como Lacan advoga, se ela traz alguma coisa nova sobre o enraizamento do saber no inconsciente real, na pulsão, num "saber que não se sabe", então, não se pode admitir que o campo das verdades científicas tenha o valor de certezas delirantes. Se a natureza é uma ficção, o saber da ciência não pode ter outro valor senão o de hipótese e, nesse sentido, é tão irrefutável – ou se preferirmos, não é irrefutável de modo algum – quanto o saber inconsciente.

Saber disso nos conduz a interrogar a epistemologia lacaniana. Que teoria da ciência é essa que parece desconhecer os efeitos do advento da psicanálise sobre o campo da filosofia? Que estranha insistência em recusar, inclusive, as teses de Foucault que revogariam a necessidade de opor a verdadeira ciência aos discursos? Teses que deveriam nos conduzir, de modo muito mais fundamentado, a admitir que a ciência também é um discurso e que por esta razão não é o contrário da ideologia, nem do laço social. Somente então, caberia perguntar de que ideologia científica o discurso analítico participa. Ou, se preferirmos, que nova ideologia científica a psicanálise contribuiria para fundar?

Sobre as autoras

Tania Coelho dos Santos

Pós-doutorado no Departamento de Psicanálise de Paris VIII (Paris, França); Professor Associado, nível IV no Programa de Pós-graduação em Teoria Psicanalítica/ UFRJ (Rio de Janeiro, Brasil); Pesquisadora do CNPQ nível 1 C (Brasil); Presidente do Instituto Sephora de Ensino e Pesquisa de Orientação Lacaniana / ISEPOL (Rio de Janeiro, Brasil); Psicanalista Membro da École de la Cause Freudienne (França), da Escola Brasileira de Psicanálise (Brasil) e da Associação Mundial de Psicanálise (França); Membro da Associação Universitária de Pesquisa em Psicopatologia Fundamental / AUPPF (Brasil); Coordenada do Grupo de Trabalho na ANPEPP: A psicanálise e os discursos da ciência contemporânea

E-mail: taniacs@openlink.com.br

Rosa Guedes Lopes

Psicanalista; Professora da Faculdade de Psicologia da Universidade Estácio de Sá / UNESA (Rio de Janeiro, Brasil); Doutora em Teoria Psicanalítica / UFRJ (Rio de Janeiro, Brasil); Membro da Associação Universitária de Pesquisa em Psicopatologia Fundamental / AUPPF (Brasil); Vice-presidente do Instituto Sephora de ensino de orientação lacaniana / ISEPOL (Rio de Janeiro, Brasil)

E-mail: rosa.guedes.lopes@globo.com

Bibliografia

Alexander, F.; Eisenstein, S.; Grotjahn, M. (1981). *A história da psicanálise através de seus pioneiros*. Rio de Janeiro: Imago Ed. Vol. 1 e 2.

Antunes, M.C.C. (1998). *Fundamentos metapsicológicos da interpretação psicanalítica*. Dissertação de mestrado em Teoria Psicanalítica. Orientada pela Profa. Dra. Tania Coelho dos Santos. PPGTP/UFRJ, Rio de Janeiro, 1998. Mimeo. Disponível em: < http://www.psicologia.ufrj.br/teoriapsicanalitica/teses-e-dissertacoes/66>.

Antunes, M.C.C. (2002). *O discurso do analista e o campo da pulsão: da falta de gozo ao gozo com a falta*. Tese de doutorado em Teoria Psicanalítica. Orientada pela Profa. Dra. Tania Coelho dos Santos. PPGTP/UFRJ. Rio de Janeiro, 2002. Mimeo. Disponível em: < http://www.psicologia.ufrj.br/teoriapsicanalitica/teses-e-dissertacoes/179 >.

Bachelard, G. (1934). *O novo espírito científico*. Rio de Janeiro: Tempo Brasileiro, 2000.

Bachelard, G. (1937). *A psicanálise do fogo*. São Paulo: Martins Fontes, 1999.

BACHELARD, G. (1938). *A formação do espírito científico.* Rio de Janeiro: Contraponto, 2003.

BAUMAN, Z. (2005). *Identidade.* Rio de Janeiro: Jorge Zahar Ed., 2005.

BROUSSE, M.-H. (1999). *Los 4 discursos y el Otro de la modernidad.* Cali: Letra (Grupo de Investigación de Psicoanálisis de Cali), 2000.

BROUSSE, M.-H. (2002). *O inconsciente é a política.* São Paulo: EBP-SP, maio, 2003.

CANGUILHEM, G. (1977). *Ideologia e racionalidade nas ciências da vida.* Lisboa: Edições 70.

COELHO DOS SANTOS, T. (s/d). Psicanalistas, um esforço a mais de poesia se quereis reencantar o mundo! Inédito.

COELHO DOS SANTOS, T. (1991). A questão de uma *Weltanschauung* psicanalítica: transmissão e laço social da psicanálise. Disponível em: <http://www.isepol.com/biblioteca_virtual.html >.

COELHO DOS SANTOS, T. (1991a). A pulsão é pulsão de morte, in *Tempo psicanalítico,* Rio de Janeiro: Sociedade de Psicanálise Iracy Doyle, n. 25, set. 1991, p. 69-83.

COELHO DOS SANTOS, T. (1994). A angústia na teoria e na clínica psicanalítica, in *Tempo psicanalítico*, Rio de Janeiro: Sociedade de Psicanálise Iracy Doyle, n. 27, 1994, p. 45-58.

COELHO DOS SANTOS, T. (1999a). As estruturas freudianas da psicose e sua reinvenção lacaniana, in BIRMAN, J. (Org.). *Sobre a psicose.* Rio de Janeiro: Contracapa, 1999. p.45-73.

COELHO DOS SANTOS, T. (1999b). Isso é uma estrutura significante: goza-se de um corpo, in JIMENEZ, S., BARROS DA MOTTA, M. (org). *O desejo é o diabo.* EBP-Rio de Janeiro: Contracapa, 1999. p.149-160.

COELHO DOS SANTOS, T. (1999c). *O objeto da psicanálise de Freud a Lacan*. Seminário ministrado no PPGTP/UFRJ. Inédito.

COELHO DOS SANTOS, T. (2000a). *Da ética à política*. Seminário transcrito, ministrado no PPGTP/UFRJ. Inédito.

COELHO DOS SANTOS, T. (2000b) *Acting-out*: o objeto causa do desejo na sessão analítica, in *Opção Lacaniana*, n. 30. São Paulo: Edições Eólia, p. 42-49.

COELHO DOS SANTOS, T. (2000c). De que desejo do Outro a angústia é sinal?, in *Revista Latusa* Rio de Janeiro: EBP-RJ, n. 4-5, p. 173-196, 2000.

COELHO DOS SANTOS, T. (2001). *Quem precisa de análise hoje? – O discurso analítico: novos sintomas e novos laços sociais*. Rio de Janeiro: Bertrand Brasil.

COELHO DOS SANTOS, T. (2002a). Do saber suposto ao saber exposto: e experiência analítica e a investigação em psicanálise, in BEIVIDAS, WALDIR. *Psicanálise, pesquisa e universidade*. Rio de Janeiro: Contracapa, 2002. p.71-83.

COELHO DOS SANTOS, T. (2002b). O analista como parceiro dos sintomas inclassificáveis, in *Latusa*, Rio de Janeiro: EBP-RJ, n. 7, 2002, p. 153-168.

COELHO DOS SANTOS, T. (2002c). *Paradigmas do último ensino de Lacan*. Rio de Janeiro: Sephora/UFRJ. Disponível em <http://www.isepol.com/down_pos/livro_paradigmas_lacan.pdf>.

COELHO DOS SANTOS, T. (2004a). O que não tem remédio, remediado está!, *Revista Latinoamericana de psicopatologia fundamental*. São Paulo: Escuta, vol. VII, n.1, março/2004, p.63-74.

COELHO DOS SANTOS, T. (org.) (2004b). *Uma nova questão preliminar*. Anais do II Simpósio do Núcleo Sephora de pesquisa sobre o moderno e o contemporâneo. Rio de Janeiro: Ed. Sephora/UFRJ.

COELHO DOS SANTOS, T. (org.) (2004c). *A máquina do não-todo.* Transcrição inédita do curso ministrado no primeiro semestre de 2004, no âmbito do Programa de Pós-graduação em Teoria Psicanalítica/UFRJ.

COELHO DOS SANTOS, T. (2005a). A ciência e a verdade na formação do psicanalista lacaniano, in *Acheronta*: Revista de Psicoanálisis y cultura, n. 22, dez./2005. Disponível em: <www.acheronta.org>. Acesso em outubro/2006.

COELHO DOS SANTOS, T. (2005b). O sinthoma e a insígnia: fantasia ou caráter?, in *Latusa.* Rio de Janeiro: EBP-RJ, n.10, jun. 2005, p. 37-49.

COELHO DOS SANTOS, T. (2005c). Sobre o conceito de gozo. Disponível em: <http://www.isepol.com/sobre_o_gozo.html>.

COELHO DOS SANTOS, T. (2005d). A prática lacaniana na civilização sem bússola, in COELHO DOS SANTOS, T. (org.). *Efeitos terapêuticos na psicanálise aplicada.* Rio de Janeiro: Contracapa, 2005. p. 61-92.

COELHO DOS SANTOS, T. (2005e). *Sinthoma: corpo e laço social.* Rio de Janeiro: Ed. Sephora/UFRJ. Disponível em: <http://www.isepol.com/down_pos/sinthomacorpoelacosocial.pdf>.

COELHO DOS SANTOS, T. (2005f). Por la ex-sistencia de un significante nuevo, in *Acheronta*: Revista de Psicoanálisis y cultura, n. 21, jul./2005. Disponível em: <www.acheronta.org>.

COELHO DOS SANTOS, T. (2006a). O psicanalista é um sinthoma, in *Latusa*, Rio de Janeiro: EBP-RJ, n.11, p. 57-72, 2006.

COELHO DOS SANTOS, T. (2006b). N'Homeação e sexuação. *Boletim informativo da XVII Jornada clínica da EBP-RJ*, n. 2. Disponível em: <www.ebprio.com.br/boletim2>.

COELHO DOS SANTOS, T. (2006c). Os nomes do real: sexuação e invenção. Inédito.

COELHO DOS SANTOS, T. (2006d). Final de análise como identificação ao sinthoma do homem. Trabalho apresentado na XVII Jornada Clínica da EBP-RJ in *XVII Jornada Clínica da EBP--RJ – Para que serve um Pai?*. Rio de Janeiro. Mimeo, 2006.

COELHO DOS SANTOS, T. (2006e). Não se pode amar e ser feliz ao mesmo tempo? Texto apresentado no XVI Encontro do Campo Freudiano. Belo Horizonte, nov./2006. Inédito.

COELHO DOS SANTOS, T. (2007). Versões lacanianas do amor analítico, in *Opção Lacaniana*, São Paulo: Eólia, n. 48, p. 99-105, mar. 2007.

COELHO DOS SANTOS, T. et ZUCCHI, M.P. (2006) A ex-sistência do real e a dissimetria dos gozos, in *Latusa digital*. Ano 2/3, n. 22. Disponível em: <www.latusa.com.br> Acesso em fev/2007.

COELHO DOS SANTOS, T. (2006). O fantasma e o real: sobre a desigualdade entre os sexos, in *Psicologia e clínica*. Rio de Janeiro: PUC-RJ. Vol. 18, n. 2, 2006, p. 109-123.

COELHO DOS SANTOS, T. (2006a). O psicanalista é um sinthoma?, in *Latusa*. Rio de Janeiro: EBP-RJ, n. 11, 2006, p. 57-72.

COELHO DOS SANTOS, T. (2008). Entre tapas e beijos: sobre a vacilação dos semblantes da diferença sexual, in *Latusa*, Rio de Janeiro: EBP, n, 13, 2008, p. 201-212.

COELHO DOS SANTOS, T. (2009). Sobre a clínica de orientação lacaniana: dos impasses da sexuação à invenção do parceiro--sinthoma, in Ágora, Estudos em Teoria Psicanalítica. Rio de Janeiro: Ed. Contracapa, vol. XII, n. 1, 2009, p. 9-26.

COELHO DOS SANTOS, T. (2010). Lá onde o inconsciente falassério, o real morre de rir, in *Opção Lacaniana*, São Paulo: Edições Eólia, n. 58, out./2010, p. 147-159.

COELHO DOS SANTOS, T. (2011). A dimensão real da inserção na ordem simbólica, in a*SEPHallus*, vol. VI, n. 11, nov./2010, abr./2011, p. 1-17. Disponível em <www.isepol.com/asephallus>.

COELHO DOS SANTOS, T. (2011). A materialidade da letra e o realismo da estrutura na psicanálise de orientação lacaniana, em LO BIANCO, A.C. (org.) *A materialidade da psicanálise*, Rio de Janeiro: Editora Contracapa, 2011, p. 81-100.

COELHO DOS SANTOS, T. (2012). Existe uma nova doutrina da ciência na psicanálise de orientação lacaniana?, in COELHO DOS SANTOS, T. MARTELLO, A. SANTIAGO, J (orgs.) *De que real se trata na clínica psicanalítica? Psicanálise, ciência e discursos da ciência*, Rio de Janeiro: Cia de Freud, 2012, p. 35-62.

COTTET, S. (1985). *Estudos clínicos.* Salvador: Fator ed., 1988.

COTTET, S. (1989a). *Freud e o desejo do psicanalista.* Rio de Janeiro: Jorge Zahar Ed.

COTTET, S. (1989b). Freud et le père, in *L'Espace Analytique* (1989) *Le Père – Métaphore paternelle et fonctions du pére: l'Interdit, la Filiation, la Transmission.* Paris: Denöel, p. 51-60.

COTTET, S. (2005). Conferências no Rio de Janeiro, in COELHO DOS SANTOS, T. (org.). *Efeitos terapêuticos na psicanálise aplicada.* Rio de Janeiro: Contracapa, 2005. p. 11-58.

DESCARTES, R. (1983). Meditação segunda. *Os pensadores: Descartes.* São Paulo: Abril Cultural.

DUMONT, L. (2000). *O individualismo: uma perspectiva antropológica da ideologia moderna.* Rio de Janeiro: Rocco, 2000.

ELF – ESCOLA LETRA FREUDIANA (2002). *A contratransferência à luz do desejo do analista.* ELF: RJ, Ano XXI, n. 29.

FERREIRA, AURÉLIO B. DE H. (1986). *Novo dicionário da língua portuguesa.* Rio de Janeiro: Nova Fronteira.

FOULCAULT, M. (1969). Qu'est-ce qu'un auteur? Conferência pronunciada na Sociedade Francesa de Filosofia em 22 de janeiro de 1969, in *Revista Litoral.* Paris, n. 9, Junho de 1983.

FOULCAULT, M. (1975). *Surveiller et punir*. Paris: Éditions Gallimard, 1975

FOULCAULT, M. (1977). *História da sexualidade volume I – A vontade de saber*. Rio de Janeiro: Graal Ed.

FREUD, S. *Obras completas*. Rio de Janeiro: Imago, 1977. Foram consultados os seguinte artigos:

(1892-99). Extratos dos documentos dirigidos a Fliess. Vol. I.

(1895). Projeto para uma psicologia científica". Vol. I.

(1900). A interpretação de sonhos. Vol. IV e V.

(1905 [1901]). Fragmento da análise de um caso de histeria. Vol. VII.

(1905 [1904]). Sobre a psicoterapia. Vol. VII.

(1905). Três ensaios sobre a teoria da sexualidade. Vol. VII.

(1908). Moral sexual civilizada e doença nervosa moderna. Vol. IX.

(1910). Psicanálise "silvestre". Vol. XI.

(1910a). As perspectivas futuras da terapêutica psicanalítica. Vol. XI.

(1911). Notas psicanalíticas sobre um relato autobiográfico de um caso de paranóia (*Dementia paranoides*). Vol. XII.

(1912). Tipos de desencadeamento da neurose. Vol. XII.

(1913 [1912-13]). Totem e tabu. Vol. XIII.

(1914). Sobre o narcisismo: uma introdução. Vol. XIV.

(1914 [1918]). História de uma neurose infantil. Vol. XVII.

(1915). Os instintos e suas vicissitudes. Vol. XIV.

(1915a). Repressão. Vol. XIV.

(1915b). O inconsciente. Vol. XIV

(1916). Alguns tipos de caráter encontrados no trabalho psicanalítico. Vol. XIV.

(1917 [1916]). Conferência XVIII: Fixação em traumas – o inconsciente. Vol. XVI.

(1919). Uma criança é espancada – uma contribuição ao estudo da origem das perversões sexuais. Vol. XVII.

(1919a). O estranho. Vol. XVII.

(1920). Além do princípio do prazer. Vol. XVIII.

(1921). Psicologia de grupo e análise do ego. Vol. XVIII.

(1923). O ego e o id. Vol. XIX.

(1923a). Organização genital infantil. Vol. XIX.

(1924). A perda da realidade na neurose e na psicose. Vol. XIX.

(1924a). Neurose e psicose. Vol. XIX.

(1925). A negativa. Vol. XIX.

(1925a). Inibições, sintomas e ansiedade. Vol. XX.

(1927). Fetichismo. Vol. XXI.

(1930 [1929]). O mal-estar na civilização. Vol. XXI.

(1931). Sexualidade feminina. Vol. XXI.

(1933 [1932]). Conferência XXXV: A questão de uma *Weltanschauung*. Vol. XXII.

(1933a [1932]). Conferência XXXIII: A feminilidade. Vol. XXII.

(1937). Análise terminável e interminável. Vol. XXIII.

(1937a). O futuro de uma ilusão. Vol.XXI.

(1939 [1934-38]) Moisés e o monoteísmo – três ensaios. Vol. XXIII.

(1940 [1938]). A divisão do ego no processo de defesa. Vol. XXIII.

(1940a [1938]). Esboço de psicanálise. Vol. XXIII.

GIDDENS, A. (1991). *As consequências da modernidade*. São Paulo: UNESP.

GIDDENS, A.; BECK, U. & LASH, S. (1997). *Modernização reflexiva. Política, tradição e estética na ordem social moderna*. São Paulo: UNESP, 1997.

HYPPOLITE, J. (1954). Comentário falado sobre a *Verneinung* de Freud, em LACAN, J. *Escritos*. Rio de Janeiro: Jorge Zahar Ed., 1998. p. 893-902.

KUBRUSLY, R.S. (s/d). Uma viagem informal ao Teorema de Gödel. Disponível em: <http://www.dmm.im.ufrj.br/projeto/diversos/godel.html>. Acesso em 27/05/2007.

KOYRÉ, A. (1953). *Do mundo fechado ao universo infinito.* Rio de Janeiro: Forense Universitária, 2001.

KOYRÉ, A. (1986). *Considerações sobre Descartes.* Lisboa: Editorial Presença,1986.

KOYRÉ, A. (1991). *Estudos de História do Pensamento Científico.* Rio de Janeiro: Forense Universitária, 1991.

LACAN, J. (1938). *Os complexos familiares na formação do indivíduo – ensaio de uma função em psicologia.* Rio de Janeiro: Jorge Zahar Ed., 1987.

LACAN, J. (1953). *O mito individual do neurótico.* Lisboa: Assírio e Alvim, 1980.

LACAN, J. (1954-55). *O Seminário, livro 2: o eu na teoria de Freud e na técnica da psicanálise.* Rio de Janeiro: Jorge Zahar Ed., 1987.

LACAN, J. (1955-56). *O Seminário, livro 3: as psicoses.* Rio de Janeiro: Jorge Zahar Ed., 1988.

LACAN, J. (1956-57). *O Seminário, livro 4: as relações de objeto.* Rio de Janeiro: Jorge Zahar Ed., 1995.

LACAN, J. (1957-58). *O Seminário, livro 5: as formações do inconsciente.* Rio de Janeiro: Jorge Zahar Ed., 1999.

LACAN, J. (1959-60). *O Seminário, livro 7: a ética da psicanálise.* Rio de Janeiro: Jorge Zahar Ed., 1988.

LACAN, J. (1960-61). *O Seminário, livro 8: a transferência.* Rio de Janeiro: Jorge Zahar Ed., 1992.

LACAN, J. (1961-62). *O Seminário, livro 9: a identificação.* Aula de 10/01/1962. Inédito.

LACAN, J. (1962-63). *O Seminário, livro 10: a angústia.* Rio de Janeiro: Jorge Zahar Ed., 2005.

LACAN, J. (1962-63a). *Le séminaire, livre X: l'angoisse.* Paris: Seuil, 2004.

LACAN, J. (1963). Introdução aos Nomes-do-Pai, in LACAN, J. *Nomes-do-Pai*. Rio de Janeiro: Jorge Zahar Ed., 2005. p. 55-87.

LACAN, J. (1964). *O Seminário, livro 11: os quatro conceitos fundamentais da psicanálise*. Rio de Janeiro: Jorge Zahar Ed., 1988.

LACAN, J. (1965-66). *O Seminário, livro 13: o objeto da psicanálise*. Aula de 08/12/1965.

LACAN, J. (1965-66a). O objeto da psicanálise, in *Outros Escritos*. Rio de Janeiro: Jorge Zahar Ed., 2003. p. 219-220.

LACAN, J. (1967). Proposição de 9 de outubro de 1967, in *Outros Escritos*. Rio de Janeiro: Jorge Zahar Ed., 2003. p. 248-264.

LACAN, J. (1968-69) *Le séminaire, livre 16: D'un Autre à l'autre*. Paris: Seuil, 2006.

LACAN, J. (1969-70). *O Seminário, livro 17: o avesso da psicanálise*. Rio de Janeiro: Jorge Zahar, 1992.

LACAN, J. (1971). *Le séminaire, livre XVIII: D'un discours qui ne serait pas du semblant*. Paris: Seuil, 2006.

LACAN, J. (1971-72a) *O saber do psicanalista*. Publicação do Ventyro de Estudos Freudianos de Recife, s/d.

LACAN, J. (1971-72b). *Le séminaire, livre XIX: ou pire*. Paris: Éditions du Seuil, 2011.

LACAN, J. (1972-73). *O Seminário, livro 20: mais, ainda*. Rio de Janeiro: Jorge Zahar, 1982.

LACAN, J. (1974-75). *O Seminário, livro 22: RSI*. Inédito.

LACAN, J. (1974-75). *Le séminaire, livre XXII: R.S.I.* Paris: Éditions de La Association Freudienne Internationale, s/d.

LACAN, J. (1975-76). *Le séminaire, livre XXIII: le sinthome*. Paris: Seuil, 2005.

LACAN, J. (1976-77). *Le séminaire, livre XXIV: L'insu que sait de l'une bévue s'aile à mourre*. Paris: Éditions de La Association Freudienne Internationale, s/d.

LACAN, J. (1977-78). *Le séminaire, livre XXV: le moment de conclure.* Paris: Éditions de La Association Freudienne Internationale, s/d.

LACAN, J. (1998). *Escritos.* Rio de Janeiro: Jorge Zahar Ed., 1998.

LALANDE, A. (1993). *Vocabulário técnico e crítico da filosofia.* São Paulo: Martins Fontes.

LAPLANCHE, J.; PONTALIS, J.-B. (1986). *Vocabulário da psicanálise.* São Paulo: Martins Fontes.

LAURENT, D. (s/d). Que me voulait-il? Le désir de l'analyste en question, in *Ornicar? Digital.* Disponível em: <http://www.wapol.org/ornicar/articles/206lau.htm>. Acesso em: 14/03/2004.

LAURENT, É. (1997). Alienação e separação I e II, in FELDSTEIN, R., FINK, B., JAANUS, M. *Para ler o seminário 11 de Lacan.* Rio de Janeiro: Jorge Zahar Ed., 1997. p. 31-51.

LACAN, J. (2005). La nueva clínica de las angustias, sus fundamentos y consecuencias para el psicoanálisis, in *Nuevos síntomas, nuevas angustias.* Buenos Aires: EOL/Grama, 2005. p. 29-68.

LAURENT, E. (2006). De Tel Aviv a Roma, entre sombras e luzes, em a*SEPHallus*, n. 3, nov. 2006 a abr. 2007. Disponível em: <http://www.isepol.com/asephallus/numero_03/traducao.htm>.

LAURENT, E. (2007). Os objetos *a* na experiência analítica. Disponível em: <http://www.amp2008.com/pt/template.asp?textos/presenta_bn/laurent.html>. Acesso em 03/06/2007.

LÉVI-STRAUSS, C. (1944-56) *Antropologia Estrutural.* Rio de Janeiro: Tempo Brasileiro, s/d.

LÉVI-STRAUSS, C. (1982). *As estruturas elementares do parentesco.* Rio de Janeiro: Vozes, 1982.

LICITRA-ROSA, C. (2009). Il n'ya d'analyste qu'à ce que ce désir [du savoir cientifique] lui vienne", in *Lettre mensuelle*. Paris: École de la Cause Freudienne, n. 280, 2009, p. 16-19.

LOPES, R.G. (2002). *Realidade psíquica e Nome-do-Pai: uma função, de sonho*. Dissertação de mestrado em Teoria Psicanalítica. Orientada pelo Prof. Dr. Waldir Beividas. PPGTP/UFRJ, Rio de Janeiro, 2002. Mimeo. Disponível em: <http://www.psicologia.ufrj.br/teoriapsicanalitica/teses-e-dissertacoes/165>.

LOPES, R.G. (2004). Uma questão preliminar à análise dos analistas: o desejo do analista não é um desejo inconsciente, In COELHO DOS SANTOS (org.), *Uma nova questão preliminar*. Anais do II Simpósio do Núcleo Sephora de Pesquisa sobre o Moderno e o contemporâneo. Rio de Janeiro: Ed. Sephora/ UFRJ, 2004. p. 15-21.

LOPES, R.G. (2005). Desejo do analista e lógica da sexuação, in *Latusa*, n. 10. Rio de Janeiro: EBP-RJ, jun. 2055, p. 73-88.

LOPES, R.G. (2006). Narcisismo feminino: uma via de acesso à erotomania feminina?. a*SEPHallus*, n. 3. Disponível em: <http:// www.isepol.com/asephallus/numero_03/artigo_07port_edicao03.htm>.

LOPES, R.G. (2007). Discurso do analista: formalização do desejo do analista, em a*SEPHallus* (Online), v. III, n. 5, p. 104-133, 2010. Disponível em <http://www.isepol.com/asephallus/ numero_05/index.htm>.

LOPES, R.G.; OLIVEIRA, F.L.G. (2010). O estatuto do sujeito e da realidade em psicanálise, em *Revista Estudos Lacanianos*, v. III, p. 49-60, 2010.

LOPES, R.G.; SOUZA, F.M.P.DE; MARTELLO, A. (2012). O mestre contemporâneo e os impasses na formação do psicanalista: a mercantilização do saber e o real da psicanálise, in COELHO dos Santos, T. (Org.); Santiago, J.; Martello, A. *De que real se trata na clínica psicanalítica?*. Rio de Janeiro: Cia. de Freud, 2012, p. 371-391.

Lyotard, J.-F. (1989). *A condição pós-moderna.* Lisboa: Gradiva, 2003.

Maleval, J.-C. (2002). *La forclusión del Nombre del Padre.* Buenos Aires: Paidós.

Miller, J.-A. (1984). Leitura crítica dos "Complexos familiares", de Jacques Lacan, em EBP, 2005. *Opção Lacaniana on line*, n. 2. Disponível em: <www.opcaolacaniana.com.br>.

Miller, J.-A. (1986-87). *Los signos del goce.* Buenos Aires: Paidós, 1998.

Miller, J.-A. (1989-90). *El banquete de los analistas.* Buenos Aires: Paidós, 2000.

Miller, J.-A. (1991-92). *De la naturaleza de los semblantes.* Buenos Aires: Paidós, 2002.

Miller, J.-A. (1995a). *A lógica na direção da cura – elaborações sobre o Seminário IV de Jacques Lacan, a relação de objeto.* EBP--MG: O Lutador.

Miller, J.-A. (1995b). A imagem rainha, in *Opção Lacaniana*, São Paulo: Edições Eólia, n. 14, nov.1995, p. 12-22.

Miller, J.-A. (1996-97). *El Otro que no existe y sus comités de ética.* Buenos Aires: Paidós, 2005.

Miller, J.-A. (1997). *Lacan elucidado.* Rio de Janeiro: Jorge Zahar Ed., 1997.

Miller, J.-A. (1998). *Perspectivas do Seminário 5 de Lacan: as formações do inconsciente.* Rio de Janeiro: Jorge Zahar Ed., 1999.

Miller, J.-A. (1997-98). Uma partilha sexual, in *Clique*, Revista dos Institutos Brasileiros de Psicanálise do Campo Freudiano, Belo Horizonte: Instituto de Saúde Mental de Minas Gerais, n. 2, ago. 2003, p. 12-29.

MILLER, J.-A. (1999). Os seis paradigmas do gozo, in *Opção Lacaniana*, São Paulo: Edições Eólia, n. 26-27, 1999, p. 87-105.

MILLER, J.-A. (2000). Quand les semblants vacillent..., in ECF (2001) *La Cause freudienne*. Paris: Diffusion Navarrin Seuil, n. 47, p. 7-17, mar. 2000.

MILLER, J.-A. (2002). O último ensino de Lacan, in *Opção Lacaniana*. São Paulo: Edições Eólia, n. 35, p. 6-24, jan. 2004.

MILLER, J.-A. (2002-03). *Um esforço de poesia*. Seminário inédito.

MILLER, J.-A. (2004). Uma fantasia, in *Opção Lacaniana*, São Paulo: Eólia, n. 42, fev. 2002, p. 7-18.

MILLER, J.-A. (2004a). A era do homem sem qualidades, in a*SEPHallus*, Ano 1, n. 1, nov. 2005 a abr. 2006. Disponível em: <http://www.isepol.com/asephallus/numero_01/index.htm>.

MILLER, J.-A. (2004b). Introdução à leitura do Seminário da angústia, de Lacan, in *Opção Lacaniana*, São Paulo: Eólia, n. 43, mai. 2005, p. 7-81.

MILLER, J.-A. (2005-06a). *Iluminações profanas*. Seminário de orientação lacaniana, ministrado no Département de Psychanalyse da Universidade de Paris VIII. Inédito.

MILLER, J.-A. (2005-06b). Uma leitura do Seminário, livro 16: de um Outro ao outro, in *Opção Lacaniana*, São Paulo: Eólia, n. 48, mar. 2007, p. 9-42.

MILLER, J.-A. (2006). Os objetos *a* na experiência analítica, in *Opção Lacaniana*. São Paulo: Eólia, n. 46, out. 2006, p. 30-34.

MILLER, J.-A. (2006a). Une lecture du Seminaire D'un Autre à l'autre, l'envers de Lacan, in *La Cause Freudienne*. Paris: Navarin Editeur, Seuil, n. 67, p. 99-142.

MILLER, J.-A.; MILNER, J.-C. (2006). *Você quer mesmo ser avaliado?* Barueri, SP: Manole, 2006.

MILLER, J.-A. (2009a). Nous sommes poussés par des hasards à droite et à gauche, in *La Cause Freudienne.* Paris: Navarin Editeur, Seuil, n. 71, p. 63-71.

MILLER, J.-A. (2009b). L'inconscient et le sinthome, in *La Cause Freudienne,* Paris: Navarin Editeur, Seuil, n. 71, p. 72-79.

MILNER, J.-C. (1996). *A obra clara – Lacan, a ciência, a filosofia.* Rio de Janeiro: Jorge Zahar Ed., 1996.

NANCY, J.-L.; LACOUE-LABARTHE, P. (1991). *O título da letra.* São Paulo: Escuta, 1991.

PORGE, E. (1998). *Os Nomes-do-Pai em Jacques Lacan.* Rio de Janeiro: Cia. de Freud.

PRADO COELHO, E. [19-]. Introdução a um pensamento cruel: estruturas, estruturalidade e estruturalismos, em PRADO COELHO, E. *Estruturalismo: antologia de textos teóricos.* Lisboa: Portugália Ed., [19-], p. III-LXXV.

REGNAULT, F. (1993). *Dios es inconsciente.* Buenos Aires: Manantial, 1993.

SAUSSURE, F. (1995). *Curso de linguística geral.* São Paulo: Cultrix, 1995.

STRATHERN, P. (1998). *Einstein e a Relatividade em 90 minutos.* Rio de Janeiro: Jorge Zahar Ed, 1998.

TENDLARZ, S.E. (2005). Incidências na clínica das versões do Nome-do-Pai (I, II e III), in a*SEPHallus,* V. I, n. 1 e 2, V. II, n. 3. Disponível em: <www.isepol.com/asephallus>.

VAITSMAN, J. Subjetividade e paradigma de conhecimento. Disponível em: <http://www.senac.br/informativo/bts/212/2102003009.pdf>. Acesso em: 15/05/2007.

Este livro foi impresso nas oficinas gráficas da Editora Vozes Ltda.,
Rua Frei Luís, 100 – Petrópolis, RJ.